A MENTE ACIMA DO DINHEIRO

Brad Klontz
Ted Klontz

2ª edição

São Paulo, 2017

A mente acima do dinheiro (*Mind Over Money*)
Copyright © 2009 by Brad Klontz and Ted Klontz
Copyright © 2019 by Novo Século Editora Ltda.

COORDENAÇÃO EDITORIAL: Vitor Donofrio
REVISÃO: Thiago Fraga
TRADUÇÃO: Cláudia Vassão Ruggiero
PROJETO GRÁFICO, CAPA E DIAGRAMAÇÃO: Vitor Donofrio

EDITORIAL
Jacob Paes • João Paulo Putini • Nair Ferraz
Renata de Mello do Vale • Vitor Donofrio

Texto de acordo com as normas do Novo Acordo Ortográfico da Língua Portuguesa (1990), em vigor desde 1º de janeiro de 2009.

Dados Internacionais de Catalogação na Publicação (CIP)
(Câmara Brasileira do Livro, SP, Brasil)

Klontz, Brad
A mente acima do dinheiro: o impacto das emoções
em sua vida financeira
Brad Klontz, Ted Klontz; tradução Cláudia Vassão Ruggiero.
São Paulo: Novo Século, 2011.

Título original: Mind Over Money: Overcoming the Money Disorders
That Thereaten Our Financial Health

1. Autorrealização (Psicologia) 2. Comportamento autodestrutivo 3. Dinheiro – Aspectos psicológicos 4. Finanças pessoais – Aspectos psicológicos I. Klontz, Ted. II. Título.

11-05386   CDD-332.0240019

Índices para catálogo sistemático:
1. Finanças pessoais: Aspectos psicológicos: Economia 332.0240019

uma marca do
Grupo Novo Século

Alameda Araguaia, 2190 – Bloco A – 11º andar – Conjunto 1111
CEP 06455-000 – Alphaville Industrial, Barueri – SP – Brasil
Tel.: (11) 3699-7107 | Fax: (11) 3699-7323
www.gruponovoseculo.com.br | atendimento@novoseculo.com.br

SUMÁRIO

AGRADECIMENTOS	5
INTRODUÇÃO	7
PARTE 1: A GRANDE MENTIRA	21
CAPÍTULO 1 INFORMAÇÃO NÃO BASTA	23
CAPÍTULO 2 O ZOOLÓGICO EM VOCÊ	37
CAPÍTULO 3 PERTENCER A QUALQUER CUSTO: CORRENDO COM A TROPA	66
CAPÍTULO 4 OS FANTASMAS DO TRAUMA FINANCEIRO	91
PARTE 2: DISTÚRBIOS FINANCEIROS	127
CAPÍTULO 5 AFINAL, O QUE É EXATAMENTE UM DISTÚRBIO FINANCEIRO?	129

CAPÍTULO 6 DISTÚRBIOS DE REJEIÇÃO AO DINHEIRO	133
CAPÍTULO 7 DISTÚRBIOS DE ADORAÇÃO AO DINHEIRO	152
CAPÍTULO 8 DISTÚRBIOS FINANCEIROS RELACIONAIS	173
PARTE 3: VENCENDO SEUS DISTÚRBIOS FINANCEIROS	199
CAPÍTULO 9 TRATANDO AQUELE ASSUNTO NÃO RESOLVIDO	201
CAPÍTULO 10 TERAPIA FINANCEIRA	222
CAPÍTULO 11 TRANSFORMANDO A SUA VIDA FINANCEIRA	254
POSFÁCIO	269
BIBLIOGRAFIA	275

AGRADECIMENTOS

Juntos, expressamos nossa gratidão a uma equipe realmente extraordinária que nos ajudou a tornar este livro possível. Sozinhos, não teríamos conseguido. Um agradecimento especial aos nossos clientes que compartilharam sua experiência, força e esperança neste livro. Vocês são nossos maiores mestres. Agradecemos à irmã de Brad e à filha de Ted, Brenda Klontz Anderson, que nos deu incrível apoio ao cuidar dos detalhes para podermos nos concentrar no projeto como um todo. Agradecemos aos nossos agentes, Kerry Hansen e Lori Cloud da Big Enterprises, que surgiram na nossa vida na hora certa. Sua perícia trouxe tremenda agilidade ao nosso trabalho. Agradecemos à nossa agente, Laurie Liss, da Sterling Lord Literistic por seu profissionalismo, encorajamento e apoio. Vocês conhecem mesmo o assunto. Agradecemos a Jan Werner, nosso editor pessoal, que nos manteve no ritmo para cumprirmos os prazos apertados. É uma alegria trabalhar com você. Muito obrigado à madrasta de Brad e à esposa de Ted, Margie Zugich, pelas muitas horas que passou lendo e revisando este livro. Agradecemos também a Gary Seidler, Rick Kahler, e nossos amigos e mentores Sharon Wegscheider-Cruse e Dr. Joe Cruse.

Agradecemos à nossa maravilhosa e competente equipe da Broadway Books. Um agradecimento especial à Talia Krohn, nossa editora, cuja visão nos inspirou. Sua dedicação, caneta vermelha, criatividade e percepção tornaram este livro muito melhor. Agradecemos também a Roger Scholl, diretor editorial da Broadway Business; a Meredith McGinnis, diretora adjunta de marketing; a Tara Delaney Gilbride, diretora de publicidade; a Danielle Catlett, assessora sênior; e a Michael Palgon, editor adjunto. Todos vocês deram grande apoio à realização deste livro, e nós somos muito gratos.

Temos também alguns agradecimentos individuais.

BRAD: Quero agradecer a Ted, meu pai, sócio e coautor deste livro. É uma bênção especial termos o relacionamento que temos, o qual nos permite criar juntos e realizar nosso trabalho. Eu aprecio cada minuto. Quero agradecer à minha esposa, Dra. Joni Klontz Wada, cujo apoio, encorajamento e amor fizeram de mim uma pessoa melhor. O livro foi imensamente beneficiado por seu profundo conhecimento e percepção dos temas psicológicos que envolvem as mulheres e o dinheiro. Agradeço à minha família, meus amigos e mentores que acreditaram em mim, torceram por mim, e me ajudaram a ser criativo. Um agradecimento especial a Wanda Turner, Dr. Jim Turner, Philip Morgan, Dr. Alex Bivens, Tim Cusack, Dr. Larry Kutner, Lee White, Dr. Rick Delaney, Dr. Martin Johnson, Dr. Kevin Pyle, Gary Seidler, Joey Villanueva, Rick Kagawa, Saundra Davis, Rick Long, Robert "Fixer" Smith, Steve Bucci, John Wada, Diane Wada e Sonya Britt.

TED: Sou grato por meu filho, Brad, que nos ajudou a colocar o que fazemos em um formato que pudesse ser testado e demonstrado de maneira eficaz. Ele pegou os resultados e, sem descanso, escreveu, reescreveu e aperfeiçoou o estudo até conseguir publicá-lo no jornal da American Psychology Association. Foi o que nos colocou nesta estrada; sua visão e determinação tornaram tudo isso possível. Além disso, este projeto não teria sido possível sem o apoio de Margie, minha esposa e melhor amiga há trinta anos. Agradeço também aos meus "anjos" Elaine Walker, MaryAnn McCready, Dr. Bill Mayhall, aos milhares de clientes que me ensinaram tanto durante todos esses anos e aos meus muitos amigos e familiares que continuam a me encorajar. Sou também eternamente grato por meus distúrbios financeiros. Embora tenham causado muitos danos, eles também me deram um desejo aparentemente insaciável de aprender a partir de minhas experiências e de assumir meu papel nestas situações. Estou comprometido a não vivenciá-los novamente, e talvez, mais importante ainda, estou determinado a não transmiti-los às futuras gerações.

INTRODUÇÃO

O que o levou a escolher este livro? O dinheiro é a causa do seu estresse? Você se preocupa com o fato de estar gastando demais ou com sua incapacidade de poupar? Talvez suas finanças estejam equilibradas, mas você ainda não consiga controlar sua ansiedade em relação ao dinheiro. Talvez as desavenças sobre os gastos o estejam afastando de seu cônjuge, ou, quem sabe, você tenha dificuldade em falar sobre dinheiro com seus filhos ou outro membro da família. Quer você esteja enfrentando problemas em lidar com seu portfólio de ações ou apenas lutando para que o salário dure até o final do mês, saiba de uma coisa: Você não é o único. Quase todas as pessoas têm um relacionamento complicado com o dinheiro, e mais pessoas do que você imagina relacionam-se com o dinheiro de maneira absolutamente disfuncional. Praticamente todos acreditam na "Grande Mentira" sobre as finanças pessoais.

Que "Grande Mentira" é essa? É a acusação de que suas dificuldades financeiras são culpa sua, que são consequência de sua preguiça, loucura, ganância ou estupidez. Bem, elas não são. Pode acreditar em nós. Temos anos de experiência com consultoria, coaching e aconselhamento de casais e indivíduos que lutam com problemas relacionados ao dinheiro. Se há algo que aprendemos com essa experiência, foi que os comportamentos de autodestruição e de autodefesa em relação ao dinheiro não são controlados por nossas mentes pensantes e racionais. A verdade é que eles se originam de forças psicológicas presentes fora de nosso pensamento consciente, e estão profundamente enraizados em nosso passado.

Reflita sobre as histórias a seguir, compartilhadas por algumas pessoas com quem trabalhamos.

BRIDGET: Fui entregue para adoção aos dois anos de idade, porque minha mãe não tinha condições financeiras para ficar comigo. Meus pais biológicos haviam se divorciado e minha mãe não podia manter todos os cinco filhos, por isso entregou três deles para adoção. Fiquei em instituições por aproximadamente dois anos e cheguei a desistir de desfazer as malas porque mudava de local com frequência, aparentemente sem nenhum aviso. Certa família adotou uma de minhas irmãs mais velhas e, quando descobriu que eu estava em um orfanato, veio à minha procura. Lembro-me do dia em que meus pais adotivos chegaram à instituição onde eu estava. Chegaram num carro vermelho. Lembro-me de ir diante do juiz e de lhe dizer que queria morar com eles. Lembro-me de me sentir crescida, enquanto girava várias vezes a grande cadeira de madeira ao lado da mesa do juiz. Eu tinha quatro anos e meio.

Minha família adotiva era muito amorosa e muito disfuncional. Meu pai era um bêbado alegre. Nunca foi violento, mas, com certeza, podia beber sem controle. Minha mãe, eu acredito, era maníaco-depressiva. Ela estava bem num determinado momento e, no momento seguinte, ficava terrivelmente deprimida, dizendo que perderíamos nossa casa e que não sabia como conseguiria o dinheiro necessário. Lembro-me de, ainda muito pequena, sentir medo de a família ficar sem dinheiro e de outra vez nos mandarem embora, apenas uma de nós duas, ou ambas. Mesmo se conseguíssemos ficar juntas, poderíamos perder nossa casa e tudo o que possuíamos porque não tínhamos dinheiro suficiente.

Que lições sobre dinheiro aquela garotinha aprendeu? Que atitudes em relação às finanças ela levou para a vida adulta e como essas lições afetaram sua personalidade e seus relacionamentos? Talvez você acredite que ela venha a associar o fato de não ter dinheiro ao abandono emocional, ou que cresça incapaz de confiar ou depender de qualquer pessoa.

E você estaria certo. Desde garotinha, Bridget sempre trabalhou e poupou, mas se recusava a gastar seu suado dinheiro – ela acreditava que o dinheiro, e somente o dinheiro, significava segurança. No entanto, independente do quanto poupava, nunca se sentia realmente segura. Estava sempre "esperando a casa cair".

Mas você também estaria errado, porque a irmã dela reagiu de maneira bem diferente. Enquanto Bridget se tornava compulsivamente autossuficiente, sua irmã tornou-se passiva, dependente, incapaz de acreditar que poderia cuidar de si mesma. Durante décadas viveu no vício e nas ruas, até conseguir se restabelecer.

Essa história demonstra que circunstâncias semelhantes vividas por pessoas diferentes podem causar efeitos bastante distintos. E é a razão pela qual cada um de nós deve explorar e descobrir sua própria história financeira, sem se preocupar em como "deveríamos ter" reagido às situações que enfrentamos.

PAUL: Meu terceiro irmão morreu logo após o nascimento. Durante o parto, minha mãe disse várias vezes à enfermeira: "Algo está errado! Algo está errado!". Ela já havia passado por oito partos, portanto era capaz de perceber quando algo não estava bem. A enfermeira chamou o médico, mas ele estava no clube de campo, jogando golfe. Quando conseguiu chegar ao hospital, era tarde demais e meu irmão não sobreviveu.

Um mês depois, o médico veio à nossa casa em seu carro novo – um Thunderbird. Meu pai e eu estávamos na entrada de casa. O médico saiu de seu carro e disse a meu pai que se não pagasse a conta faria com que ele fosse para a cadeia. Pela perspectiva de meus pais, a necessidade que aquele homem tinha de jogar golfe havia matado meu irmão. Meu pai, então, agarrou o médico, o atirou contra seu Thunderbird e lhe disse: "Faça o que quiser, mas se continuar atrás de mim com essa conta, eu vou te matar". Ele abriu a porta do carro, jogou o médico magricela para dentro e fechou-a. Virou-se para mim e disse: "Quero que guarde bem isto, Paul. O que realmente importa a esse homem é o seu dinheiro e não a vida que destruiu".

Aquela mensagem me acompanhou durante toda a vida. Cresci com a ideia de que os ricos são gananciosos e que não se importam com as pessoas. Cresci acreditando que o dinheiro havia se tornado o seu deus. Decidi que o dinheiro não era importante e que tudo o que precisava fazer era me esforçar muito, fazer um bom trabalho e ser conhecido por isso.

Na vida adulta, Paul não queria ser conhecido como o tipo de gente que se importa apenas com dinheiro, por isso evitava lidar com o dinheiro ou até mesmo pensar sobre ele. Tinha dificuldade em negociar aumentos de salário, em poupar para o futuro ou em investir, e ainda mais dificuldade quando tentava relaxar e se divertir com sua família porque "trabalho duro" era sua única medida de valor próprio. Sendo ele mesmo um profissional da área da saúde, não queria ser pego "brincando" caso alguém em crise precisasse dele.

É fácil perceber como experiências traumáticas como as de Bridget e Paul deixam marcas profundas e duradouras. Mas não precisamos de uma tragédia desse porte para moldar nossas ideias sobre dinheiro, seu uso e significado. Na realidade, a maioria de nós define nossa atitude em relação ao dinheiro por meio de experiências muito mais corriqueiras, agindo como as crianças e adolescentes: observando os adultos que exercem influência em nossas vidas e identificando as razões do comportamento destes.

STEPHANIE: Quando eu tinha doze anos, nos mudamos para o bairro de Upper East Side em Manhattan, Nova York. Vínhamos de uma comunidade de classe média e, de repente, estávamos morando em um dos lugares mais ricos do mundo. Pude ver como pessoas muito privilegiadas levavam a vida, e, sob alguns aspectos, minha família também vivia assim. Tínhamos um grande apartamento em um edifício luxuoso. Nas férias, viajávamos para outros países. Sempre havia dinheiro para educação, arte, cultura e livros. No entanto, minha mãe, com frequência se queixava de não ter dinheiro. Nós "não tínhamos o suficiente", meu pai "não ganhava o bastante", e ela "tinha que ser econômica." Esses comentários e queixas, sempre direcionados a mim, eram o que hoje posso identificar como uma evidência de incesto financeiro. Incesto financeiro por estar revelando a mim os problemas financeiros que diziam respeito a ela e a meu pai, e que nada tinham a ver comigo. O que eu poderia fazer com tudo aquilo? Ela reclamava de não podermos comprar as roupas caras ou as casas de férias que as pessoas à nossa volta possuíam. Como se não bastasse, minha mãe não era mentalmente saudável e, em certos dias, ela nem ao menos se vestia. O apartamento estava sempre de pernas para o ar e eu não podia convidar amigos, portanto, embora vivêssemos neste lugar supostamente tão interessante e caro, eu sempre sentia vergonha.

Posso relacionar muitos dos problemas financeiros que tive na vida adulta àquelas mensagens conflitantes sobre dinheiro. Minha total confusão quanto às questões financeiras. Como saber se o que tenho é suficiente? Quais são os gastos importantes e quais não são? O que corresponde à realidade, o lindo edifício ou o apartamento horrível em seu interior? Decidi simplesmente ignorar o tema dinheiro na minha infância e, mais tarde, também na vida adulta. Quando me casei, deixei com meu marido todas as reflexões e decisões sobre as finanças. Nunca questionei coisa alguma. Não queria saber de nada. Mesmo quando ele perguntava minha opinião, eu evitava o diálogo.

Os sentimentos de confusão e vergonha presentes na infância de Stephanie resultaram em passividade na vida adulta. Ela se casou com um homem que assumiu o controle das finanças e da vida do casal, e que esperava que ela ficasse em casa e concentrasse todos os esforços na criação dos filhos e no apoio à escalada profissional do marido no mundo corporativo. Grata pela segurança e pela estrutura, ela estava feliz em simplesmente acompanhar – até que ele decidiu divorciar-se dela, deixando-a só e sem dinheiro.

Tudo ia bem até que um dia ele chegou em casa e disse que queria o divórcio. Ele se aproveitou da minha ignorância financeira. Disse que precisávamos economizar e que seu advogado cuidaria dos detalhes para nós dois. Descobri anos depois que, meses antes de pedir o divórcio, ele havia transferido para sua nova paixão a maior parte dos nossos bens.

Embora tivéssemos um estilo de vida de classe média estável, quando o divórcio foi concluído, não havia nada para a divisão de bens. Eu estava sem dinheiro, sem casa, dormia em meu carro e sentia-me totalmente derrotada e sem recursos. Perdi tudo. Não tinha um emprego ou qualquer qualificação para começar a trabalhar. Levei dezessete anos para reconstruir minha vida, do zero.

LEWIS: Eu tinha o hábito de nunca levar muito dinheiro comigo, no máximo um dólar na carteira, porque meu pai era rico e morávamos em uma cidade pequena. Eu podia ir aonde quisesse e obter o que desejasse, pois minha mãe, mais tarde, acertaria a dívida nos estabelecimentos. Nunca precisei lidar com dinheiro. Certa vez, na faculdade, recebi um aviso de que havia excedido o saldo de minha conta. Quando liguei para casa, minha mãe disse para eu não me preocupar. Meu pai era um dos sócios do banco, portanto, sempre que minha conta entrava no vermelho, o dinheiro era automaticamente reposto. Quase como num passe de mágica. Mas o outro lado da questão era que eu não tomava minhas próprias decisões. Meu pai escolheu meu carro, a faculdade que frequentei, e outras coisas.

Além disso, cresci num lugar relativamente privilegiado em meio a uma pobre comunidade agrícola. Aquilo me trazia constrangimento e me fazia sentir isolado e culpado. Afastado então de qualquer informação sobre dinheiro e de como ele funcionava, e impedido de tomar minhas próprias decisões, até mesmo quando iria para a faculdade, tudo o que aprendi foi que o dinheiro tem poder, e não era necessariamente o tipo de poder que eu desejava. No entanto, mais tarde, sem perceber, tentei colocar em prática esse poder com meus próprios filhos.

A história de Lewis demonstra como, apesar de nossas melhores intenções, os preceitos e os comportamentos relacionados ao dinheiro geralmente são transmitidos através das gerações. Apesar do seu ressentimento pela maneira como seu próprio pai o controlava por meio do dinheiro, Lewis reproduziu esse mesmo relacionamento com os próprios filhos. Ele usou o dinheiro para tentar desencorajar sua filha de se casar com alguém que ele não considerava à altura, dizendo-lhe que não daria um centavo para financiar o casamento. Negando suporte financeiro, tentou impedir sua outra filha de começar a vida em Nova York. Disse ao filho que não pagaria sua faculdade a menos que ele concordasse em ir para a universidade que Lewis gostaria que fosse. Quando seus filhos cresceram, Lewis lhes oferecia dinheiro, mas sempre sujeito a condições. Além de usar o dinheiro para controlar os filhos, ele também os deixou financeiramente incapazes. Eles ficaram dependentes das esmolas do papai e limitados por todas as condições que as acompanhavam.

ALLISON: Desde que minha mãe e meu padrasto se casaram, quando eu tinha quase sete anos, eles sempre viveram o que chamavam de "sinuca de bico". Os problemas financeiros nunca eram discutidos diretamente com os filhos, mas sempre houve comentários do tipo: "Você deve saber que o dinheiro não cresce em árvores" e "Basta uma grande despesa para termos problemas financeiros".

Na época eu não percebia, mas minha mãe tinha problemas sérios com o uso do dinheiro. Ela sempre dizia que não tínhamos dinheiro algum, mas, em seguida, saía às compras, adquiria roupas para si mesma e para nós e antiguidades para nossa casa. Eu prestava muita atenção nessas farras de compras, porque sabia que, se pudesse acompanhá-la, também ganharia alguma coisa. Meu pai sempre adotou uma postura "cabeça enterrada na areia", totalmente desligado de nossa situação financeira, concordando com coisas que não faziam sentido algum, apenas para evitar as brigas. De ambos os lados, uma mensagem negativa.

É perturbador quando seus pais não concordam sobre um assunto, e um deles alerta o filho – neste caso, você – sobre a iminente ruína financeira, mas, no entanto, gasta como louco, enquanto o outro age como se tudo estivesse bem. Em consequência disso, eu cresci sem um conceito verdadeiro sobre dinheiro. Durante toda a vida pensei: "O dinheiro não é grande coisa, exceto quando está acabando; nesta situação, vem o pânico". O conceito de fazer o dinheiro trabalhar para você ou de saber como lidar com ele de maneira adequada estava muito além do que conhecia.

A confusão de Allison a respeito de dinheiro persistiu por muitos anos. Na vida adulta, ela se condicionou a trabalhar muito para ganhar apenas o que lhe permitisse ser independente de seus pais. Mas gastava dinheiro tão rápido quanto ganhava. Inconscientemente, ela havia associado dinheiro à ansiedade e à crise iminente. Portanto, sempre que conseguia guardar algum, seu nível de ansiedade aumentava até que encontrasse uma forma de se livrar de suas economias: férias em um resort, móveis que não precisava, jantar para vinte pessoas no restaurante mais caro da cidade. Embora ganhasse um salário decente, ela vivia aguardando o próximo salário.

Você acabou de ler cinco descrições do que chamamos de *flashpoints financeiros* – um evento associado ao dinheiro (ou uma série deles), ocorrido nas primeiras fases da vida, com tal carga emocional que deixa uma marca que persiste durante a vida adulta. Talvez você tenha reconhecido um pouco de si mesmo em uma ou mais destas histórias. Talvez não. Mas todos nós temos experiências como essas: lutas dramáticas, dolorosas ou experiências traumáticas na infância ou na juventude que se tornam a base de nossas dificuldades financeiras na vida adulta. Como pôde ver nesses exemplos, os *flashpoints* financeiros podem trazer mágoa e angústia profunda, como aconteceu nas experiências de Paul e Bridget. Mas como demonstram as histórias de Stephanie, Lewis e Allison, eles também podem ser o resultado de fatos rotineiros menos dramáticos, mas igualmente poderosos, o lento acúmulo das lições que aprendemos com os adultos à nossa volta. Essas lições são, com frequência, muito diferentes das que nossos conselheiros pensavam estar nos ensinando.

Trabalhando com nossos clientes, descobrimos que o poder duradouro dos *flashpoints* financeiros tem pouca relação com os fatos em si ou com nossa interpretação deles ao analisá-los em retrospectiva. Pelo contrário, eles se originam das interpretações infantis e ingênuas que construímos quando nos esforçamos para encontrar uma lógica subjacente neste confuso, contraditório e, muitas vezes, assustador mundo dos adultos. E é a partir das interpretações infantis desses *flashpoints* financeiros que desenvolvemos um conjunto de conceitos sobre o dinheiro, chamados *preceitos financeiros*, que moldam tanto nossa maneira de compreender o dinheiro como a forma como lidamos com ele na vida adulta. O ponto principal não é se essas interpretações são exatas e racionais; a fonte do poder dos preceitos financeiros está no fato de que os conceitos faziam sentido em seu contexto original, em nossas mentes infantis. E quanto mais profundo o evento ou série de eventos originais, maior é a força com que nossas emoções colocam em ação os preceitos financeiros subsequentes, e menos flexíveis somos em nos adaptar às inconstantes circunstâncias financeiras posteriores.

É quando surgem os problemas. Mesmo que nossos preceitos financeiros tenham sido muito úteis quando foram formados, podem se tornar nocivos se nos apegarmos a eles, e, sem reflexão, agirmos baseados neles durante toda a vida. Por atuarem fora do âmbito da consciência, repousando, sem que sejam observados, no mais profundo recesso de nosso inconsciente, esses preceitos financeiros nos colocam à mercê de sua ação traiçoeira. Para nos libertarmos, devemos primeiro identificá-los e reconhecer suas origens, lidar com temas não resolvidos a partir das circunstâncias que os colocaram em ação e aprender novas formas de encarar, reagir e lidar com o dinheiro. Em momentos de estresse, esses velhos sentimentos e preconcepções sobre o dinheiro podem se infiltrar, mas se soubermos identificar esses preceitos, e nos separar deles, e se conseguirmos reescrevê-los, podemos aprender a nos adaptar a quaisquer desafios que surjam.

Você sabe o que fazer, mas não consegue fazê-lo. O que fazer?

Então, este livro pode ajudar? Ele é diferente de outros livros sobre finanças?

Em primeiro lugar, não vamos oferecer conselhos ou dicas sobre como administrar seu dinheiro. Muitas pessoas acham que os problemas relacionados ao dinheiro se originam na ignorância a respeito do campo complicado das finanças, e erroneamente acreditam que a solução está em reunir informações, colecionar mais dicas e estratégias para administrar e investir. Talvez isso ajude algumas pessoas; entretanto, para a maioria de nós, falta de informação não é o problema. Os fundamentos da saúde financeira são, na realidade, bastante simples, e mais conselhos sobre economizar mais e gastar menos não serão de grande ajuda.

Se você, como a maioria das pessoas, já sabe o que *deve* fazer, mas não consegue colocar esse conhecimento em prática, é porque seu problema com o dinheiro pouco tem a ver com falta de conhecimento. Na realidade, mais informações e conselhos podem fortalecer nossos comportamentos negativos ao nos fazer sentir "empurrados" em uma determinada direção, e com uma visão negativa de nós mesmos. Quando nos perguntamos "Eu sei tudo isso, porque não coloco em prática?" a resposta que temos costuma ser: "Deve haver algo errado comigo". Isso não é apenas nocivo, é também contraproducente, porque os sentimentos de vergonha despertados por esses pensamentos somente aumentam nossa ambivalência e fortalecem nossa resistência. Não gostamos que nos digam o que fazer, principalmente quando já sabemos o que fazer. Um bom exemplo: apesar das centenas de livros, milhares de artigos em jornais e revistas, infindáveis programas de TV, filmes, comerciais, programas de rádio que discutem os princípios das finanças pessoais, ainda há milhões de pessoas incapazes de fazer grandes mudanças em sua vida financeira.

Cremos que os puxões de orelha sobre os riscos de não se ter um fundo para emergências, sobre os benefícios de um orçamento familiar planejado, ou sobre quanto você deveria estar poupando, é como tentar tratar um tumor cerebral com aspirina: ela atua no sintoma e ignora a enfermidade. *O aconselhamento financeiro não é suficiente para transformar comportamentos financeiros destrutivos.* Portanto, em vez de darmos um sermão sobre o que você já sabe, vamos ajudá-lo a encontrar as razões que estão por trás de seu comportamento de autodefesa e de autodestruição em relação às finanças – e então lhe mostrar como ser honesto em seu relacionamento com o dinheiro, e como assumir o controle de sua vida financeira e transformá-la.[1]

Em primeiro lugar, vamos explorar as origens dos *flashpoints* financeiros, aquelas experiências "aha!" ou as influências importantes relacionadas ao dinheiro. A mais óbvia é a família. Na infância, fazemos descobertas e chegamos a conclusões sobre o mundo com base nas mensagens intencionais e não intencionais que nos são passadas pelas pessoas mais próximas. Quando vemos pessoas à nossa volta reagindo ao dinheiro de uma determinada maneira, internalizamos aquela informação, o que deixa em nós uma marca duradoura, especialmente durante aquele período em que somos mais suscetíveis. Fora do círculo da família, também somos influenciados por eventos da economia (como a falência da indústria local, ou as bolhas e quedas de mercados maiores) e as influências culturais (como a mídia, a educação, a religião, a etnia, o gênero e o nível social).

A seguir, vamos explorar os preceitos financeiros, as suposições ou os conceitos sobre o dinheiro – seu significado e atuação – que cada um de nós leva a partir de nossos *flashpoints* financeiros. Falaremos então sobre os comportamentos nocivos – os *distúrbios financeiros* – que resultam disto. Você então aprenderá a identificar seus próprios preceitos financeiros (e os temas não resolvidos relacionados a eles), suas origens e o impacto negativo que têm sobre sua vida financeira.

Precisamos começar reconhecendo nossos comportamentos autoderrotistas e suas causas, porque, somente quando somos de fato sinceros sobre nosso relacionamento com o dinheiro, podemos superar e reverter nossos conceitos e comportamentos autodestrutivos em relação às finanças e desenvolver outros que sejam mais produtivos.

Superando a paralisia da vergonha

Neste momento, você talvez esteja pensando que o termo *disfunções financeiras* soe bastante exagerado, até assustador. Para ficar claro, as disfunções financeiras são comportamentos extremos, e, por sua natureza, originam comportamentos exagerados. Mas isso não altera o fato de que são reações incrivelmente comuns e completamente normais aos eventos difíceis da vida que todos enfrentamos, de uma forma ou de outra. Em nossa experiência, a patologia financeira manifesta-se tipicamente de três maneiras. Podemos repetir o padrão financeiro destrutivo aprendido no início de nossa fase de socialização, quer tenha sido observado em nossa família, ou em um contexto mais amplo. Podemos fugir para o extremo oposto destes padrões numa tentativa de evitar a repetição das experiências e as consequências do nosso passado. Ou podemos alternar entre esses dois extremos de comportamento, passando pela opção intermediária em um prejudicial "balanço de pêndulo". Seja qual for nosso padrão particular, o resultado final é uma relação com o dinheiro igualmente desequilibrada e nociva.

Soma-se a esse problema o fato de que as pessoas, em geral, se sentem profundamente envergonhadas de sua incapacidade de manter um relacionamento saudável com o dinheiro. Quando conversamos com nossos clientes, muitos deles acreditam serem vergonhosos seus comportamentos financeiros do passado: "Estava cheio de vergonha" ou "Eu tinha tanta vergonha de mim mesmo". Quando sentimos vergonha, nos sentimos sem valor, incompetentes e paralisados. Não vemos a nós mesmos como alguém que tomou decisões erradas, mas, acreditamos que *somos* maus. A vergonha afasta o vento de nossas velas. Ela rouba nossa força, nos convence a desistir. Afinal, se somos maus e sem valor, e não alguém que simplesmente cometeu erros, então somos indignos de felicidade e graça.

E se cremos que somos indignos, temos menos possibilidade de transformar nosso comportamento problemático e podemos até sabotar, inconscientemente, nossas tentativas de mudança. Você já deve ter visto armadilhas de cola para roedores; bem, a vergonha é uma armadilha de cola emocional, que mantém as pessoas atoladas em um círculo vicioso de ação, recaída e apatia.

Mas não precisamos continuar como vítimas indefesas desse ciclo cruel e sem sentido. O primeiro passo é nos libertar para reconhecer que nossos conceitos automáticos em relação ao dinheiro e os comportamentos resultantes deles não são sinais de que somos maus, sem valor ou, de alguma forma, "estragados". Eles são consequências normais e previsíveis de termos vivido as experiências que vivemos. Nossas crenças e comportamentos são resultados lógicos, levando-se em conta quem somos, o que nos ensinaram, e como aprendemos a sobreviver. Assim que aceitarmos nossa humanidade, com todos os nossos pontos fortes e fracos, podemos começar a avaliar de maneira honesta nossas disfunções financeiras, e o pensamento por trás delas, e ter progresso real e contínuo na direção do crescimento e da transformação. Esse é o nosso objetivo: progresso, não perfeição.

Transformando a mente

Antes de começarmos a mudar o nosso comportamento, temos que dar uma olhada no lugar onde tudo se inicia: a mente e seus fascinantes e, por vezes contraditórios, sistemas de interpretação e resposta ao mundo. A pesquisa neurológica e comportamental continua a desvendar informações surpreendentes sobre como as emoções, os pensamentos e as ações interagem, e qual o seu impacto em nossas decisões sobre finanças. Vamos dedicar atenção especial à maneira como o cérebro processa os eventos traumáticos e suas consequências físicas, emocionais e comportamentais. Embora os *flashpoints* financeiros não sejam sempre traumáticos em seu sentido tradicional, eles são intensos e profundamente emocionais. Portanto, entender os efeitos biológicos e neurológicos do trauma ajuda a compreender os efeitos dos *flashpoints* financeiros em nosso padrão de raciocínio e em nosso comportamento.

No decorrer do livro, vamos utilizar histórias compartilhadas por pessoas que já cumpriram a tarefa de trabalhar o comportamento mal resolvido em relação ao dinheiro, o que lhes trouxe cura, mudança de vida e sentimento de paz em seu relacionamento com o dinheiro a despeito das realidades externas em constante mudança. (Mudamos somente seus nomes e outros detalhes que permitissem sua identificação.) Vamos também compartilhar nossas próprias histórias, pois chegamos a esse processo por meio de nossas próprias lutas contra o comportamento negativo e autodestrutivo em relação às finanças. Como sempre dizemos: "Nossa mensagem parte de nossa própria confusão".

E aqui está a parte mais importante de nossa mensagem: É possível mudar. Na realidade, quando removemos as barreiras mentais e emocionais, descascamos as camadas superficiais e encaramos longamente as forças verdadeiras que controlam nosso comportamento, a transformação é certa. Seja qual for sua dificuldade com o dinheiro, ao ler as histórias de luta nas próximas páginas, você verá, sem sombra de dúvida, algo de si mesmo, e de sua própria história. Ao ler sobre as verdadeiras transformações do sofrimento financeiro em paz e prosperidade, esperamos que encontre seu próprio sentimento de esperança e de possibilidade. Portanto, se estiver frustrado com sua incapacidade de mudar os hábitos financeiros, se estiver cansado de se sentir ansioso a respeito do dinheiro, se anseia por um sentimento de paz e liberdade financeira, não procure a próxima aspirina para amortecer sua dor de cabeça financeira. Em vez disso, considere a hipótese de lidar com as causas ocultas de sua dor e use seu estresse e ansiedade como um impulso para mudar radicalmente sua vida financeira. Chegou a hora. Os benefícios podem ser tremendos.

ALLISON: Assim que o medo foi vencido e pude experimentar um relacionamento positivo com o dinheiro, consegui relaxar e aproveitar. Fez toda a diferença em minha vida.

LEWIS: Fizemos uma lista de vinte e cinco itens do que tínhamos que fazer ou sobre o que precisávamos nos informar. Num período de seis meses lidamos com todos os itens da lista, exceto três. Nossos relacionamentos – entre eu e minha esposa e com nossos filhos – se fortaleceram. Estamos muito melhor agora. Há muito mais abertura.

STEPHANIE: O fato mais surpreendente é quanta energia é liberada conforme lido com cada dificuldade e me torno mais saudável em meu relacionamento com o dinheiro.

PAUL: Percebi que é possível encontrar um meio-termo na visão que tinha de que o dinheiro era algo ruim, assim como eram ruins as pessoas que o possuíam. Fui capaz de desenvolver conceitos mais razoáveis e comportamentos que fazem mais sentido para mim, que me dão maior clareza a respeito do tema dinheiro. O mais libertador é ser capaz de conversar sobre o assunto com minha esposa de maneira consciente.

BRIDGET: A ideia de que a quantia que possuo na conta equivale à minha imagem e autoimagem – isto mudou. Percebi que já tenho dinheiro suficiente para sustentar o estilo de vida simples que escolhi. Percebi que não tenho que sacrificar tudo para ter uma boa vida. Aceitei o fato de que tudo continua bem se eu quiser tirar um dia de folga e não fizer dinheiro aquele dia. Tudo bem se eu quiser me divertir.

parte 1

A GRANDE MENTIRA

CAPÍTULO 1
INFORMAÇÃO NÃO BASTA

Os princípios básicos da saúde financeira não são complexos e são bastante semelhantes, não importa quem você seja ou qual seu status financeiro. Esses princípios também são os mesmos quer estejamos nos referindo a uma pessoa, uma família, uma empresa ou um país: Poupe hoje e invista para o futuro. Gaste quantias razoáveis para curtir a vida e atingir os seus objetivos, mas gaste menos do que você ganha. Cuidado com o investimento que parece ser bom demais para ser verdade, porque, provavelmente, ele é mesmo.

Bastante simples, não é? Então por que parece que essas regras não funcionam para muitos de nós? Em especial nos dias de hoje, pois em nenhum outro momento da história recente nossa saúde financeira coletiva esteve tão comprometida. Seja lá qual for a dimensão do desastre – concordata, falência ou dívida do consumidor – nos últimos dois anos, foram registrados recordes. (Quantas vezes, nos últimos dezoito anos, você ouviu a frase: "Nunca, desde a Grande Depressão..."?) Mesmo que nossa vida financeira esteja em dia, a incerteza nos ronda; se antes você se preocupava com o dinheiro, é provável que o constante rufar das más notícias tenha sido suficiente para elevar seu nível de estresse às alturas.

Em 9 de outubro de 2008, o déficit orçamentário dos Estados Unidos atingiu a marca dos 10,2 trilhões de dólares. O Relógio da Dívida Nacional, que desde 1989 acompanha e registra a dívida dos Estados Unidos, não possuía espaço suficiente para exibir todos os dígitos, por isso o símbolo do dólar foi removido. A Organização Durst, empresa do setor imobiliário proprietária do relógio e que o mantém em funcionamento, pretende instalar um modelo atualizado em 2009.[1] O novo relógio terá os dezesseis dígitos necessários para exibir valores no patamar dos quatrilhões. O relógio já esteve exposto em diversos locais e hoje está instalado próximo ao escritório da Receita Federal. "Achamos que seria um local apropriado", afirmou um representante da Durst.

Hoje, muitos pesquisadores concordam que a maior fonte de estresse em nossas vidas é o dinheiro. Segundo os resultados de uma pesquisa da Associated Press/AOL publicados em junho de 2008, pelo menos dezesseis milhões de americanos sofriam com os altos níveis de estresse causados pelas dívidas e com os problemas de saúde relacionados a isto. Um aumento de 14% em relação à pesquisa semelhante conduzida em 2004. Em outubro de 2008, quando a Associação Americana de Psicologia publicou sua pesquisa anual sobre o estresse, qual você acha que foi considerada a principal fonte de estresse para os americanos? Impressionantes 80% responderam ser o dinheiro e a economia. Isso faz sentido diante da atual crise econômica, mas não é novidade. Ano após ano, durante os ciclos de crescimento e queda da economia, a pesquisa da Associação Americana de Psicologia (APA) tem demonstrado que, para a grande maioria dos americanos – mais de 70% – o dinheiro é fonte número um de estresse, acima do trabalho, da saúde ou dos filhos. Mas por quê?

---

1   Até agosto de 2010, não há informações de que um novo relógio tenha sido instalado. (N.T.)

Por que o dinheiro tem tanta importância?

Em 1992, os psicólogos Dr. Joe Griffin e Dr. Ivan Tyrrell desenvolveram um novo *framework* de psicologia sobre as necessidades básicas do ser humano. A abordagem *human givens*[2] criada por eles, combina a pesquisa existente em neurologia, com o trabalho realizado previamente por teóricos como Abraham Maslow.

Segundo Maslow, todos os seres humanos possuem uma hierarquia de necessidades, que se inicia nas necessidades fisiológicas básicas, como alimento e moradia, passando em seguida pelas necessidades sociais, emocionais e intelectuais. As necessidades do primeiro nível devem ser satisfeitas, antes que consigamos atender às do nível seguinte.

Griffin e Tyrrell ampliam o trabalho de Maslow, identificando não apenas as necessidades humanas universais, como também uma gama de recursos para satisfazer essas necessidades; recursos esses disponíveis e inerentes a todas as pessoas. Reunidos, eles formam os "pressupostos humanos". Segundo esse modelo, cada pessoa, independentemente de suas fronteiras culturais, tem necessidades básicas, tanto físicas (alimento, descanso e exercício) quanto emocionais (segurança, atenção e interação). Nossa saúde psicológica depende de nossa capacidade de satisfazer essas necessidades por meio de nossos recursos inerentes (tais como empatia, imaginação e racionalidade) de maneiras produtivas e eficazes.

Em uma sociedade moderna e industrializada, o dinheiro é uma das únicas coisas que toca e impacta cada uma de nossas necessidades. O efeito do dinheiro sobre as necessidades físicas é óbvio; você não pode ter moradia, por exemplo, se não tiver dinheiro suficiente para pagar o aluguel ou a hipoteca. Mas observe a lista de necessidades emocionais das páginas a seguir. O dinheiro também afeta nossa capacidade de satisfazer essas necessidades, umas mais do que outras. Por exemplo, embora seja possível termos uma sensação de competência e realização mesmo sem dinheiro, isto, certamente, é mais difícil em nossa cultura. O mesmo acontece com nosso status e autonomia.

---

[2] Pressupostos humanos. (N.T.)

O Instituto Human Givens classifica a lista a seguir como nossas necessidades e habilidades essenciais e inatas.

NECESSIDADES EMOCIONAIS
• Segurança: uma atmosfera segura que nos permita um desenvolvimento pleno;
• Atenção (tanto expressada quanto recebida): uma forma de nutrição;
• Senso de autonomia e controle: vontade para fazer escolhas responsáveis;
• Conexão emocional a outros;
• Sentir-se parte de uma comunidade mais abrangente;
• Amizade, intimidade: saber que uma pessoa, pelo menos, nos aceita como somos;
• Privacidade: oportunidade de refletir e consolidar experiências;
• Senso de competência e realização;
• Significado e propósito: o resultado de crescermos no que fazemos ou pensamos.

RECURSOS PARA SATISFAZER NOSSAS NECESSIDADES
• Habilidade de desenvolver memória complexa de longo prazo, que nos capacita a aprender e agregar ao nosso conhecimento inato;
• Habilidade de estabelecer *rapport* (confiança mútua), empatia e interação com outros;
• Imaginação, que nos permita desviar a atenção de nossas emoções e buscar soluções mais criativas e objetivas;
• Emoções e instintos;
• Uma mente consciente e racional que avalie nossas emoções, que questione, analise e planeje;
• A capacidade de "saber", de compreender o mundo inconscientemente por meio do padrão de comparação metafórica;
• Um eu observador: aquela parte de nós que pode se distanciar, ser mais objetiva e consciente de si mesma como especial centro de consciência;

> • Um cérebro sonhador que, todas as noites, preserva a integridade de nossa herança genética, ao desarmar metaforicamente as expectativas acionadas no sistema desperto autônomo, porque estas não se realizaram no dia anterior.

Além disso, sendo o dinheiro algo concreto e mensurável, enquanto nossas necessidades (amor, segurança, atenção) não o são, é tão fácil relacioná-lo com nossas necessidades emocionais, que não conseguimos separá-los. Passamos a crer que o dinheiro é amor, ou segurança, ou atenção. Nada ilustra isso melhor do que a história da "caixa especial" do Natal.

DENISE: Meu pai iniciou e administrou um negócio muito bem-sucedido e usa os frutos de seu trabalho para "recompensar" a nós, os filhos. Todo Natal, assim que os presentes são abertos, ele traz sua "caixa especial".

Ela é a peça central do ato de presentear em família, e assim tem sido desde a minha infância. Dentro da caixa há envelopes que contêm cheques, endereçados a cada um de nós, os filhos. Ou não. Por ser uma garota e não estar diretamente envolvida nos negócios da família, às vezes não há um envelope para mim. Ou pode haver um com meu nome, mas meus irmãos recebem vários cada um. Quando os envelopes são abertos, a quantia registrada no cheque é anunciada a todos os presentes. Meu cheque é sempre o de menor valor. No último Natal, meus irmãos receberam cheques de 300 mil dólares, mas não havia envelope com o meu nome.

Obviamente, aprendi com isso algumas lições: Dinheiro é igual a amor e quem recebe mais dinheiro é mais amado. Também aprendi que o dinheiro pode ser usado para controlar e humilhar os outros. Essas lições afetaram toda a minha vida.

Levando-se em consideração que o dinheiro é, ao mesmo tempo, essencial e dotado de tamanha carga emocional, não é de se admirar que receba tanto de nossa atenção. Também não é surpresa que tantas pessoas tenham relacionamentos tão tumultuados e autodestrutivos com ele. Como afirma Dick Wagner, um dos primeiros planejadores financeiros: "O dinheiro é a influência secular mais poderosa e invasiva do mundo".

Mais dinheiro: não é necessariamente a resposta

Embora dinheiro seja essencial, a ironia cruel é que mais dinheiro não resolve automaticamente os problemas ou alivia o estresse. Na realidade, muitos estudos mostram que, para o americano de renda média ou superior, não há correlação previsível entre dinheiro e felicidade. Em seu livro O *que nos faz felizes*, Daniel Gilbert afirma: "Os americanos que ganham 50 mil dólares por ano são muito mais felizes do que os que ganham 10 mil por ano, mas os americanos que ganham 5 milhões por ano não são muito mais felizes do que os que ganham 100 mil por ano". E isso está de acordo com o que os psicólogos Dr. Ed Diener e Dr. Martin Seligman descobriram em sua pesquisa.

Eles analisaram mais de 150 estudos sobre riqueza e felicidade e concluíram que o dinheiro tem menor influência sobre o nível de felicidade de uma pessoa do que outros fatores, como relacionamentos pessoais sólidos ou o sentimento de realização proporcionado pelo trabalho.

Portanto, se o dinheiro é a maior fonte de estresse em nossas vidas e, ao mesmo tempo (acima do nível da pobreza), ter mais dinheiro não resolve o problema, qual é a solução? Se desejamos cuidar de nossa saúde mental e financeira, a solução é não nos concentrarmos em ganhar mais dinheiro, e sim em desenvolver um relacionamento mais saudável com ele. Quando encaramos e lidamos com as emoções complexas e os assuntos mal resolvidos que estão por trás de nosso estresse financeiro, podemos melhorar radicalmente nossa saúde psicológica e financeira atual, *e ainda* aprender a administrar melhor e encarar futuras experiências traumáticas ou estressantes. Lembra-se dos "pressupostos humanos"? É aqui que entram aqueles recursos inatos. Ao fazermos uso de forma deliberada e consciente de nossa empatia, de nossa imaginação, emoções e racionalidade – todas as nossas qualidades inerentes –, não apenas transformamos nossa relação com o dinheiro, como também vencemos o poder que ele tem sobre nós. Um planejador financeiro com quem trabalhamos fez, por si mesmo, essa descoberta:

STUART: Percebi que o que mais controlava a minha vida era o medo, e hoje estou me libertando deste medo. Tenho um sentimento de serenidade em relação a tudo isso. Meu portfólio pode ter sofrido uma redução de 50%, mas eu não sou 50% menos do que era no ano passado. Na realidade, me sinto maior – mais aberto, mais sereno, mais grato do que jamais fui. Sinto de fato, pela primeira vez na vida, que meu valor como pessoa tem muito pouco a ver com meu valor financeiro.

Sinto-me mais confortável com meu desconforto. Sei que ainda tenho trabalho a fazer, mas estou no caminho certo.

Stuart não chegou a esse lugar facilmente, sem enfrentar lutas. Nenhuma das pessoas com quem trabalhamos o fez. A maioria delas levou anos lutando contra sua própria incapacidade de mudar. Mesmo após terem enfrentado as desagradáveis realidades do passado, e começado a dar os passos produtivos em direção à solução, elas experimentaram momentos de recaída nas antigas e nocivas maneiras de pensar ou agir. No entanto, haviam desenvolvido a capacidade de parar, reajustar e continuar.

Por que é tão difícil mudar?

Quando percebemos as mudanças que precisamos fazer e, mesmo assim, nos vemos incapazes de levá-las adiante, costumamos agregar o autoabuso à bagagem emocional que já carregamos, o que com frequência contribui com nosso estresse. "Por que não consigo ficar dentro do meu orçamento? Sou um fraco!" "Sei que preciso investir em meu plano de aposentadoria, mas nunca faço isso. Como posso ser tão idiota?". E, mesmo que não diga tais coisas a si mesmo, vai ouvir apresentadores de *talk-shows* dizendo-as em voz alta e, pior ainda, dirigindo-se a pessoas como você. Quer venha de nós mesmos ou de outros, uma boa dose de crítica nos faz sentir ainda pior, e mina a nossa motivação para mudar: "Se sou otário assim, de que adianta?".

O fato é: você não é idiota, louco ou preguiçoso. Você é um ser humano maduro que se comporta exatamente como o faria alguém que veio de onde você veio, que testemunhou o que você testemunhou, e que viveu o que você viveu! Por isso nós o convidamos a se livrar da vergonha. E não se puna caso tenha dificuldade em se punir. Você entrará em outra espiral de vergonha que em nada vai ajudá-lo.

O que *realmente* vai ajudá-lo é encarar a verdadeira origem do problema. Quando você compreende de fato os motivos que o levaram ao ponto onde está, tudo faz sentido. Há razões arraigadas, complicadas e até flexíveis que explicam por que é tão difícil mudar sua atitude em relação ao dinheiro. Ao compreender e aceitar essas razões, será possível aprender a superar os obstáculos presentes em seu caminho.

Muitas vezes, não estamos plenamente conscientes de nossa resistência à mudança, muito menos de sua origem. A incapacidade de fazer o que deveríamos fazer é frustrante. Lembra-se de Stephanie, na introdução, que tinha dificuldade de encarar e lidar com os problemas financeiros na vida adulta porque cresceu recebendo mensagens confusas e enganosas sobre a importância do dinheiro em sua vida? Quando ela nos procurou, a ajudamos a lidar com seus temas mal resolvidos e a reavaliar a função do dinheiro em sua vida utilizando os exercícios que vamos compartilhar mais adiante neste livro. Primeiro, ela buscou em si mesma os conceitos nocivos sobre o dinheiro nos quais havia acreditado todos esses anos. Em seguida, adaptou-os para que estivessem de acordo com seus verdadeiros objetivos e valores, e criou um mantra do dinheiro para ajudá-la a reforçar esses novos conceitos quando os antigos viessem à tona.

Aqui, Stephanie conta como conseguiu colocar essas novas perspectivas e habilidades em ação ao superar sua resistência oculta, o que permitiu que falasse calma e abertamente sobre seus problemas com o dinheiro.

STEPHANIE: Eu preenchia meus cheques para a aposentadoria e não os enviava, com receio de que o fluxo de caixa de minha empresa não fosse suficiente para cobri-los. Nunca me ocorreu que eu poderia dizer à minha contadora como me sentia e fazer um ajuste no valor do pagamento.

Era minha antiga postura de "ignorar" uma atitude em relação ao dinheiro que ressurgia sem eu perceber. Continuei então com esse comportamento até receber uma ligação de minha contadora perguntando sobre os cheques que havia preenchido, mas que não havia enviado.

Senti muita vergonha por não ter cumprido esse compromisso comigo mesma! Mas, assim que consegui superar isso, me senti à vontade para pedir o que precisava, e recebi. Finalmente tive coragem de contar a ela o que se passava em minha mente e, como resultado, estabelecemos hoje outro valor para aposentadoria, com o qual me sinto mais confortável. Estou enviando os cheques todos os meses.

A mesa bamba

Imagine que você está diante de uma mesa que tem uma perna mais curta do que as outras. Se o desequilíbrio é leve, isto provoca uma pequena irritação. Mas, se as pernas estão realmente irregulares e a mesa balança muito, ela se torna instável e impossível de ser usada. A perna curta precisa ter um calço ou ser consertada para que a mesa seja funcional.

O cérebro humano sob estresse se parece muito com uma mesa bamba. A ansiedade, o medo e a vergonha nos levam ao desequilíbrio, e o cérebro busca substâncias ou comportamentos que possam repará-lo ou lhe trazer de volta o equilíbrio, ainda que temporariamente.

Esse estímulo para o reequilíbrio pode ser uma substância que é consumida, como a comida, a nicotina, o álcool, ou pode ser o efeito neuroquímico de uma grande variedade de comportamentos humanos. Alguns dos comportamentos mais comuns nessa categoria são as compras, o trabalho, o acúmulo de coisas, o sexo e a faxina, mas qualquer coisa pode virtualmente tornar-se uma forma de aliviarmos os sentimentos negativos. Como os cérebros são diferentes, cada um de nós tem uma substância ou um comportamento particular que acreditamos ser capaz de trazer equilíbrio e conforto, e que se origina em nosso próprio DNA, assim como nossas escolhas específicas, nossas oportunidades e desafios que enfrentamos. É impossível prever qual comportamento ou substância terá maior efeito restaurador para uma determinada pessoa. O cérebro busca esse estímulo em momentos de estresse, sobretudo quando já não acreditamos em nós mesmos. E, conforme o estresse aumenta – ou a mesa balança mais e mais –, mais precisamos desse comportamento ou substância para restaurar o equilíbrio.

Embora cada um de nós tenha substâncias específicas ou comportamentos que tendemos a buscar em momentos de estresse ou ansiedade, alguns deles têm uma atração mais ampla, quase universal. Observe o seguinte estudo que foi feito por pesquisadores da Arizona State University e da Erasmus University na Holanda. Após testarem a autoestima dos alunos, pediram a eles para escreverem um ensaio sobre um destes temas: uma visita ao dentista ou a sua própria morte. Mais tarde, ofereceram a cada aluno pratos com biscoitos e também a oportunidade de escolher alguns itens de uma lista de compras. Os alunos com baixa autoestima que haviam escrito sobre suas mortes comeram mais biscoitos e escolheram mais itens da lista do que os alunos com níveis de autoestima semelhantes, mas que haviam escrito sobre a visita ao dentista. Conforme a explicação dos pesquisadores, pensamentos de morte (a própria morte ou de outra pessoa) nos deixam pouco à vontade, aumentam nosso nível de ansiedade, e tanto os biscoitos quanto os itens materiais ofereciam uma chance de "fuga da consciência". Em outras palavras, comer e gastar proporcionam distração a sentimentos inquietantes causados por aquela mesa bamba.

Mas, em pouco tempo, esses efeitos perdem força e a mesa começa a balançar de novo. Na realidade, ela estará um pouco mais instável graças à culpa, à vergonha e às consequências negativas experimentadas em seguida. Apesar desses efeitos secundários, o simples fato de aqueles estímulos calmantes funcionarem, mesmo que temporariamente, acaba por criar em algumas pessoas uma compulsão incontrolável de buscá-los repetidamente. Esse é o ponto central dos comportamentos viciantes e autodestrutivos. O alcoólatra, o que come ou compra por compulsão, todos eles estão fugindo de sentimentos semelhantes, cada um da maneira que lhe parece melhor. Infelizmente, o desejo por aquele prazer ou o alívio passageiro podem sair rápido do controle, causando sérios problemas a longo prazo.

Nossa cliente Phyllis e seu marido aprenderam isso da maneira mais difícil. Há alguns anos, a reação do casal ao envelhecimento e à enfermidade foi gastar demais, e afundarem-se cada vez mais em dívidas.

PHYLLIS: Antes das festas de fim de ano, eu dizia a Carl, meu marido, que não conseguiria trabalhar nesse ritmo por muito mais tempo. Como ele cuidava do pagamento das contas e cuidava dos gastos, eu raramente verificava as contas. Quando parei para verificar onde poderíamos cortar gastos, ficou claro que estávamos gastando demais. Na época recebíamos, por dia, duas ou três propostas de cartões de crédito sem juros. Então, pensando estar fazendo, de fato, algo bom e importante, transferi tudo para os novos cartões e guardei os cartões pagos em um cofre, caso precisássemos de crédito para uma emergência.

Naquela primavera, Carl recebeu o diagnóstico de um tumor no pulmão. Eu sabia que era o momento de realmente diminuir o ritmo. Ele lutava contra o câncer há anos, e, independente do tempo que lhe restasse, eu queria que desfrutássemos nosso casamento. Diminui minhas horas de trabalho e me preparei para a aposentadoria, mas nunca mudamos nossos hábitos de consumo, mesmo quando a renda começou a diminuir. No início de verão, Carl passou por uma cirurgia e – acredite se quiser – o tumor era benigno. Era o momento de celebrarmos nossa sorte! Planejei uma maravilhosa festa de aposentadoria com velhos amigos, familiares e colegas. Eu realmente me diverti.

Logo em seguida, Carl disse: "Vamos visitar sua filha e a família dela". Bem, ele não precisou pedir duas vezes.

Retiramos os cartões de crédito de nosso cofre, pois os que estávamos usando haviam estourado, e viajamos por duas semanas e meia. Foi maravilhoso. Decidimos presentear a nós mesmos e à família com uma temporada em um resort. Carl e eu pagamos tudo para todos. Certo dia, tive que levar meu netinho mais novo ao banheiro e ao restaurante. Ele tinha quatro anos. Pediu sorvete e eu lhe disse: "Querido, a vovó não trouxe dinheiro. Está lá na praia com a mamãe". Ele apontou o caixa automático e disse: "Tudo bem, aqui está a máquina do dinheiro. É só ir até lá e ela vai lhe dar o dinheiro". Tentei explicar que não era bem assim, mas ele era muito pequeno para entender. O engraçado é que meu comportamento não era muito melhor do que o de meu neto. Se alguém tivesse me observado, perceberia que eu também não tinha entendido.

Tivemos uma viagem maravilhosa, que eu jamais vou esquecer, mas chegou a hora de ir para casa e nossas finanças estavam um desastre. Foi como se estivéssemos voltando de uma bebedeira de dinheiro. Hoje sei que durante toda a viagem eu estava em constante negação, fingindo que podia pagar qualquer coisa que desejasse, como acontecia antes. Isso fez com que eu me sentisse melhor, mas apenas durante certo tempo.

Phyllis e seu marido já estavam gastando demais quando ela trabalhava; e, quando se aposentou, eles começaram a gastar ainda mais. Ela gastava demais porque, inconscientemente, tentava encontrar distração para a desconfortável realidade da enfermidade e do envelhecimento iminente. Queria ser também uma avó e mãe generosa e amorosa, e comemorar a boa saúde de seu marido. A sua infância como filha única e mimada a levava agora a financiar tudo para todos. Se lhe perguntassem: "Afundar-se em dívidas é a melhor maneira de desviar sua atenção dos problemas?" ou "Sua família a amaria menos se você não pagasse tudo?". Ela talvez tivesse respondido "não" a ambas. Mas sua mente consciente e racional foi derrotada diante do poderoso cérebro emocional – como frequentemente acontece.

No próximo capítulo, vamos falar mais sobre as áreas emocional e a racional de seu cérebro e como elas trabalham juntas e, algumas vezes, uma contra a outra. Neste momento, o importante é compreender que sua batalha financeira não é uma medida de fraqueza ou fracasso. É uma resposta previsível a suas experiências prévias com o dinheiro, geralmente desencadeada pelo estresse ou pela ansiedade. A boa notícia é: você *pode* mudar.

E agora?

Parece que hoje o mundo todo está sofrendo dos pós-efeitos do trauma financeiro. Não é a primeira vez que acontecimentos locais, nacionais e internacionais afetam nosso bem-estar financeiro e, com certeza, não será a última vez. O lado positivo é que a recente crise econômica nos oferece uma oportunidade singular de encarar atentamente nossos conceitos autodestrutivos e limitantes sobre o dinheiro e, como resposta, conseguimos mudar nosso comportamento. Mas não podemos fazer isso até darmos vários passos.

Da mesma forma como acontece com outro problema, o primeiro passo é reconhecer que existe, de fato, um problema. Esse é com frequência o maior obstáculo, porque, a curto prazo, a negação é muito eficaz e tentadora. Até aprendermos a aceitar que temos um problema, nem mesmo a atual crise financeira, abrangente como é, será suficiente para mudar nosso comportamento a longo prazo. O fato é que somos profundamente resistentes a mudanças, e se não reescrevermos os preceitos por trás de nossos comportamentos autodestrutivos, corremos o risco de repeti-los vezes sem fim.

Um exemplo que ilustra bem: No início de 2009, o jornal americano *The New York Times* entrevistou diversas pessoas que haviam sobrevivido a acidentes aéreos nos meses anteriores. O objetivo era descobrir que mudanças os muitos sobreviventes haviam se comprometido a fazer após a experiência de quase morte, e quantos deles haviam de fato levado o compromisso a sério. Quase todos haviam prometido fazer mudanças e poucos deles tiveram sucesso nas promessas mais simples, como reclamar menos sobre as irritações do dia a dia. Mas a maioria dos passageiros compartilhava a frustração do homem que afirmou: "O velho ditado que diz 'O tempo cura todas as feridas' é verdadeiro. Elas duram um curto período de tempo, pelo menos para mim. Então a realidade da vida se instala. Acho que é realmente fácil sofrer uma recaída nos velhos hábitos".

Ou veja o que acontece aos pacientes cardíacos. A cirurgia de ponte de safena é cara, arriscada, traumática, invasiva, e exige um longo período de recuperação. Ninguém a vê como diversão, e mudar o estilo de vida – comida saudável e exercícios – pode reduzir de maneira significativa as chances de ter que enfrentar a cirurgia outra vez. Poderíamos pensar, então, que aqueles que passaram por essa cirurgia dolorosa não teriam problema algum em levar adiante essas mudanças de comportamento. Mas, segundo o Dr. Edward Miller, reitor da Escola de Medicina

Johns Hopkins, esse não é o caso. "Se observarmos as pessoas dois anos após terem passado por uma cirurgia coronariana, 90% delas não mudaram o seu estilo de vida. E isso tem sido alvo de repetidos estudos. Portanto, há algo aqui que não estamos percebendo. Embora elas saibam que têm uma doença grave e que devem mudar o estilo de vida, por alguma razão, não conseguem fazê-lo."

Parece que escapar da morte por pouco não é suficiente para nos motivar a fazer mudanças permanentes. Nem o trauma de ter o esterno cortado com uma serra, ter o peito escancarado e costurado novamente. Então o que nos leva a acreditar que essa crise financeira vai, automaticamente, mudar nosso relacionamento com o dinheiro?

Não vai. Não há nada automático nesse processo. Nós *podemos* fazer mudanças, mas somente se estivermos dispostos a usar essa oportunidade para analisar de perto nosso relacionamento com o dinheiro. Sem essa cura básica, nosso cérebro nos levará pelo caminho da menor resistência. Vamos voltar ao padrão de comportamento que ajudou nossos ancestrais a sobreviverem no passado. Nosso cérebro pré-histórico não sabe que as circunstâncias mudaram, que as reações a conceitos antigos não têm mais utilidade. Ele não consegue entender que os mecanismos que mantinham nossos ancestrais vivos nas florestas e savanas são os mesmos que nos fazem tropeçar hoje. Da mesma forma, ele não pode saber que as conclusões a que chegamos sobre o dinheiro a partir de nossas experiências nas primeiras fases da vida, os conceitos que ajudaram nossas mentes jovens a formarem uma percepção do mundo podem sabotar nossa saúde financeira quando chegamos à vida adulta. Mas *nós* podemos conhecer e entender. É por isso que precisamos reciclar nosso cérebro pré-histórico para que se adapte à nossa realidade financeira atual a fim de que possamos evitar repetir os mesmos erros.

Antes de continuarmos, separe agora um momento para relacionar três coisas que você precisa fazer ou foi aconselhado a fazer a respeito das finanças, mas que não consegue colocar em prática. O que seria necessário acontecer para que você realmente se comprometesse a fazer tais mudanças?

CAPÍTULO 2
O ZOOLÓGICO EM VOCÊ

Imagine um lugar muito pequeno, semelhante a uma jaula onde estão três criaturas: um crocodilo, um macaco e um cientista. É possível que eles coexistam pacificamente? Que se comuniquem e cooperem uns com os outros de maneira significativa? É possível que sobrevivam próximos como estão?

Acredite se quiser, mas é exatamente isso que acontece em sua mente, dia após dia. Seu cérebro é formado por três sistemas interligados que reagem ao mundo de maneiras muito distintas. Para otimizar seu funcionamento, todos os três sistemas precisam coordenar suas respostas. O cientista, o macaco e o crocodilo precisam trabalhar em conjunto. Surpreendentemente, isso é exatamente o que acontece a maior parte do tempo. O crocodilo – a parte mais primitiva do cérebro – concentra a atenção nas ameaças em potencial. O macaco – a parte emocional do cérebro – mantém-se ocupado explorando e investigando, e o cientista – o racionalizador – observa e analisa a informação que chega. Quando todos os três combinam os seus esforços, realizam grandes coisas, que nenhum deles conseguiria realizar sozinho. Mas, se algo assustador acontece, não há dúvida alguma de quem seja o verdadeiro líder da situação. Aqui vai uma dica: Não é a pessoa vestida com um jaleco com uma prancheta nas mãos. Em momentos de grande estresse, não há mais regras.

Esse exemplo de como o cérebro funciona tem implicações profundas em nossa saúde mental e financeira. Ele explica por que persistimos em nossos comportamentos financeiros limitantes e autodestrutivos mesmo quando sabemos que estão nos fazendo mal. Porque quando se trata de dinheiro, com maior frequência do que imaginamos, nossos impulsos e emoções – nosso crocodilo e nosso macaco interior, e não o cientista – são quem comandam o show.

O cérebro triúno

Na década de 1950, o neurologista Paul McClean desenvolveu uma teoria sobre a estrutura do cérebro, na qual identificava três áreas distintas, cada uma delas controlava funções diferentes, e que evidenciavam um estágio diferente de nosso desenvolvimento evolucionário. Obviamente, nenhuma metáfora simples para algo tão incrivelmente complexo como o cérebro humano será precisa por completo, e pesquisas posteriores indicam que a evolução não foi tão linear quanto McClean imaginou. Mesmo assim, seu modelo ainda é uma maneira prática de entender como o cérebro está organizado e como essa organização afeta o raciocínio e o comportamento –, sobretudo no que se refere a dinheiro.

O *cérebro reptiliano* – representado pelo crocodilo – é formado pelo tronco cerebral e pelo cerebelo conectado com a medula espinal. O cérebro reptiliano controla os reflexos, o equilíbrio, a respiração e o ritmo cardíaco. Ele também age como coletor de informação sensorial, mas o processamento dessa informação em raciocínio e sentimentos acontece em outro lugar. O único foco do cérebro reptiliano está na sobrevivência. Eles são bons para morder coisas, fugir, ou ficar imóveis, seja qual for a ação que lhes garanta a sobrevivência.

BRAD: Isto foi ilustrado para mim certa noite, assim que nos mudamos para o Havaí. Eu estava assistindo TV e notei certo movimento na parede. Olhei e vi duas lagartixas, uma grande e uma pequena, totalmente imóveis no que parecia ser um beijo. Assisti, chocado, quando a cauda da menor contorcia-se enquanto desaparecia na boca da maior. Ao ter vencido a competição por sobrevivência, a lagartixa maior continuou com seu papel de lagartixa. Nada de lealdade. Apenas reflexo. Apenas sobrevivência. Esse é o nosso réptil interior.

O cérebro *límbico* – representado pelo macaco – se sobrepõe ao cérebro reptiliano. McClean o chamou de "cérebro mamífero primitivo". É aqui que as emoções e pensamentos começam a agir e, por essa razão, os pesquisadores às vezes se referem a ele como *cérebro emocional*. Ele é composto por várias estruturas distintas, sendo as mais importantes a amígdala cerebelosa, o hipotálamo e o hipocampo. O hipocampo nos ajuda a lembrar e a navegar no espaço tridimensional; também tem a função de transferir experiências à memória de longo prazo e também de recuperá-las. O hipotálamo conecta o sistema nervoso ao sistema endócrino, e dessa forma controla a liberação de hormônios, tais como a adrenalina, fundamental para a reação de lutar ou fugir. A amígdala é crucial na formação e no armazenamento de memórias relacionadas a experiências emocionais. (Falaremos mais sobre a amígdala quando discutirmos os efeitos do trauma.) De maneira geral, essa parte do cérebro desempenha um papel essencial na memória e no aprendizado a partir de experiências –, especialmente aquelas de grande intensidade emocional. Em conjunto, o sistema límbico é a parte do cérebro envolvida em comportamentos como cuidar da prole de outro ou desenvolver relacionamentos com outros membros do grupo, da tropa, família ou cultura.

> O termo *mente-macaco* é familiar a quase todos aqueles que já fizeram uma aula de ioga ou meditação. A frase nos é trazida pelo budismo e se refere à maneira como nossos pensamentos se agitam, como um macaco pulando de galho em galho. Acalmar ou distrair a mente-macaco é um dos aspectos mais difíceis e essenciais da meditação. Em *A Cura e a Mente*, o jornalista Bill Moyers e o pesquisador do câncer Michael Lerner conversam sobre a mente-macaco.
>
> LERNER: A meditação aquieta a sua mente. É uma maneira de simplesmente sentar-se em silêncio e permitir que sua mente se esvazie do todo seu conteúdo, seja concentrando-se em algo, como um som, sua respiração, ou uma ideia,

ou apenas esvaziando a mente e permitindo que as coisas entrem e saiam novamente. Há uma variedade de técnicas de meditação.

MOYERS: Mas é difícil fazer isso, porque a mente está constantemente cheia de tagarelice. Ela é como os macacos nas árvores, matraqueando para lá e para cá. Se você calar os macacos nesta árvore, os macacos da outra começarão a fazer barulho.

LERNER: A mente é de fato reconhecida como um macaco. Todos nós temos uma mente-macaco. Na meditação você dá ao macaco algo para fazer. Por exemplo, uma imagem tradicional é dizer a ele para ficar atento. Isso equivale a dá-lo um som para repetir, ou dizer a ele que se concentre em sua respiração para que você possa ir além da mente consciente, para um lugar onde haja algum silêncio.

O *neocórtex* – o cientista – é onde se origina tudo o que faz com que você seja você: seus pensamentos, suas esperanças, seus sonhos, seus objetivos. É a parte analítica do cérebro, aquela que trabalha quando você pesa os prós e os contras de várias ações possíveis. O neocórtex também controla a autoconsciência e a fala; é a parte do cérebro responsável pela organização, pelo planejamento e – também importante –, pelo controle dos impulsos mais primitivos que vêm de outras regiões do cérebro. Entretanto, o neocórtex é também a menor e mais recentemente desenvolvida região do cérebro e, em momentos de estresse, facilmente sequestrada pelas outras duas.

Não estamos sugerindo que você esteja pronto para uma cirurgia cerebral, por isso vamos simplificar isso tudo. E o cérebro reptiliano (o crocodilo) e o cérebro emocional (o macaco) costumam trabalhar juntos para gerar nossos impulsos e reações emocionais mais primitivos, portanto vamos chamá-los de *cérebro animal*. Vamos nos referir ao neocórtex (o cientista) como o *cérebro racional*.

Na maioria das vezes, as diferentes regiões do cérebro se dividem no trabalho de observar e reagir ao mundo. O cérebro animal processa memórias e sentimentos, criando, armazenando e recuperando associações a partir de experiências passadas. Ele também recebe e responde às informações sensoriais do mundo exterior (por exemplo, acelerando nossa respiração quando os níveis de oxigênio estão baixos). Em seguida, o cérebro racional desenvolve narrativas para explicar o que está acontecendo e toma decisões sobre o que fazer a seguir.

Na maior parte do tempo, o cérebro animal e o cérebro racional trabalham em conjunto sem interrupção e quase sem esforço. Na realidade, é essa capacidade especial que o cérebro tem de analisar e expressar estados físicos, sentimentos e emoções que têm permitido que nossa espécie domine o reino animal. Mas, enquanto o cérebro animal era testado e refinado durante centenas de milhões de anos, o cérebro racional, pelo visto, começou a se desenvolver em nossos ancestrais em data relativamente recente – há menos de dois milhões de anos. Entre os dois, o cérebro animal é mais rápido e mais forte. Ele tem seu próprio sistema de circuitos e, dessa forma, pode operar independentemente do cérebro pensante. Há cerca de cinco vezes mais nervos que partem do cérebro animal para o cérebro racional do que na direção oposta. Isso significa que a área consciente e racional de nosso cérebro tem muito material para trabalhar, mas também tem menor influência sobre o que acontece fora de seu domínio e é mais lento para responder do que outras regiões do cérebro.

Por essa razão, quando nosso nível de ansiedade se eleva muito – quando experimentamos algo surpreendente ou inesperado, algo que o cérebro animal interpreta como uma ameaça à sua existência – a parceria entre o cérebro animal e o cérebro racional desmorona. O cérebro racional é bloqueado de maneira instantânea, como se estivesse atrás de uma porta que é repentinamente fechada e trancada. O cientista é retirado de seu processo de tomada de decisão, deixando o crocodilo e o macaco no controle. Talvez você já tenha analisado uma situação de tensão e de reação rápida e disse a si mesmo: "Por que eu não disse isso?" ou ainda pior: "Por que eu disse aquilo?". Isso acontece quando o cérebro animal assume o controle, nos pressionando em direção a uma ou mais entre três reações.

Lutar, fugir ou congelar

Quando nosso cérebro animal percebe uma ameaça, quer esta seja um tigre-dentes-de-sabre em uma selva pré-histórica ou um desastre econômico que se aproxima, o hipotálamo sinaliza ao corpo que carregue a corrente sanguínea com hormônios como a adrenalina, o cortisol e a noradrenalina. Isso desencadeia uma série de reações físicas que nos preparam para lutar e nos defender, para fugir, ou congelar no lugar até que a ameaça se afaste. O coração bate mais rápido e a respiração se acelera, permitindo maior circulação de oxigênio. A digestão fica lenta e em algumas partes do corpo os vasos sanguíneos se contraem, enquanto o sistema circulatório dos músculos maiores começa a se dilatar. A boca fica seca. Desenvolvemos a visão em túnel. A audição torna-se extremamente aguçada. Estamos *prontos*.

E então o que fazemos? Bem, isto determinado pelas circunstâncias específicas que enfrentamos e se temos ou não lembranças de experiências semelhantes para buscar. Fazer conexões entre os dados da situação presente e as experiências prévias é uma das funções principais do cérebro animal, e falaremos sobre isso mais adiante. O fato é que nossas primeiras reações sob estresse não são determinadas por nosso cérebro racional. Quando estamos no modo lutar, fugir ou congelar, o cérebro animal assume o controle e nossa mente racional tem pouco ou nada a ver com o comportamento que se segue.

Vimos certa vez uma perfeita ilustração disso no *America's Funniest Home Videos*.[3] Na comemoração do Dia das Bruxas, o dono da casa fantasiou-se de corvo e sentou-se, imóvel e em silêncio em uma cadeira da varanda. Enquanto os visitantes recebiam doces na porta da frente, ele de repente se levantava e segurava o visitante distraído. A maioria das pessoas gritou e correu (a reação de fuga), exceto por um jovem. Muito rapidamente, ele socou a cabeça do corvo e *depois* correu. Depois de alguns instantes, voltou para se desculpar.

É assim que o cérebro animal age para nos manter vivos. O jovem percebeu a ameaça, agiu imediatamente para se defender e depois correu – lutar, e *depois* fugir. Todas essas ações foram completamente

---

3   Vídeos mais Engraçados da América.

inconscientes e automáticas, e somente quando ele estava longe da ameaça o seu cérebro racional conectou-se de novo. Foi quando ele analisou a situação, percebeu que estava errado ao bater em seu espertalhão, mas inofensivo vizinho, e se desculpou.

O que tudo isso tem a ver com dinheiro? Muito, para falar a verdade. Porque quando estamos bastante assustados com a economia, ou suficientemente estressados com nossas finanças, nossos cérebros animais assumem o controle. Uma vez operando nesse modo, tomamos decisões baseadas em nossas emoções, como excitação e medo, em vez de usarmos a lógica. E isso pode ser perigoso porque essas emoções, sem a devida atenção, podem levar a comportamentos irracionais e de autodefesa – o tipo de comportamento por trás de todas as bolhas e crises econômicas. (Vamos discutir com mais detalhes esse tema quando falarmos sobre as origens dos *flashpoints* financeiros.) Vamos ver agora algumas das maneiras como reagimos ao estresse financeiro.

Lutar. Algumas pessoas reagem com ira e culpa. Num esforço subconsciente de evitar assumir responsabilidade pessoal por seus problemas financeiros, eles culpam outros: culpam o tio por ter lhe dado um conselho equivocado sobre ações, culpam o banco pelas práticas de empréstimo predatório, um partido político específico, venda a descoberto e daí por diante. Alguém que esteja no modo "luta" pode ligar para seu planejador financeiro e reclamar ou ameaçar processá-lo, brigar com o cônjuge ou filhos por gastarem demais. Essas reações não apenas impedem que o problema seja resolvido como também ferem relacionamentos e levam a sofrimento e estresse ainda maiores. Às vezes, essa reação de ira acontece internamente, quando a pessoa se pune por comportar-se de uma maneira que, analisando em retrospectiva, ela acredita que não deveria. Isso, assim como acontece quando sente raiva de alguém, é uma tentativa de aliviar sua incontrolável ansiedade.

Fugir. Outros reagem tentando ficar o mais distante possível da fonte do estresse. Se o problema é a perda como consequência de um mau investimento, por exemplo, alguém pode, imprudentemente, retirar todo seu dinheiro do mercado e correr em outra direção.

> **BRAD:** Recentemente conversei com alguém que retirou todo o seu dinheiro do mercado. Ele está comprando todas as moedas de ouro e prata que encontra, comprou um cofre, um rifle automático, e está armazenando em sua casa suprimentos suficientes para um ano. Essa é uma reação extrema de fuga!

Também não é algo sem precedentes. Durante a Grande Depressão, muitas pessoas ricas fugiram das cidades, se abrigaram em casas de campo e se abasteceram de comida enlatada. Algumas famílias chegaram ao ponto de montarem metralhadoras nos beirais das casas para se protegerem e a seus grupos contra uma ameaça que nunca se concretizou.

Congelar. Outra reação comum é sentir-se tão oprimido que não é possível tomar atitude alguma. Essas pessoas entram num processo de negação do problema (uma das disfunções que discutiremos no próximo segmento) e congelam. Para usar outra metáfora animal, eles se "fingem de mortos". Evitam pensar em sua situação financeira e podem até deixar, por completo, de avaliar seus relatórios de investimentos ou extratos bancários. Não acompanham mais as notícias e repetidamente ignoram as recomendações de conselheiros financeiros. Muitas vezes, permanecem congelados até serem sacudidos por algum evento catastrófico, como uma grande perda do mercado ou uma execução da hipoteca de sua casa, apenas para congelarem outra vez na inatividade assim que a crise for controlada.

> **TED:** Quando decidi começar a investir em minha aposentadoria, conversei com nosso contador para que me ajudasse a determinar quanto eu poderia dispor para enviar-lhe todos os meses, para que investisse para mim. No primeiro mês, senti muito orgulho de mim mesmo. Aos 53 anos, eu começava a fazer minha parte ao cuidar de mim mesmo, investindo para meu futuro. Veio o segundo mês e eu fiz o cheque, mas não o enviei. No terceiro mês, novamente. No quarto, quinto e sexto meses, a mesma coisa. Eu fazia os cheques, porém não conseguia enviá-los.

Meu contador telefonava e me perguntava onde estavam os cheques. A resposta era sempre a mesma: "Estão aqui, mas eu ainda não os enviei". Eu tinha muitas desculpas, no entanto sabia que ali havia um assunto não resolvido. Para mim foi literalmente impossível enviar os cheques, até que lidei com o que de fato me impedia.

O que você deve fazer ao se descobrir numa reação lutar/fugir/congelar? Aqui estão quatro passos simples que o ajudarão a manter o controle e o capacitarão a tomar decisões mais sensatas e racionais.

Passo 1: *Reconheça que, quando você está emocionalmente alterado – seja pelo medo ou pela excitação –, você estará inclinado a agir de forma irracional.* Lembre a si mesmo que as decisões financeiras tomadas nessas condições de grande carga emocional quase sempre são mal orientadas; isso pode ajudá-lo a trazer seu cérebro racional de volta ao controle. Dê a si mesmo a permissão de adiar uma grande decisão até isso acontecer.

Passo 2: *Respire fundo algumas vezes.* Isso pode parecer tolice, mas há comprovação fisiológica verdadeira de sua eficácia. Quando estamos estressados ou irados, automaticamente respiramos de forma curta e superficial. Inspirar profundamente várias vezes pode ajudar a iniciar uma reação de relaxamento. Cada vez que inspirar, repita em sua mente uma palavra ou frase reconfortante: "Relaxe" ou "Acalme-se". Isso ajuda a reconectar a mente racional e a evitar que ela seja excluída do processo de tomada de decisão.

Passo 3: *Avalie a precisão de seu raciocínio.* O fato de um pensamento surgir em sua mente não significa que ele seja verdadeiro. Qual é o argumento que sustenta sua suposição? Qual é o argumento contra ela? Há uma explicação melhor? Qual é a pior coisa que poderia acontecer? Você conseguiria conviver com isso? Qual é a consequência mais realista disso? Se um amigo ou uma pessoa querida estivesse nessa situação e planejasse fazer o que você tem em mente, o que você lhe diria?

Passo 4: *Não tome nenhuma decisão precipitada.* Dê algum tempo entre sua reação emocional e qualquer atitude que venha a tomar. Quando estamos aflitos, são necessários cerca de vinte minutos de pensamentos relaxantes para que o cérebro animal fique calmo o bastante para permitir que o cérebro racional assuma o controle novamente. Mesmo assim, ainda podemos ser levados por nossas emoções, portanto considere a hipótese de buscar aconselhamento financeiro profissional antes de tomar uma decisão financeira importante.

As reações lutar, fugir ou congelar servem a um propósito de adaptação. Elas se desenvolveram ao longo do tempo para garantir a sobrevivência de nossos ancestrais pré-históricos, e ainda são essenciais quando enfrentamos perigo de vida. Mas para muitos de nós essa reação não nos ajuda muito a lidar com os agentes causadores de estresse do dia a dia. Na realidade, pode ser contraproducente. Nosso cérebro animal não sabe disso, por isso, quando experimentamos o que deveria ser uma pequena irritação – uma fechada no trânsito, uma discussão com o cônjuge ou sócio, uma inesperada taxa bancária –, ele a registra como uma grande ameaça, sobretudo se os níveis de estresse já estiverem elevados. Isso quer dizer que teremos a tendência de reagir exageradamente, mesmo quando nosso ser consciente entende a situação. A boa notícia é que o cérebro emocional pode ser treinado a suprimir essas reações de sobrevivência que já estão impressas nos circuitos. Na realidade, a saúde financeira sustentável depende de nossa habilidade de fazer exatamente isso.

O treinamento assume o controle

O especialista T.J. Vallejos, um médico de combate associado à Companhia Charlie, Terceiro Pelotão 2-27, ao descrever suas experiências em Kirkuk, no Iraque, afirmou: "Eu me preparo para o pior e espero o melhor. A primeira vez que prestei socorro aos soldados após um incidente, a adrenalina estava correndo nas veias, mas meu treinamento assumiu o controle e eu sabia o que tinha de fazer".

Stephen Price, bombeiro voluntário que quebrou a janela de um SUV em chamas para resgatar os passageiros que estavam presos: "O treinamento assumiu o controle. Quero dizer, eu não pensei sobre o assunto. Tudo o que eu sabia era que alguém estava em dificuldades e precisava de ajuda".

Pamela Isaza, mãe e dona de casa e ex-técnica de emergências médicas, que salvou um garoto, vítima de afogamento: "Ele estava azul, sem respiração nem pulso. Meu treinamento assumiu o controle".

Chip Reynolds, o policial que arriscou sua vida para resgatar um refém de um assaltante armado: "Ele poderia ter atirado em mim, mas isso não passou pela minha cabeça. Meu treinamento assumiu o controle. Eu fiquei esperando pelo momento certo para controlar a situação".

Esses são exemplos em que o cérebro racional aprende a controlar o cérebro animal – obviamente não por meio de decisões conscientes, mas contando com preparo ou treinamento direcionado. A palavra *treinamento* aparece repetidas vezes nos exemplos acima porque qualquer trabalho que exija a realização de ações específicas em situações de grande estresse exige que o cérebro emocional receba treinamento intensivo. Os profissionais de elite da polícia passam horas praticando o exato movimento muscular necessário para sacar a arma e colocar-se em posição de tiro. Pilotos de avião passam centenas de horas em simuladores do voo, treinando como agir em todas as situações imagináveis que possam surgir durante o voo. Os soldados são submetidos a treinamento no fogo, e são ensinados a continuar avançando apesar das explosões à sua volta e das balas zunindo acima de sua cabeça.

O treinamento também nos ajuda a dominar nossas reações em situações que não representam risco de morte, como nos esportes. Como atletas universitários e, mais tarde, técnicos de beisebol, futebol americano, basquete, tênis e futebol, dedicamos boa parte do tempo a exercícios de situação sob grande pressão. Na prática, reproduzíamos as situações de jogo muitas e muitas vezes até que os jogadores pudessem agir de uma determinada maneira no jogo real, sem nem mesmo pensar sobre o assunto. Quer seja o toque sutil no beisebol, a defesa do lance reverso no futebol americano, a bola fora dos limites no basquete, a rebatida de bola alta no tênis, ou os chutes de escanteio no futebol, se um atleta ou time quer ser bem-sucedido, todos os tipos de reações físicas complexas podem e devem ser transformadas em gestos automáticos por meio da repetição e do treinamento mental. Por exemplo:

BRAD: Para nossos jogadores de tênis, reproduzimos cenários de jogos de grande pressão com o objetivo de aumentar a ansiedade do jogador enquanto ele desenvolve certas habilidades, como rebater o segundo serviço ou lançar bolas altas para encobrir o oponente. Durante esses exercícios, os jogadores são ensinados a usar as habilidades com o objetivo de reduzir o impacto da amígdala cerebelosa no corpo, respirando profundamente, visualizando o sucesso e dizendo palavras positivas a si mesmos. Uma concentração intensa no que você está fazendo ou pretende fazer no momento do jogo, permite que você dê o seu melhor. Preocupar-se com o resultado do lance ou do jogo é a receita do fracasso.

TED: Colocar-se voluntariamente no caminho de um objeto duro como pedra que voa na sua direção com velocidade entre 100 e 200 quilômetros por hora – em outras palavras estar diante de uma bola de beisebol que foi rebatida – não é uma atitude natural. Quando fui técnico de um time de beisebol, eu ensinava meus jogadores a superarem a tendência natural de evitarem as bolas fazendo com que pegassem as bolas rasteiras com luvas de madeira. Para que conseguissem pegar uma bola com tal equipamento, eles precisavam ter domínio dos fundamentos. Seus pés, mãos, braços, seu corpo inteiro precisam estar na posição certa; alinhados perfeitamente para agarrar a bola. Usar luvas de madeira forçava o cérebro emocional a descobrir uma maneira de cumprir a tarefa com sucesso. A consequência disso é que durante o jogo, quando os níveis de estresse estavam altos, o cérebro emocional "saberia" o que fazer.

Então, como você pode aplicar esse princípio de treinamento para ajudá-lo a lidar com o estresse financeiro? Assim como podemos nos condicionar a reagir de determinada maneira diante de uma bola que vem em nossa direção, podemos nos condicionar a exercer o mesmo controle sobre nossas reações aos eventos relacionados às finanças tanto pessoais quanto globais. Se nos condicionarmos a reconhecer situações financeiras potencialmente estressantes antes que elas ocorram, o cérebro racional poderá agir com antecipação para exercer controle sobre o cérebro emocional. Em outras palavras, se pudermos nos condicionar a reconhecer quando nosso cérebro animal estiver tentando sequestrar uma decisão financeira, podemos aprender a domá-lo.

Primeiro, encorajamos nossos clientes a separarem alguns minutos todos os dias para a meditação e para que prestem atenção no corpo e no que ele tem a dizer. A habilidade de lermos nossas pistas físicas, especialmente aquelas que sinalizam a aproximação do estresse, é essencial para resistirmos à perda do controle do cérebro racional.

STAN: A ideia de que minhas emoções, meu corpo e minhas atitudes em relação às finanças estão conectados foi algo novo para mim. Agora eu percebo que meu estômago está tenso, e percebo que estou sentindo medo, que é minha maior emoção. Em geral, esse é o primeiro sinal de que algum processo antigo está em andamento e, então, posso explorar o que está controlando aquela sensação. Aprendi que, embora eu tenha o impulso de agir para aliviar minha ansiedade, esse não é absolutamente o momento certo para fazer isso.

O exemplo de Stan demonstra como o corpo registra o desconforto ou a ansiedade muito antes de nos tornarmos conscientes desses sentimentos. Ele aprendeu a usar o sistema de direção emocional para ajudá-lo a identificar antigos padrões de pensamentos autoderrotistas, a fim de que pudesse dar passos racionais e conscientes no sentido de revertê-los.

O exemplo também demonstra que o condicionamento para evitar que nosso pensamento seja sequestrado começa antes do fato, por meio da observação e do aprendizado a partir das situações quando nosso raciocínio foi de fato sequestrado. Pense em uma situação financeira que tenha terminado mal. Digamos que sejam compras em que tenha gastado muito mais do que pretendia. Por mais que deseje esquecer o incidente, sente-se e pense realmente a respeito, em detalhes. Como estava se sentindo quando foi ao shopping? Você tinha intenção de comprar algo ou foi apenas uma visita de impulso? Se estava à procura de algo específico, como acabou olhando os outros itens que comprou? Tente lembrar seus pensamentos e emoções a cada momento. Finja que é um detetive investigando um crime e rastreie suas ações até o ponto em que são induzidas. Quando você perdeu o controle sobre os gastos? O que estava sentindo naquele momento?

As emoções intensas sufocam o cérebro racional. Nós as comparamos a uma enchente: Quando as emoções chegam rápido, o cérebro racional se retrai e aguarda que a água diminua. Ao prestar atenção em seus erros e passos em falso e gentilmente analisá-los sem vergonha ou crítica, aos poucos você construirá uma consciência do que acontece quando uma inundação emocional está próxima. Quando sentir que a onda se aproxima, respire profundamente algumas vezes – bem profundamente, o suficiente para mover seu abdome. Então, antes de tomar qualquer atitude, conte até cem, mas faça de cinco em cinco, recite o alfabeto, cante um verso ou dois daquela música popular horrível que você secretamente adora – cante para si mesmo, claro. Aquele vazio entre o impulso e a ação é suficiente para permitir que a enchente ceda e o cérebro racional assuma o controle.

Quando for possível, busque o conselho de outros antes de agir. É uma habilidade muito importante nos relacionamentos, que vamos discutir mais adiante. Talvez você se surpreenda ao saber que muitos dos principais planejadores financeiros do país também possuem seus próprios planejadores financeiros. Isso acontece porque não importa a perícia que tenhamos, quando estamos emocionalmente envolvidos, o raciocínio é afetado. *Todos* nós estamos suscetíveis a emoções que dominam o cérebro racional.

Você também pode planejar com antecedência oferecendo ao seu cérebro racional uma resposta para ser dada ao cérebro emocional. Todos nós já vivemos uma situação em que tivemos a reação perfeita a um argumento – cinco minutos depois de precisarmos dele. (Em francês, a frase para isso é *esprit de l'escalier*, literalmente, "inteligência da escada" – a resposta inteligente que pensamos quando estamos descendo a escada para ir para casa.) Pode ser irritante quando acontece, mas aqui suas conclusões e observações pós-incidente são, na realidade, bastante úteis. Pense naquele momento pré-inundação. Pense no que seu cérebro racional teria a dizer se não estivesse ocupado, ausente. Então diga isso repetidas vezes, e seu cérebro racional estará pronto para dizê-la na próxima vez que houver uma ameaça de inundação.

Por exemplo: Você percebe que um dia ruim no trabalho (ansiedade ou ira) aumenta a probabilidade de você "se presentear" com uma compra impulsiva que não tem condições financeiras de fazer. Sua resposta pode ser "Eu sei que estou com vontade de comprar isso porque estou com raiva do meu chefe, e vou me arrepender de gastar esse dinheiro quando esfriar a cabeça. Não vou comprar agora; se amanhã eu ainda quiser, posso comprar". Ou: "Estou chateado e não confio em minha capacidade de decidir quando estou assim. Vou me ater à minha lista de compras e não vou nem olhar itens que não estejam na lista". A chave é antecipar as situações – o ambiente, as emoções, as pessoas – que tendem a induzir a inundação, e preparar-se para resistir a eles.

Há diversas maneiras pelas quais podemos treinar nosso raciocínio. Conhecemos um planejador financeiro que faz questão de "exercitar" seus clientes no raio de ação normal, ou no desvio padrão que eles podem esperar de retorno do seu investimento, baseado em quão agressivos ou conservadores são os seus portfólios. Depois de revisar o portfólio ele diz: "Você pode esperar que cresça em x por cento, ou que diminua em y por cento durante o próximo ano. Qualquer em deles seria perfeitamente normal". Ele se certifica de que tenham prestado atenção a parte que diz "ou que diminua" em vez de se concentrarem apenas no resultado positivo. Embora seus clientes tenham perdido dinheiro durante o ano passado, assim como todos os que investiram no mercado, o ponto importante é que nenhum deles entrou em pânico ou agiu precipitadamente, pois os cérebros emocionais haviam sido treinados a antecipar tanto as perdas quanto os ganhos.

O mecanismo explicativo hiperativo

Certamente, algo que obstrui o caminho de nossa saúde financeira é a tendência do cérebro animal de descarrilar o processo racional de tomada de decisão. Mas o cérebro também apresenta outro surpreendente obstáculo: ele não é muito bom para interpretar os fatos e formular explicações com precisão. Na realidade, ao contrário do que acreditamos, não sabemos realmente muito sobre as origens de nossas escolhas e ações. Para entender como esse fenômeno impacta nossa vida financeira, precisamos primeiro dar outra olhada na estrutura do próprio cérebro.

Embora os elementos do cérebro triúno repousem uns sobre os outros, como copos de medida, o cérebro também é dividido pela metade, da frente para trás, como uma noz na casca. Cada hemisfério é o espelho do outro e há certa sobreposição de funções. (Essa é uma das razões pelas quais as pessoas, principalmente as crianças, têm extraordinária recuperação de danos cerebrais em um lado da cabeça; o outro hemisfério assume a inatividade. Um largo feixe de tecido nervoso chamado *corpo caloso* conecta esses dois hemisférios e age como uma ponte entre eles.

Mas, apesar das semelhanças, há grandes diferenças nas funções de cada hemisfério. Uma das maiores delas é que cada um se comunica com uma metade do corpo. De certa maneira, nossas conexões estão invertidas: Provavelmente você já sabe que o hemisfério direito do cérebro processa a informação sensorial e controla o funcionamento do lado esquerdo do corpo, enquanto o hemisfério esquerdo lida com o input e o movimento do lado direito. Desde a metade da década de 1860, os pesquisadores têm explorado as outras maneiras pelas quais a função cerebral está dividida. Algumas das pesquisas mais interessantes vieram do trabalho com pacientes com cérebro separado, pessoas que tiveram o corpo caloso, a conexão entre os hemisférios, afetada. (Esse é um tratamento para pacientes que sofrem de epilepsia grave e tem o objetivo de reduzir a frequência e a violência das crises.)

Há quase quarenta anos, os neurocientistas Dr. Joseph LeDoux e Dr. Michael Gazzaniga estudaram pacientes com cérebro separado e descobriram algumas coisas surpreendentes sobre o funcionamento do cérebro. Experimentos anteriores haviam demonstrado que o processamento da fala e da linguagem acontecia somente no hemisfério esquerdo. Mas isso trouxe uma pergunta interessante: Como o hemisfério esquerdo responde a algo que hemisfério direito faz e vice-versa? Gazzaniga e LeDoux conduziram um experimento para descobrir. Uma imagem dividida foi mostrada a uma pessoa com cérebro separado: O lado esquerdo (visto somente pelo cérebro direito) identificou uma cena ao ar livre em um local com neve, e o lado direito (visto apenas pelo cérebro esquerdo) o pé de um pássaro. Na frente da pessoa havia dois grupos formados por quatro pequenas fotos: no lado esquerdo, várias ferramentas, incluindo uma pá de neve, e à direita, uma variedade de animais e objetos, inclusive um frango. A pessoa devia escolher a figura pequena mais apropriada para combinar com a figura maior e, corretamente, ela escolheu a pá com sua mão esquerda (controlada pelo cérebro direito) e o frango com sua mão direita (controlada pelo cérebro esquerdo). Faz sentido, não faz? Bem, há um elemento interessante.

Quando perguntado *por que* havia escolhido a pá, ele deu uma resposta que era tão lógica quanto sem sentido. A parte direita do seu cérebro, que fez a escolha baseada nos flocos de neve, não podia comunicar seu raciocínio, e a parte esquerda de seu cérebro, que *podia* falar nunca viu a neve, que foi o elemento que induziu a escolha. O habilidoso lado esquerdo do cérebro trouxe uma resposta mesmo assim: "Eu escolhi a pá para limpar depois que o frango saísse!". Na ausência da informação necessária para explicar uma decisão, o cérebro pesquisou o que sabia sobre frangos e pás de neve, encontrou uma maneira de conectar os dois, e convenceu-se de que essa conexão realmente explicava a escolha.

Gazzaniga chama essa tendência de acrescentar informações e detalhes a memórias e criar ligações entre eventos não relacionados de *mecanismo intérprete*. Segundo Gazzaniga, novas descobertas das últimas duas décadas "sugerem que o mecanismo intérprete do hemisfério esquerdo do cérebro esteja sempre dedicado ao trabalho, buscando o significado dos acontecimentos. Ele procura constantemente por ordem e razão, mesmo quando não há nenhuma – o que continuamente o conduz ao erro. Ele tem a tendência de supergeneralizar, construindo, com frequência, um passado potencial contrário ao verdadeiro".

Isso é verdadeiro para todos nós. Estamos *todos* em busca de conexões e significados mesmo quando eles não existem. E é essa tendência do cérebro de interpretar incorretamente e chegar a conclusões erradas a partir de eventos aleatórios e não relacionados que ajuda a explicar como as pessoas acabam por aprender lições irracionais, improdutivas e autodestrutivas a partir dos *flashpoints* financeiros. Podemos talvez pensar: "Perdi dinheiro em meu primeiro investimento, por isso não faz sentido investir outra vez" ou "Meus pais costumavam brigar sempre sobre dinheiro e acabaram se divorciando, por isso se eu quiser continuar casado, nunca vou falar sobre finanças com meu cônjuge".

E preceitos desse tipo, por mais falhos que sejam, são incrivelmente resilientes. Quando o mecanismo explanatório começa uma narrativa, é necessário grande esforço para alterar a história, por mais esquisita que seja. Essas histórias estão ancoradas no cérebro animal, que está concentrado na sobrevivência, não foram construídas com reflexão e consideração cuidadosas. Quando ouvimos o que pensamos ser um grande gato na floresta, não temos tempo de considerar todas as nossas respostas possíveis, pesar os prós e contras de cada uma antes de agir. Nosso cérebro animal age baseado em puro instinto e sentimento, e age imediatamente. A reação é a mesma quer a ameaça seja um tigre faminto ou um rato aterrorizado, porque o cérebro animal não tem tempo de esperar para descobrir o que é. De modo semelhante, nossos preceitos financeiros continuam estáticos e rígidos embora nossa situação ou circunstâncias possam ter mudado.

Cada um de nós leva consigo muitos preceitos financeiros diferentes, por não serem resultado do pensamento consciente e racional, são, com frequência, contraditórios. No entanto, todos eles são poderosos e profundamente guardados. Esses preceitos financeiros já funcionaram para nós e para outras pessoas que conhecemos, pelo menos até certo ponto, portanto confiamos neles e nos apegamos a eles, mesmo que tragam ansiedade e desastre à nossa vida. Nosso obstáculo principal ao lidar com os preceitos financeiros é que muitas vezes não temos consciência deles, o que somente reforça a capacidade que eles têm de exercer controle absoluto sobre nossas vidas. É por isso que, antes que possamos começar a mudar um comportamento, temos de entender conscientemente o padrão ou a história que nosso mecanismo intérprete criou.

TED: Eu estava trabalhando com um casal que tinha suas finanças bem mapeadas, mas que hesitava diante da decisão de adquirir um seguro de vida – especialmente o marido. Eles tinham vários filhos, todos abaixo de oito anos de idade; possuíam e administravam uma empresa multimilionária; e voavam juntos em seu jato particular, em geral sem os filhos. Em vários encontros, eu tentava convencê-los da real necessidade de um seguro de vida e eles recusavam.

Por fim, eu fiz com eles um exercício, fazendo perguntas para chegar à fonte desse comportamento irracional. Descobri que o avô do meu cliente, que havia fundado a empresa, viveu sem seguro de vida durante décadas. Finalmente, aos 60 anos, ele assinou uma apólice – e no espaço de um ano ele estava morto. Como era menino, nosso cliente ouviu sua família conversando sobre a triste coincidência entre a compra do seguro e a morte. Seu mecanismo intérprete fez a conexão entre os dois e hoje; mais de trinta anos depois, ele ainda estava convencido de que os fatos estavam relacionados. Quando eu lhe disse: "Quer dizer que se eu nunca fizer um seguro de vida, nunca vou morrer?" – ele e sua esposa começaram a rir. Ele disse: "Acho que é uma maneira ridícula de administrarmos nossa vida, não é?".

Alguns dias depois eles ligaram para informar que haviam adquirido um seguro de vida.

Como conselheiros, não temos problemas em acreditar que muitas de nossas decisões financeiras – e as do mercado como um todo – são baseadas em algo que vai além da lógica e da racionalidade. É assim que somos treinados a enxergar o mundo. Mas três economistas renomados chegaram à mesma conclusão. Vamos incluir uma observação aqui e a outra mais adiante neste capítulo.
Porque, de fato, o principal problema do investidor – e também o seu pior inimigo – é provável que seja ele mesmo.

Benjamim Graham,
pai da análise financeira moderna,
mentor de Warren Buffett,
e autor de *O investidor inteligente*.

Decidindo sob estresse

Já vimos como o estresse interfere na capacidade de fazer avaliações precisas. E o estresse relacionado ao dinheiro não é exceção. Quer ele resulte de uma queda brusca no valor do investimento ou da tentativa de imaginar como pagar as contas, o estresse financeiro tende a nos fazer sentir fora de controle, o que mais tarde eleva os níveis de estresse e incapacita o pensamento racional.

Isso foi demonstrado em uma série de seis experimentos, conduzidos pela Dr.ª Jennifer Whitson da Universidade do Texas – Austin e o Dr. Adam Galinsky da Northwestern University, que testavam a habilidade das pessoas de perceber padrões ao sentirem falta de controle. Os pesquisadores induziram o sentimento nas pessoas testadas de duas maneiras: perguntando a elas onde lhes havia faltado o controle, ou dando-lhes feedback sobre uma série de testes que nenhuma relação tinha com o verdadeiro desempenho do candidato. Em seguida, os pesquisadores pediram aos participantes que olhassem para um conjunto de imagens granulosas e escolhessem aquelas, caso houvesse alguma, que tivessem padrões escondidos. Como esperado, os participantes com a incerteza induzida tiveram mais respostas falso-positivas. Em outras palavras, as pessoas que se sentiam fora de controle tinham mais probabilidade de encontrar padrões onde eles não existiam.

Mais interessante para os nossos objetivos, Whitson e Galinsky pediram então às pessoas que analisassem informações sobre finanças. Neste caso, o grupo de controle recebeu informações que descreviam o mercado de ações como estável e previsível, enquanto os outros participantes leram descrições do mercado de ações como volátil e instável (semelhante às notícias que temos recebido). Pediram então para analisarem uma sequência de relatórios financeiros de duas empresas diferentes. O grupo "volátil" fez um trabalho muito pior na análise das informações do que o grupo de controle: eles supervalorizaram fatores insignificantes e ignoraram os mais importantes. De fato, quando pressionados a refletir sobre situações estressantes fora de controle, a habilidade de identificar precisamente padrões nas informações estava comprometida de forma alarmante.

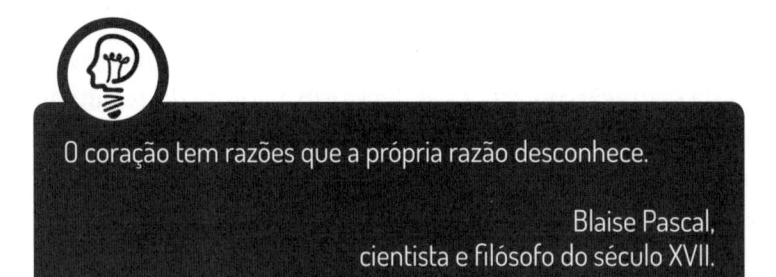

> O coração tem razões que a própria razão desconhece.
>
> Blaise Pascal,
> cientista e filósofo do século XVII.

Em seus sucessos literários *Iludido pelo acaso* e *O cisne negro*, Nassim Taleb chama atenção para o fato de que temos uma tendência de subestimar a importância do acaso tanto em nossos sucessos quanto em nossos fracassos. Em termos de decisões financeiras, Taleb argumenta de maneira convincente que exageramos o poder profético e a validade do que acreditamos, geralmente em detrimento de nossas finanças. Também temos a tendência de chegar a conclusões falso-positivas, convencendo a nós mesmos de uma ligação causal entre dois eventos não relacionados. Esse pensamento é o que está por trás de muitas superstições e rituais, tais como bater na madeira para manter longe o azar ou acreditar que coceira na palma da mão significa dinheiro que se aproxima. Esse pensamento também está por trás de muitas tendências cognitivas, como atribuir o seu sucesso no mercado de ações ao seu investimento astuto e perspicaz, e não ao desempenho positivo do mercado.

Portanto, sob estresse, o cérebro racional é expulso de campo e fazemos o que as regiões não racionais de nosso cérebro ordenam que façamos. Convencemos a nós mesmos que estamos certos e anulamos qualquer evidência do contrário. Chegamos a buscar outras pessoas que compartilhem e confirmem nossas conclusões. Somos atraídos a essas pessoas. Nós os chamamos de amigos. Vamos de seres humanos racionais a seres que racionalizam.

Bolo de chocolate ou salada de frutas?

Como se já não fosse suficientemente ruim, os estudos descobriram que nosso horário sobrecarregado e incessante e atitude multitarefa também podem incapacitar nossa capacidade de tomar decisões sábias. Os pesquisadores de Stanford Baba Shiv e Alexander Fedorikhin testaram os efeitos da distração no processo decisório. O título do resultado desse trabalho – "Coração e Mente em Conflito" – é um bom resumo de suas descobertas, e uma explicação taquigráfica para muitos de nossos comportamentos financeiros autodestrutivos. No experimento, os alunos foram informados que participariam de um teste de memória e deveriam memorizar um número específico, com dois ou sete dígitos. A caminho da sala onde o teste seria realizado, eles ofereceram duas opções de doces – bolo de chocolate ou salada de frutas – que seriam atraentes a dois poderosos processos mentais: o cognitivo (nosso eu pensante, racional) e o afetivo (nosso lado impulsivo, emocional). Obviamente, a escolha mais saudável, mais racional e razoável seria a salada de frutas, e, de fato, somente 27% das pessoas que deveriam memorizar o número de dois dígitos se renderam à tentação e escolheram o bolo. Por outro lado, quase duas vezes mais – 59% – das pessoas que tentavam guardar na mente um número de sete dígitos escolheram o bolo. Por quê? Porque se sabe que uma única região do cérebro, o córtex pré-frontal, lida tanto com a memória em funcionamento – ações como guardar um número ou lembrar-se de uma lista de tarefas – quanto com o controle racional sobre nossos impulsos – decisões como resistir a um doce tentador que não faz bem ou evitar uma compra desejada, porém questionável. Se sobrecarregarmos o córtex pré-frontal com um excesso de tarefas, reduzimos de forma significativa nossa habilidade de resistir aos impulsos poderosos ("Preciso comer bolo!" "Preciso daquela TV de tela plana!") que vem de outras partes do cérebro.

O que aprendemos a partir dessas experiências? Duas coisas: nossos cérebros racionais têm muito menos poder do que queremos acreditar, e o estresse os enfraquece ainda mais incapacitando nossa habilidade de tomar decisões. E quando nos lembramos de que 80% dos americanos afirmam que o dinheiro é sua maior fonte de estresse, não parece mais tão surpreendente que tantos de nós tomemos decisões financeiras irracionais, não é mesmo?

Flexibilidade é essencial

Você acaba de chegar a um marco importante no processo de assumir o controle de sua vida financeira. Reconhecer e compreender sua tendência inerente de confiar demais em seus preceitos e conceitos sobre o dinheiro, especialmente quando está sob estresse, é essencial se pretende assumir o controle do relacionamento com o dinheiro. Mas essa percepção não é transformadora em si mesma. Como vimos, as pessoas tendem a criar uma realidade financeira externa que se encaixa com a realidade interna. Para criar uma nova vida financeira, precisamos primeiro fazer as mudanças internas necessárias em nossos conceitos, conhecimento, percepção e emoção. Se não fizermos essas mudanças internas, inevitavelmente voltaremos aos velhos hábitos.

> Mesmo distante da instabilidade consequente da especulação, há a instabilidade consequente da característica da natureza humana na qual uma grande parcela de nossas atividades positivas depende do otimismo espontâneo e não da expectativa exata, seja ela moral, hedonista ou econômica. Provavelmente, a maioria de nossas decisões de fazer algo positivo, todas as consequências que serão observadas durante muito tempo, podem apenas ser consideradas resultado de espíritos animais – de uma necessidade espontânea de ação ao invés da falta de ação, e não como resultado da média dos benefícios quantitativos multiplicados pelas probabilidades quantitativas... Assim sendo, se os espíritos animais são controlados e o otimismo espontâneo falha, nos levando a depender de nada além de uma expectativa matemática, a empreitada perderá o vigor e morrerá – embora temores de perdas possam ter um fundamento tão pouco razoável quanto o fundamento que a esperança de lucro possuía.
>
> John Maynard Keynes, macroeconomista e defensor da intervenção do governo em economias falhas sobre o tópico dos espíritos animais.

Uma economia global instável somente torna isso mais imperativo. A história nos mostra incontáveis exemplos de desastre e queda causados pela dificuldade em se adaptar às circunstâncias. Na realidade, você pode até dizer que devemos nossa condição de nação a isto: os Casacas Vermelhas, treinados para lutar as formalizadas batalhas Napoleônicas, não conseguiram ter a rapidez necessária para se adaptarem aos métodos de combate mais livres dos revolucionários. A antiga União Soviética também foi o modelo de rigidez; mantendo-se presa a regras e sistemas muito depois de terem comprovada sua ineficácia. E o livro *Colapso* de Jared Diamond analisa o desaparecimento de várias culturas que falharam em se adaptar às mudanças do clima, dos recursos naturais, ou das alianças comerciais.

Em uma escala individual, um fracasso semelhante na tentativa de se adaptar às mudanças de circunstâncias também pode ser desastroso. A falta de flexibilidade explica por que tantas pessoas que ganham dinheiro repentinamente, graças a uma herança, um acordo do seguro ou na loteria, acabam gastando de forma extravagante. A adaptabilidade no raciocínio e a abertura às novas informações são fatores de proteção essenciais que nos ajudam a sobreviver e a prosperar nesta era em constante mudança. Para mudar seu futuro financeiro, você precisa estar disposto a desafiar e mudar o que você acha que sabe.

As emoções: nosso GPS interno

Estamos falando muito sobre como as respostas emocionais interferem na habilidade de tomar decisões. Agora você talvez esteja pensando que o problema seria resolvido se pudéssemos, de alguma forma, nos livrar dessas emoções errantes e nos ater à lógica pura. Mentira. O que ocorre é que nossas emoções geralmente são o componente essencial do processo decisório positivo.

Em *O erro de Descartes*, o neurologista Antônio Damásio descreve o trabalho com pacientes que sofreram dano em uma área específica do cérebro, levando-os a ficar completamente desprovidos de emoções. Suas habilidades cognitivas estavam intactas e eram normais os resultados de testes preparados para detectar vários problemas psicológicos.

Suas dificuldades surgem do fato de não terem qualquer reação ou envolvimento real com outros. E seu comportamento era estranhamente contraditório, tanto obsessivo quanto impulsivo. Em algumas circunstâncias, como ao classificar papéis para serem preenchidos, eles paravam em determinado passo do processo, incapazes de distinguir entre a tarefa específica e o objetivo geral. No entanto, entravam em investimentos fraudulentos, casamentos desastrosos e toda sorte de escolhas impulsivas e, óbvio, mal aconselhadas. Dois incidentes com um paciente em particular (vamos chamá-lo de Bob) explicam o paradoxo.

> É a psicologia que leva a pânicos e recessões.
> Os economistas não conseguem evitar serem estudiosos da natureza humana, particularmente da exuberância e do medo. O entusiasmo é uma celebração da vida. Temos que percebê-la como algo desfrutável para que procuremos mantê-la. Lamentavelmente, um surto de entusiasmo às vezes também faz com que as pessoas alcancem além do possível; quando a realidade bate à porta, o entusiasmo transforma-se em medo. O medo é a resposta automática que todos temos às ameaças a mais profunda de todas as nossas propensões inerentes: nossa vontade de viver. Propensões humanas inatas que vão da euforia ao medo e de volta à euforia parecem permanentes; gerações de experiência não parecem ter moderado essas propensões.
>
> Alan Greenspan,
> ex-presidente da Diretoria da Reserva Federal
> e autor de *A era da turbulência* sobre os fatores que
> vão além dos números que influenciam a economia.

Bob foi à clínica de Damásio num dia em que as estradas estavam cobertas de gelo. Quando chegou, Damásio perguntou se ele havia enfrentado algum problema no caminho. Bob disse que não, mas que havia visto o carro à sua frente bater por causa de uma placa de gelo. O motorista entrou em pânico e pisou no freio e o carro derrapou para uma vala. Mas, quando Bob chegou ao mesmo local e começou a derrapar, ele calmamente controlou o carro e continuou a viagem, e agora estava ali. Imagine agora que você está relatando essa história. Você estaria ligeiramente nervoso? Bob não estava. Você expressaria alguma preocupação pelo motorista à sua frente? Bob não expressou.

No dia seguinte, quando a próxima visita à clínica precisava ser marcada, Damásio ofereceu duas datas diferentes. Bob pegou sua agenda e nos trinta minutos seguintes deixou os funcionários da clínica malucos diante de sua incapacidade de tomar uma simples decisão. Como Damásio descreve: "Após calmamente ter dirigido sobre o gelo, e relatado o episódio, ele passava agora por uma profunda análise de custo-benefício, uma comparação inútil das opções e suas possíveis consequências que pareciam não ter fim". Finalmente, Damásio chegou ao limite de sua paciência e sugeriu a data mais distante. Bob disse: "Está ótimo", e guardou sua agenda. O tormento havia acabado.

Nesse primeiro incidente, a falta de emoção de Bob lhe serviu bem. Diferente do motorista à sua frente, que foi tomado pelo pânico na primeira derrapagem, ele não sentiu uma onda de medo e foi capaz de reagir com calma, como havia sido ensinado a fazer. Mas, quando tentou tomar uma simples decisão entre duas datas, a mesma falta de emoção estava incapacitada. Por quê?

Parece que, sob muitos aspectos, as emoções são essenciais para o processo decisório. Primeiramente, elas nos ajudam a nos projetar no mundo e entender as reações dos outros. Sem a capacidade para experimentar a emoção, Bob não era capaz de reconhecer as pistas não verbais por meio das quais os funcionários certamente comunicaram sua crescente impaciência e irritação. Em segundo lugar, as emoções produzem o que Damásio chama de *marcadores somáticos*: aqueles "fortes pressentimentos" nos quais nos apoiamos totalmente, para o pior ou para o melhor, ao fazermos escolhas. Operando abaixo do nível de consciência, os marcadores somáticos são registros mentais de experiências passadas que agem como um sistema interno de direção. Os marcadores somáticos ajudam a moldar nossas decisões, nos afastando ou nos aproximando de escolhas específicas. Por exemplo, digamos que você tenha comido salmão no jantar e tenha se sentido muito mal. Na próxima vez que lhe oferecerem salmão, seu cérebro animal só faltará gritar "Não coma isto!". Mas esses marcadores podem operar em níveis mais sutis também, que escapam de nosso estado consciente. Se a toalha de mesa naquele terrível jantar em que comeu salmão era xadrez vermelha e branca, é possível que você se sinta um pouco nauseado quando vir essa estampa, sem saber exatamente por quê. Esses tipos de marcadores somáticos são a fonte de nossos palpites e sensações.

Em seu livro *Como decidimos*, Jonah Lehrer descreve um incrível exemplo do poder e da sutileza do forte pressentimento. Durante a primeira Guerra do Golfo, Michael Riley, um tenente comandante da Marinha britânica, participou de uma missão para proteger os couraçados aliados na costa enquanto eles bombardeavam uma base militar do Kuwait ocupada pelas tropas iraquianas. O trabalho de Riley era monitorar as telas do radar por horas a fio, seguindo os *sinais na tela* que representavam mísseis e aviões aliados, ficando atento a qualquer coisa fora do comum. Certa manhã bem cedo, um sinal apareceu vindo da costa em direção do couraçado USS *Missouri*. Sem nenhuma razão que ele pudesse apontar, aquela luz na tela encheu Riley de pavor, fez seu coração disparar e a palmas de suas mãos transpirarem. Era um míssil iraquiano? Ou seria um caça retornando ao seu porta-aviões? Devido a uma extensa gama de erros humanos e mecânicos, Riley não podia tentar contato com o sinal no radar para avaliar a sua altitude. Tinha que decidir sozinho, e o preço do erro era imensamente alto. Riley confiou em seu pressentimento. Deu o comando para abrir fogo, e então esperou para ver se havia derrubado um míssil ou um piloto americano.

Riley fez a escolha certa. O sinal misterioso era um míssil Silkworm iraquiano e sua decisão salvou o *Missouri* e seus marinheiros. Riley ainda não sabia dizer por que aquele sinal lhe parecera temível ou ameaçador, somente que havia pressentido algo. Depois de revisar exaustivamente as fitas do radar, e assistir àqueles segundos cruciais muitas e muitas vezes, Klein, por fim, teve sua resposta. Voando a baixa altitude, o míssil demorava mais segundos para aparecer no radar do que um jato demoraria – somente na terceira vez em que o feixe varria a tela, em vez da primeira. Isso quebrou o padrão que o cérebro de Riley veio a reconhecer e esperar. A diferença era minúscula, tão minúscula que escapou à percepção consciente de Riley. Mas seu cérebro animal percebeu e reagiu.

Finalmente, nossas emoções também são úteis porque nos permitem "experimentar" novos comportamentos, por meio da imaginação e visualização, o que nos ajuda a prever como vamos nos sentir em relação ao resultado de uma decisão antes que a tomemos de fato. Levando em consideração que a maior parte de nossa sabedoria está fora de nossa percepção consciente, nossas emoções também agem como uma salvaguarda, permitindo que saibamos, em um nível visceral, que algo está errado ou prestes a dar errado.

É claro que ninguém sugere que você tome decisões financeiras baseadas somente na emoção. Mas as emoções não deveriam ser completamente ignoradas; elas deveriam ser reconhecidas, admitidas, e então examinadas da forma mais objetiva possível. É fundamental que nos tornemos estudiosos de nossas emoções – um curioso observador de nossas ansiedades, nossas suposições e nosso diálogo interno, aquele constante bate-papo interno ou discurso para nós mesmos. Se não fizermos isso, estaremos para sempre sujeitos ao insidioso controle das emoções sobre nossas decisões financeiras. Identificar os *flashpoints* financeiros, admitir nossas feridas e as lições que aprendemos, nos capacita a reconhecer que estamos separados de nossas emoções e dos pensamentos automáticos. Somente então podemos escolher nossas ações financeiras de maneira cuidadosa e proativa.

Então como é um processo decisório cuidadoso e racional? Em primeiro lugar, não se apresse para nada. Faça sua pesquisa. Pense nas prováveis consequências de cada escolha. Ouça seu corpo; se está sentindo sinais de ansiedade, tente descobrir a fonte desse sentimento. Você está estressado por ter de tomar uma decisão? Sua ansiedade está relacionada com uma das escolhas? Sua ansiedade tem mais a ver com uma experiência negativa no passado do que com a realidade atual? Seu cérebro animal – fonte desses fortes pressentimentos – certamente não é infalível, mas vale a pena dar ouvidos a ele.

E assim que tiver tomado sua decisão, deixe para lá. Não se torture pelo que poderia ter sido. O que quer que aconteça, não é um problema de vida ou morte. O filósofo e economista do século XVII Adam Smith disse a mesma coisa de maneira muito mais eloquente.

A principal fonte das misérias e da desordem na vida humana parece surgir quando supervalorizamos a diferença entre uma situação permanente e outra... Algumas dessas situações podem, sem dúvida, merecer sua prevalência sobre as outras: mas nenhuma delas deve merecer ser perseguida com aquele ardor apaixonado que nos leva a violar as regras da prudência ou da justiça; ou a corromper a tranquilidade futura de nossas mentes, quer seja pela vergonha da lembrança de nossa tolice ou pelo remorso do horror de nossa própria injustiça.

CAPÍTULO 3
PERTENCER A QUALQUER CUSTO: CORRENDO COM A TROPA

Você alguma vez esteve no meio de uma debandada?

Se está imaginando o som ensurdecedor de cascos levantando nuvens de poeira, é muito provável que a resposta seja não. (Caso contrário, você não estaria aqui para responder.) Mas o fato é que qualquer pessoa que faz parte de um grupo – em outras palavras, todos nós – sem dúvida já esteve em uma situação equivalente a uma debandada, mas de seres humanos. Talvez você até tenha liderado uma.

Vimos o tipo de debandada com cascos barulhentos no Refúgio do Cavalo Selvagem Black Hills, nos arredores de Hot Springs, Dakota do Sul. Passamos um tempo considerável admirando os cavalos selvagens e observando seu comportamento e sua interação uns com os outros. Parece sempre haver um líder ou um grupo de líderes que determina o que o grupo faz. Não pela força, mas simplesmente pelo exemplo. Se os líderes de repente começam a galopar, o grupo todo os segue. Não importa se estão galopando porque sentiram uma brisa que indica um leão da montanha, ou porque pisaram em um ninho de vespas, ou apenas porque estejam a fim de um bom passeio; onde quer que o líder vá, a tropa o segue.

Os cavalos líderes podem estar levando a tropa para um lugar seguro. Eles também podem estar galopando, por engano, em direção a um penhasco que pode desmoronar. Nenhum dos outros cavalos sabe ao certo. Mas todos os cavalos têm *certeza* de que não desejam ficar para trás e não querem ser o último da fila. Afinal, para escapar de um predador, um cavalo não precisa ser o mais rápido da tropa. Precisa apenas ser mais rápido do que apenas um cavalo. Para os membros de uma tropa, ficar para trás significa morte certa. Se não agora, com certeza em breve.

Uma crença comum é que as decisões financeiras são controladas pela ganância. Nós discordamos. Acreditamos que os comportamentos financeiros são controlados pelo medo: Como os cavalos em debandada, nossas decisões sobre qual direção tomar e a velocidade com que vamos decidir são controladas pelo medo de ficar para trás.

Os seres humanos são animais sociais. Durante milhares de anos, nossa sobrevivência dependia de fazermos parte da tribo. Ser expulso significava ficar sozinho, e ficar sozinho significava a morte. Fomos projetados para nos conectar uns aos outros. Embora esse seja um instinto ancestral que tenha se desenvolvido em nosso passado pré-histórico, ainda é um dos impulsos mais fortes que temos. MySpace, Facebook, LinkedIn e Twitter são exemplos modernos de um instinto ancestral de grupo, e seu sucesso é o testemunho do poder daquela necessidade de pertencer. Esse desejo não somente está vivo, mas ainda é forte, embora aja tipicamente debaixo de nossa consciência imediata. Quando ativado, ele assumirá o comando e jogará a racionalidade pela janela.

Pense no cavalo líder levando toda a tropa para um penhasco. Não foi uma decisão racional e consciente – foi instintiva. Nos humanos, a mentalidade de tropa – a obediência cega ao líder de fato – pode resultar em qualquer coisa: de tumultos a gangues e *bullying* entre crianças. O instinto de tropa pode sair do controle nos mais improváveis contextos – como aconteceu na Sexta-feira Negra em 2008, o dia seguinte à comemoração de Ação de Graças, quando um funcionário temporário do Walmart de Long Island foi derrubado e pisoteado até a morte por uma "tropa" de consumidores ansiosos por uma pechincha.

A mentalidade de tropa também se aplica a comportamentos financeiros, e como tais podem ter função importante na formação dos preceitos financeiros. Muitos comportamentos que parecem ser aleatórios e irracionais são, de fato, resultado de uma dinâmica social altamente previsível – nosso desejo inato de "ficar com a tropa". É esse desejo que nos impede de nos libertar de nossa *zona financeira de conforto*, ou da tropa socioeconômica na qual nos sentimos mais à vontade. Até que estejamos dispostos a nos aventurar fora de nossa zona financeira de conforto, a deixar nossa própria tropa e entrar em território de outra, vamos continuar a desencadear comportamentos financeiros que nos farão empacar, ou que nos levarão de volta ao nosso próprio território.

Zona financeira de conforto

Pense no bairro onde morou mais tempo na vida. Provavelmente você o conhece bem. Você sabia onde comprar comida. Conhecia o caminho mais rápido para chegar ao pronto-socorro. Sabia quem eram os vizinhos simpáticos e os não tão simpáticos. Sabia onde ficava a loja de ferramentas mais próxima. A farmácia. O café. O parque. A lavanderia. Você *conhecia* seu bairro. Sentia-se confortável ali. Sentia-se seguro. Você pertencia àquele lugar.

Uma zona financeira de conforto funciona da mesma maneira. É a região das finanças que o deixa à vontade, que o faz sentir-se em casa. Geralmente estamos em uma zona financeira de conforto como consequência de nosso nascimento ou família de origem. Não fomos nós que a escolhemos, e nem sempre percebemos o quanto ela faz parte de nós. Podemos partir – mas mesmo se partirmos os limites originais que aprendemos são bastante fortes. Esses limites podem ser arbitrários e impostos por outros, mas, de qualquer maneira, logo aprendemos a viver cercados por eles. Assim como você aprendeu a não jogar a bola no quintal do vizinho ranzinza, esses limites financeiros estabelecem os parâmetros para o que é aceitável que você faça com seu dinheiro. Eles se tornam uma segunda natureza. Definem nossa realidade. Por serem automáticos e estarem fora de nossa consciência, esses limites financeiros, caso não sejam examinados, tornam-se telhados e pisos de vidro.

Cada região financeira tem sua própria escala de valores. Tem suas próprias respostas para perguntas como: Qual é o papel dos pais e das mães em relação às finanças? Quando é aceitável assumir uma dívida? Qual é a melhor maneira de usar meu dinheiro? O que devemos tolerar para cumprir nossas obrigações financeiras com outros (por exemplo, um emprego que não apreciamos muito)? Até que ponto é aceitável ostentarmos o quanto ganhamos e como gastamos o que ganhamos?

Sua zona financeira de conforto também determina como definir *pobre* e *rico* (como veremos em um minuto, eles são, na realidade, termos muito relativos) e a que ponto passamos de uma condição para a outra. Sabemos de uma jovem de um bairro de classe alta que estava planejando o casamento. Seus pais lhe disseram que lhe dariam certa quantia para gastar, mas estabeleceram um limite para o que estariam dispostos a contribuir. Chocada, a jovem disse: "Um orçamento? Mãe, isso é o que fazem os pobres!". O ponto é, ricos e pobres entendem o dinheiro de maneira diferente, e sem uma mudança significativa no raciocínio, é difícil passar de um grupo para o outro.

Nosso objetivo é ensiná-lo a estender sua própria zona financeira de conforto. Queremos ajudá-lo a tornar-se mais flexível em sua maneira de pensar, para que fique confortável em qualquer nível financeiro e desenvolva a estrutura mental e emocional que precisa para alcançar o nível financeiro que deseja.

Essa flexibilidade é algo que tem que ser aprendido conscientemente. Sem consciência, novos conhecimentos e habilidades é difícil superar a pressão de nossa educação. Enquanto seu status financeiro for compatível com sua zona financeira de conforto, você vai sentir como se tudo estivesse bem. Os problemas começam quando há queda ou elevação de sua renda ou de seu padrão de vida, ou quando aquela zona de conforto limita seu potencial de sucesso.

Quando suas circunstâncias o levam além do limite máximo de sua zona financeira de conforto, você começará a se sentir deslocado ou ansioso. Talvez nem vá perceber essa ansiedade ou as razões por trás dela. Afinal, mais dinheiro deveria ser algo bom. Não ter dinheiro é que deveria ser fonte de estresse, certo? Errado. Em nosso trabalho, descobrimos que sentir estresse por ter mais dinheiro é tão comum quanto, talvez ainda mais, sentir estresse por ter menos. Por exemplo, considerando que todas as outras circunstâncias são semelhantes, pessoas com 401(k)* são muito mais ansiosas com as quedas do mercado de ações do que as que não têm. De muitas maneiras, quanto mais *temos*, mais *temos* *com que nos preocupar.* É verdade que o estresse, às vezes, vem do fato de termos menos dinheiro, mas também do sentimento que surge quando nos encontramos em uma situação financeira desconhecida, longe de nossa tropa. Sob circunstâncias desconhecidas, o alarme do cérebro animal soa um alerta de perigo e sua mente inconsciente tentará levá-lo a um terreno conhecido. Para seu cérebro animal, é uma questão de vida ou morte.

É por isso que experimentamos tanto estresse sempre que enfrentamos uma mudança em nosso status financeiro. E se não estivermos conscientes dessa zona financeira de conforto e do que estamos vivenciando, começaremos a nos comportar de maneira inconsciente, o que nos levará de volta à nossa zona de conforto. Sem consciência, faremos o que tivermos que fazer para restaurar nossa zona de conforto, mesmo que seja em detrimento de nossas finanças. Tomaremos decisões sobre as finanças que serão automáticas e, com frequência, totalmente inconscientes, designadas a reduzir nossa exposição a essa desconfortável fronteira superior e a nos levar para os limites familiares.

Afinal, ir para além daquela fronteira pode exigir uma mudança para outro local, onde talvez não conheçamos as regras ou não falemos a mesma língua. Onde podemos nos sentir julgados, inseguros, isolados ou deslocados. Onde podemos ser mal compreendidos ou "despejados".

TED: Tive uma caminhonete para rebocar algumas coisas em nossa propriedade. Ela tinha vinte cinco anos. Eu já a tinha escolhido, mas antes que eu a comprasse, minha filha a deu de presente. Custou 800 dólares. Na região onde eu morava, todos davam nomes aos seus veículos, e os vizinhos afetuosamente batizaram minha caminhonete de "Junior".

Um dia após eu ter tomado posse de Junior, percebi que o motor falhava e engasgava um pouco. Pude perceber que precisava de um silenciador e que o volante estava um pouco solto, por isso Junior costumava balançar de um lado para o outro quando era levado pela estrada. Eu o levei ao mecânico da cidade para uma revisão e o deixei ali.

Quando cheguei em casa, o mecânico ligou e disse que, quando estava retirando o velho silenciador, ele viu gasolina escorrendo do tanque e que eu precisaria de um tanque novo. Percebeu também que o sistema exaustor havia enferrujado e precisava ser substituído. Eu lhe dei permissão para consertar todas essas coisas.

No dia seguinte, recebi outra ligação do mecânico. Ele informou que não poderia consertar a "falha" no motor e que suspeitavam de uma válvula. Disse também que não trabalhavam com aquele tipo de motor e que eu deveria levar Junior à concessionária local para aquele serviço.

Levei-o caminhão até lá e me disseram que se reconstruíssem a parte superior do motor, a preocupação ficaria sendo a parte inferior, que poderia dar problemas, então sugeriram uma reconstrução total. Concordei. Uma semana depois, eu não conseguia engatar a marcha do Junior, então voltamos à concessionária e adquirimos embreagem e freios novos.

Duas semanas depois, minha caminhonete de 800 dólares tinha motor, radiador, embreagem e freios novos; transmissão e diferencial reformados, e veio de transmissão sob medida. A conta do conserto totalizou 6.700 dólares, mas eu não estava dirigindo um veículo que valia 7.500 dólares. Junior ainda era uma caminhonete com 20 e 25 de vida que valia 800 dólares com quase 7 mil dólares gastos em consertos. Obviamente, eu poderia ter comprado uma caminhonete de 7.500, então por que não fiz isso a princípio?

Porque morava em uma pequena cidade onde um cara normal dirigia uma caminhonete de cerca de 25 anos, e não queria que as pessoas pensassem que eu me considerava melhor do que eles. Olhando para trás, é óbvio que não consegui enganar ninguém. De acordo com o padrão das pessoas da região, e da maioria das pessoas, eu era rico. Tinha uma grande casa e setenta acres na colina. Possuía e administrava um negócio multimilionário que operava naquele local. Nesse negócio, empregava aproximadamente vinte pessoas da região.

A necessidade de aparentar ser como eles, me custou milhares de dólares. Eu estava tentando me encaixar na tropa. E verdade seja dita, estava tendo dificuldade de deixar minha zona financeira de conforto, aquela em que havia crescido.

(Cinco anos depois eu vendi Junior. Por 500 dólares.)

BRAD: Cresci em uma família da classe trabalhadora, em um bairro da classe trabalhadora. Meus pais se divorciaram quando eu era jovem, o que trouxe dificuldades para os dois. Meu pai passou a década seguinte morando em quartos alugados em residências. Minha mãe logo se casou novamente, mas foi um período difícil. Transformamos nosso quintal em uma fazenda familiar, onde plantávamos frutas, verduras e legumes, que armazenávamos para os meses de inverno. Muitas vezes, pescávamos e caçávamos pequenos animais para complementar a alimentação.

Cresci consciente de que os outros tinham mais dinheiro do que nós, o que significava que poderiam fazer coisas que eu não podia. Muitas vezes tive inveja.

Queria experimentar esqui em descida livre, mas sabia que era muito caro para nós, então eu nem mesmo pedia. E embora meus pais fossem divorciados, eles pareciam estar em constante conflito a respeito de dinheiro. Muitas vezes um deles me lembrava de que eu não podia fazer ou ter algo porque o outro não iria pagar ou não estava sendo justo. Muitas coisas foram prometidas, mas não foram feitas. Eu fantasiava sobre como seria ter dinheiro – ser capaz de fazer o que desejasse, ir a lugares onde gostaria de ir. Ter boas roupas. Ter um transporte confiável. Viajar à Europa durante o verão em vez de trabalhar. Eu estava atraído pela tropa mais rica, mas sabia que não pertencia àquele grupo.

Somente quando entrei na faculdade foi que percebi que estava na companhia de outra tropa. Comecei a perceber que muitos deles tinham um raciocínio diferente do meu. Encontrei o preconceito, discussões sobre como algumas pessoas mais pobres são "bregas", e a ira direcionada ao elemento "lixo branco" de nossa sociedade, que são racistas e ignorantes. Por ter um doutorado, as pessoas presumiam que eu tinha uma origem mais privilegiada e me incluíam na conversa. Ouvi piadas sobre pessoas que comiam esquilos e gostavam de caminhonetes gigantes (*monster trucks*), piadas que eram tão desrespeitosas e desdenhosas quanto as que minha tropa com frequência fazia sobre pessoas gananciosas e vazias. Nessa nova tropa, me senti muitas vezes envergonhado. Sentia-me um impostor, uma fraude prestes a ser revelada.

Ao mesmo tempo, as visitas à minha casa tornaram-se cada vez mais constrangedoras. Percebi que minha própria família me via de maneira diferente – mais rico. Eu me sentia péssimo. Muitas vezes, me peguei dando detalhes das dívidas que havia acumulado na faculdade, e minimizando o quanto ganhava: "Sei que parece bom, mas tenho uma dívida de 100 mil dólares". Eu sentia uma profunda necessidade emocional de novamente fazer parte da tropa. Quando comecei a ganhar salários de seis dígitos por ano, intensificaram-se meus esforços para parecer menos bem-sucedido. Minha casa estava quase vazia, tinha apenas uma mesa de pingue-pongue na sala, algumas cadeiras de praia, uma cama e uma cômoda de terceira ou quarta mão.

Eu tinha dois pratos, dois garfos de jogos diferentes, uma travessa e uma panela. Eu tinha dois carros, um que havia custado 400 dólares e outro no valor de 500 dólares. Eles apresentavam defeitos alternadamente, e eu usava um enquanto o outro estava no conserto. Eu esvaziava minha conta bancária em fundos de aposentadoria que não podia cumprir e continuava vivendo de um salário a outro. Embora ganhasse mais do que qualquer pessoa da família, eu havia estruturado minha vida para que, no dia a dia, vivesse como se tivesse menos do que qualquer um deles.

Então, em 1999, fui mordido pelo inseto das empresas ponto com. Depois de assistir amigos que se tornaram operadores de day trade, e que ganharam milhares de dólares com alguns cliques, mergulhei de cabeça na área. Durante algum tempo, ganhei algum dinheiro, mas, então, houve a queda do mercado. Perdi tudo que havia "ganhado" e metade do que havia investido. Olhando para trás, posso ver meu descuido com outra tentativa de voltar à minha zona financeira de conforto.

Essa experiência, por mais dolorosa que tenha sido, valeu cada centavo que perdi. Usei a oportunidade para refletir sobre meus sentimentos, pensamentos e decisões. Pesquisei a história das bolhas e quedas das ações e vi que havia sido vítima das finanças emocionais, como havia acontecido com outras pessoas antes de mim, durante séculos.

Quando comecei a examinar meus *flashpoints* financeiros e meus preceitos relacionados ao dinheiro, pude sair de minha zona financeira de conforto e ficar cada vez mais à vontade com o que eu era e com o quanto ganhava. Ainda estou neste processo. Mantive alguns de meus relacionamentos, e outros eu perdi. Expandir minha zona financeira de conforto me ajudou a ficar mais à vontade com os que possuem mais e com os que possuem menos. Entretanto, algumas pessoas na minha vida não conseguiram expandir suas zonas financeiras de conforto para que eu fosse incluído, e nos afastamos.

Como pode perceber nesses relatos pessoais, qualquer evento que desperte o medo do cérebro animal de não pertencer à nossa comunidade, à nossa tribo, nos faz perder incrível quantidade de energia para fazermos o que for necessário para ficarmos próximos. Há uma intensa pressão interna para ficarmos nas fronteiras socioeconômicas que nos é familiar.

Há também pressão externa para que fiquemos nos limites de nossa zona financeira de conforto – o efeito caranguejo no barril. Quando os caranguejos são pegos vivos e colocados em um barril, parece sempre haver alguns audaciosos planejando uma fuga. Mas, quando se amontoam e conseguem subir pela lateral do barril e chegar próximo ao topo, seus companheiros os alcançam – às vezes em sua própria tentativa de fuga – e puxam os líderes para baixo. Os ocupantes de uma zona financeira de conforto em particular farão a mesma coisa, mas em vez de usarem pernas e garras, as pessoas usam a única coisa que a região ancestral de nosso cérebro mais teme: o isolamento social. Temos pavor de sermos expulsos de nossa tribo ou de não pertencermos a lugar algum. A maioria das pessoas sabe isso instintivamente e vai jogar com esse medo para tentar nos arrastar de volta ao barril onde acreditam que pertencemos.

Veja a história de Tomás. Ele veio de uma família muito pobre de uma região próxima ao Oceano Pacífico na América Central e tinha consciência de que seu pai mal ganhava para alimentar a família. Quando tinha seis anos, um casal em visita da Austrália pediu para adotá-lo, comprometendo-se a educá-lo e trazê-lo para visitar a família todos os anos. Seu pai disse a Tomás que ele poderia ir, mas deixou claro que ele estaria os abandonando e que provavelmente nunca mais os veria. Tomás sabia que o casal estava lhe oferecendo uma oportunidade de uma vida melhor, porém, após conversar com seu pai, sentiu intensa pressão e culpa e tomou a decisão de ficar.

Depois disso, Tomás arranjou empregos de fim de semana ou para o período em que não estava na escola. Quando tinha doze anos, ele saía em pequenos barcos de pesca em viagens que duravam até cinco dias. Às vezes ia à cidade e vendia queijo e outras coisas que sua mãe fazia. Economizava todo o dinheiro que ganhava e estava determinado a melhorar o seu futuro, bem como o de sua família.

Certo dia, seu pai ficou muito enfermo e precisou de medicamentos que não tinha condições de comprar. Ele disse à mãe de Tomás para pedir um empréstimo a um agiota da região. Quando Tomás ouviu isso, ofereceu suas economias ao seu pai para comprar o medicamento. Mesmo doente, seu pai deu em Tomás uma severa surra de cinto. Ele acusou Tomás de pensar ser melhor que seu próprio pai, mas aceitou o dinheiro mesmo assim.

A partir daquele dia, Tomás decidiu conscientemente não poupar mais; não via sentido nisso. Casou-se jovem e hoje, sempre que recebe, entrega à sua esposa o suficiente para as despesas do mês e gasta o restante, em geral com a bebida. Tomás tinha tentado sair do barril – duas vezes. A primeira tentativa foi quando quis morar com o casal australiano, a segunda ganhando e poupando para que sua família tivesse uma vida mais confortável. E, nas duas vezes, seu pai usou a ameaça da alienação para puxá-lo para baixo. Infelizmente, esse comportamento não é raro entre os inseguros com relação à sua situação financeira ou ao seu momento de vida, e os resultados podem ser incrivelmente maléficos.

Ou considere a história de nosso tio e tio-avô Jim. Ele foi um dos sete filhos que cresceram numa pequena fazenda a sudeste de Ohio. Quando era jovem, decidiu que não havia muito futuro para ele na fazenda da família. Então se alistou no exército e, terminado o período, decidiu tentar a sorte na Flórida. Uma coisa que a fazenda lhe havia ensinado era trabalhar muito. Ele começou como operário em uma construtora, mais tarde abriu sua própria construtora e depois de décadas de muito trabalho, dedicação e atenção aos detalhes, tornou-se um homem muito rico. Havia deixado definitivamente a zona financeira de conforto onde havia crescido.

Todos os verões o tio Jim trazia sua família a Ohio para visitar os avós, os tios, as tias e os primos. A reação das pessoas que ele havia deixado era bastante previsível.

"Adivinha como o Jim vai viajar?
(De avião, só para mostrar quanto dinheiro tem.)"
"Adivinha quem é bom demais para deixar que o busquem no aeroporto?
(Ele vai jogar dinheiro fora alugando um carro. Da Hertz ainda por cima!)"
"Adivinha quem é bom demais para ficar em nossa casa?
(Ele vai alugar um quarto de hotel. Um hotel com piscina, veja só.)"
"Adivinha por que ele está fazendo tudo isso?
(Só para se exibir para nós.)"
"Adivinha quem se acha melhor do que nós?"

Que efeito produzia sobre os sobrinhos e sobrinhas do tio Jim o fato de ouvirem as críticas dos mais velhos ao parente que havia se mudado e ganhado muito dinheiro? Eles cresceriam achando que a ambição e a iniciativa são atributos positivos ou sinais de arrogância? Há uma chance de que sentissem tanto medo de serem expulsos da tribo, como aconteceu com o tio Jim, que lutariam contra qualquer desejo que pudessem ter de imitá-lo?

E o que o próprio tio Jim deve ter sentido ao sair de sua zona financeira de conforto? Como já mencionamos, as pressões para ficarmos dentro de nossa zona são tanto externas quanto internas, e quando as pessoas repentinamente ultrapassam o limite superior ou se isso acontece com pouco preparo – por exemplo, em um lance de sorte –, é provável que sintam tremenda pressão subconsciente para voltarem à segurança e familiaridade da zona inferior. Eles podem dar grandes somas de dinheiro, sair em uma longa e extravagante viagem, ou seja, desperdiçar a recente fortuna. Ou talvez decidam investir em um negócio próprio, acrescentar um cômodo a casa, ou arriscar no mercado. Não são ideias ruins em si, mas uma vez que essas pessoas, em geral, não têm experiência alguma em administrar tal riqueza, podem fazer negócios ou investimentos ruins que levam à perda de dinheiro.

Esse impulso automático de restaurar o equilíbrio mostra-se verdadeiro se nos aproximamos do limite inferior de nosso nível de conforto, também. Em alguns casos, esse desejo pode atuar em benefício próprio. Pense em empresários bem-sucedidos cujos negócios fracassaram e que, em poucos anos, desenvolveram outro negócio bem-sucedido. Cair abaixo de sua zona financeira de conforto os leva a concentrar todas as suas habilidades e recursos no retorno ao seu nível de conforto original. Talvez isso explique o fato que, em média, os milionários cometam 3,1 erros comparados aos 1,6 daqueles que não, são. Eles podem fracassar com mais frequência, mas cada fracasso somente os inspira a tentar novamente.

Às vezes, mesmo quando conseguimos sair de nossa zona de conforto, continuamos a *agir* como se ainda estivéssemos na antiga zona – como o ex-bilionário que vai à falência, mas continua dirigindo BMWs comprando roupas caras e gastando como se não houvesse amanhã. Ou, como contraponto, pense em alguém que ficou milionário, mas que compra um sobrado em um bairro cheio de mansões, continua a dirigir seu Hyundai velho, e anda entre os ricos embora permaneça socialmente isolado. As duas situações são nocivas para nossa psique e podem comprometer de maneira severa a felicidade.

A relutância inconsciente de sair de uma zona de conforto também pode explicar por que tantos jovens adultos têm problemas com excesso de dívidas. Entrar no mundo adulto, em muitos casos, exige começar na base, ou próximo à base da escada corporativa, com a baixa renda condizente que não conseguirá manter o estilo de vida com o qual se acostumaram.

Mas aqueles que gastam em excesso, numa tentativa de viver como se estivessem em sua zona de conforto, talvez achem o "conforto", a longo prazo, excessivamente caro.

Independente de termos excedido o limite superior ou inferior de nossa zona financeira de conforto, o estresse vem de uma sensação de perda nosso lugar. Se sairmos dessa zona, quem somos nós? O que as pessoas que conhecemos pensarão de nós? O que pensaremos de nós mesmos? O que significaria tornar-se uma daquelas pessoas que existem fora de nossa zona? Quais são as regras e normas dessa nova zona? Quando nos vemos mudando de direção, se não pararmos para avaliar essas questões, estaremos correndo um grande risco de tomar decisões financeiras infelizes.

Outra razão para nos apegarmos de maneira tão obstinada à nossa zona de conforto é que os preceitos que ancoram os limites superior e inferior nos ajudam não somente a definir quem somos, mas também a nos identificar como parte do grupo, um elemento da tropa. Uma das maneiras pela qual tentamos criar uma sensação de pertencimento é racionalizando e justificando nossas próprias posições e formando julgamentos sobre aqueles que estão acima ou abaixo de nossa zona, como: "Os ricos são egoístas" ou "Os pobres são preguiçosos". Assim como num residencial fechado ou uma cidade pequena, uma zona financeira de conforto não é um lugar onde ser considerado "diferente" é um elogio.

Por causa da forte ligação que existe entre quem somos e quais são nossas zonas de conforto, pode ser muito difícil desenvolver e manter amizades com pessoas de outras zonas – em outras palavras, classes socioeconômicas diferentes. Para o indivíduo ou casal mais rico, o desafio é ser sensível à disparidade em renda e recursos; para os menos prósperos, pode ser muito difícil manter distantes o constrangimento, a inveja ou o ressentimento. Considere os desafios que os próximos cenários apresentam.

Jantar fora

Amigo ou membro mais pobre da família: O que você faz quando é convidado para jantar em um restaurante acima de suas condições financeiras? Faz o pedido separadamente ou come somente o aperitivo? Pede para irem a um lugar mais em conta? Aceita a oferta de seu amigo para pagar a conta? Se este for o caso, quantas vezes?

Amigo ou membro mais rico da família. Você leva em consideração a situação financeira de seu amigo quando planeja comer fora? Você se oferece para pagar a parte dele? Preocupa-se se eles ficarão ofendidos caso você ofereça ou não ofereça? Evita ir a lugares mais sofisticados com esse amigo e não o convida quando planeja ir a restaurantes mais caros? Se este for o caso, você esconde deles porque não quer que se sintam mal?

Viagem

O mais pobre. Você se sente à vontade com seu amigo que viaja na primeira classe enquanto você vai de classe econômica? Sente-se pressionado a concordar em ficar em um hotel acima de suas condições econômicas? Sente-se constrangido ao ter de recusar algumas atividades – como um show na Broadway, ou aulas particulares de asa-delta – que custariam muito caro?

O mais rico. Você se sente à vontade de voar na primeira classe enquanto seu amigo viaja na classe econômica? Você sacrifica seu próprio conforto ou deseja fazê-lo para que eles não se sintam constrangidos? Sente culpa, como se devesse custear a viagem ou parte dela?

Intimidade emocional

O mais pobre. Você pode contar ao seu amigo sobre suas preocupações com o pagamento das contas sem se importar se ele se sentirá culpado? Você pode ouvir as frustrações genuínas de seu amigo referentes à perda de milhões de dólares em um mau investimento sem se ressentir do fato de que, pelo menos, eles possuem o dinheiro para perder? Sente vergonha de sua condição financeira quando está perto de seu amigo? Evita convidar seus amigos para virem à sua casa porque sente que o estão julgando?

O mais rico. Você pode falar sobre a realidade de sua situação ou preocupação financeira sem se sentir culpado? Você evita certos temas? Reluta em convidar seus amigos para virem à sua casa porque se sente culpado ou não quer que sintam inveja ou ressentimento?

Como você pode perceber, as diferenças no status financeiro podem apresentar desafios sérios aos relacionamentos entre amigos e membros da família. Por essa razão, as pessoas se afastam de seus familiares e antigos amigos se sua situação financeira sofre uma grande mudança. Para resistir a esse afastamento, as pessoas que repentinamente recebem grandes quantias de dinheiro, sem que tenham tempo necessário para ajustar suas habilidades e conhecimento e sem que descubram maneiras financeiramente responsáveis de sustentar familiares e amigos, tendem a se livrar do dinheiro, em geral oferecendo tudo aos amigos e à família. E, como é previsto, seus amigos e familiares costumam estar mal preparados para manter e fazer bom uso do dinheiro, e acabam por utilizá-lo de maneira improdutiva ou nociva. O resultado final: Ninguém tem nada a oferecer e o relacionamento pode ser destruído.

Se você quiser alcançar outro patamar de renda e ser bem-sucedido nela, ou ficar mais à vontade com menos dinheiro, precisa, em primeiro lugar, aceitar o que significa sair de sua zona financeira de conforto. Para muitos, isso talvez envolva entrar em outra comunidade financeira – pelo menos metaforicamente – ou *aprender a viver bem possuindo mais ou menos do que os que estão à sua volta*. Se você não se preocupar em se preparar para essa transição, estará correndo o grande risco de sabotar, de maneira inconsciente, seu sucesso financeiro ou, por outro lado, viver além de suas possibilidades para manter sua autopercepção, nível de conforto e relacionamentos.

Se você quiser se sentir *mais à vontade com menos*, uma situação imposta a muitos de nós recentemente pela situação econômica mundial, os mesmo princípios se aplicam. Interaja com os que têm menos. Torne-se um estudioso da maneira como eles transformam sua situação financeira em algo que tenha sentido, conforto e tranquilidade. Isso o ajudará a manter a flexibilidade em seu raciocínio, o que é fundamental para atingir e manter a saúde mental e financeira.

Privação relativa

Quatro jovens estão caminhando por um cassino em Las Vegas. A atenção é atraída para a mesa de jogos onde todos se divertem ruidosamente. Mas os rapazes não têm dinheiro para participar de um jogo com tanto risco, então, depois de assistirem por alguns minutos, eles continuam andando.

Três dias depois, esses mesmos quatro jovens voltam ao cassino. Eles estavam na cidade para a convocação da Liga Nacional de Futebol norte-americano (N/FL, National Football League). Dessa vez, todos os quatro acabaram de assinar contratos profissionais, um deles de milhões de dólares e os outros por um valor muito menos considerável do que eles ou qualquer pessoa que conhecem já ganhou, mas substancialmente menor do que o de seu amigo. Mais uma vez, eles são atraídos pelo ritmo animado da arriscada mesa de jogos. Agora, um deles tem dinheiro suficiente para jogar. Mesmo que ele perca 20 ou 30 mil dólares, não arranhará sua recente fortuna. Mas, para os outros três, perder 10 mil dólares ainda seria um golpe financeiro significativo.

O novo multimilionário se aproxima da mesa e começa a jogar. O que os outros fazem? Ao invés de serem deixados de fora, é possível entrar no jogo mesmo que não tenham condições de pagar. Mais uma vez, o poder e o desejo de pertencer podem prevalecer sobre o bom-senso.

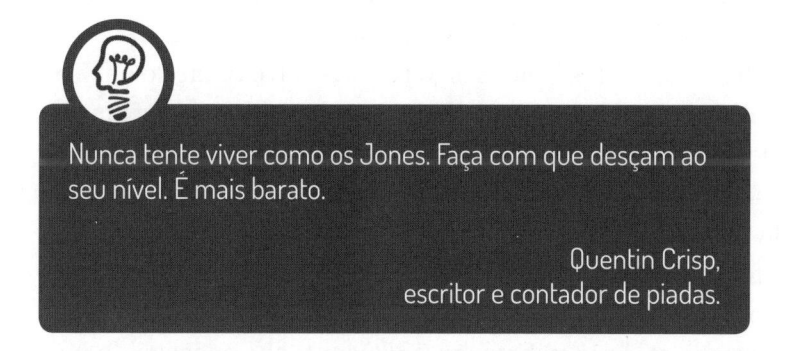

> Nunca tente viver como os Jones. Faça com que desçam ao seu nível. É mais barato.
>
> Quentin Crisp,
> escritor e contador de piadas.

Essa história ilustra outro efeito do instinto de tropa: privação relativa. Você já deve ter ouvido – provavelmente de seus avós ou vizinhos mais velhos – coisas do tipo: "Nós éramos pobres, mas não sabíamos". Eles não sabiam *porque* todos em volta também eram pobres. Não tinham ninguém com quem se comparar, então concluíram que o que possuíam era tudo o que havia para possuir. Hoje, seria quase impossível encontrar um grupo assim nos Estados Unidos; a cultura consumista foi construída sobre o conceito de privação relativa. Hoje, nos comparamos não apenas com nossos amigos e vizinhos, mas com pessoas que estão em nossas TVs, nas colunas de fofocas, nas capas de revistas como a *US Weekly*. Pense em todos os programas de TV que celebram o gasto, retratando-o quase como um evento competitivo. *Lifestyles of the Rich and Famous* foi um dos primeiros programas e acabou sendo imitado por dezenas de outros, mais recentemente, as séries *Cribs*, *My Sweet Sixteen* e *The Housewives*. Programas como esses deturpam a visão do que é "normal", do que é razoável esperar possuir e gastar. Eles fazem com que nos sintamos "pobres" pela comparação, o que nos deixa muito infelizes.

Em seu livro recente, o ex-presidente do Federal Reserve Alan Greenspan descreve um estudo conduzido com alunos de Harvard. Foi solicitado aos alunos que escolhessem entre duas opções: ter uma renda anual de 50 mil dólares enquanto a renda de seus pares seria 25 mil, ou ter uma renda anual de 100 mil dólares enquanto a de seus companheiros seria de 200 mil dólares. A maioria escolheu 50 mil dólares. Em outras palavras, eles preferiam ter metade do dinheiro do que ver seus pares ganharem mais. Isso ilustra tanto a privação relativa quanto o velho ditado "jogar pedras do próprio telhado de vidro".

Por que há nos Estados Unidos algo mágico entre dinheiro e felicidade a 50 mil dólares por ano? Talvez não seja coincidência que, quando aquela pesquisa foi conduzida, essa era a renda média nos Estados Unidos. Isso talvez ajude a explicar por que, embora tenham mais dinheiro individualmente, os americanos estão, de forma significativa, menos satisfeitos com sua situação financeira do que pessoas em países muito mais pobres. Talvez ninguém tenha dito às pessoas de países menos abastados que elas são pobres, ou ninguém tenha conseguido lhes vender o mito de que mais dinheiro e bens podem trazer mais felicidade.

Bolhas que estouram

"Ao ler a história das nações, descobrimos que, como indivíduos, eles têm seus caprichos e peculiaridades; seus períodos de excitação e irresponsabilidade, quando não são cuidadosos no que fazem. Descobrimos que comunidades inteiras fixam, repentinamente, suas mentes em um objeto, e saem enlouquecidas à sua procura; que milhões de pessoas ficam, ao mesmo tempo, fascinadas por uma ilusão, e saem em sua busca, até que outra loucura, mais cativante que a primeira chame a sua atenção."

Essas palavras não são menos verdadeiras hoje do que quando o jornalista escocês Charles Mackay as escreveu, há mais de 150 anos. Em Ilusões Populares e a Loucura das Massas, Mackay detalha vários episódios históricos de multidões descontroladas; bolhas do mercado, a violência da multidão contra supostas bruxas, e daí por diante. Para o nosso objetivo neste livro, um dos mais interessantes é o das bolhas do mercado. A bolha clássica que Mackay descreve, e uma das mais estranhas, foi a tulipomania, que varreu a Holanda no século XVII.

A tulipa foi trazida à Europa Ocidental de Constantinopla (hoje Istambul) em meados de 1500 e logo se transformou na vedete dos Países Baixos. A flor tornou-se tão valiosa, que, em 1634, segundo Mackay, "considerava-se uma prova de mau gosto se um homem de bens não possuísse uma coleção delas". Naquele ano, a popularidade da tulipa cruzou um tipo de limite máximo, transformando-se numa febre que varreu todos os níveis da sociedade holandesa, "mesmo em seus mais baixos porões". Ela era a flor que todos *precisavam* ter. Mercadores, vendedores e banqueiros; moleiros, sapateiros e padeiros – todos começaram a descuidar de seus negócios com o objetivo de comercializar os bulbos de tulipa. Bulbos raros eram disputados com ferocidade, e os preços decolaram. Em 1636, dois bulbos de uma variedade especialmente rara, a "Semper Augustus", foram colocados à venda. Um deles foi trocado por "doze acres de área para construção" e o outro vendido por "4.600 florins, uma nova carruagem, dois cavalos cinza e um conjunto completo de arreios".

As tulipas começaram a ser negociadas no mercado de ações de cidades importantes da Holanda, como se fossem commodities com valor subjacente, como gado ou trigo. Cidades pequenas possuíam tabeliões, preparados nas leis do comércio e autorizados a conduzir e supervisionar as trocas. Os preços das tulipas continuaram a subir, os especuladores chegaram e ganharam tremendas somas de dinheiro. "Uma isca dourada balançava tentadoramente diante de todos, e eles corriam, um após o outro, aos mercados de tulipas, como moscas atraídas por um pote de mel. Todos imaginavam que a paixão por tulipas duraria para sempre, e que os ricos de todas as partes do mundo viriam à Holanda, e pagariam pelos bulbos qualquer valor que lhes fosse cobrado."

Em novembro de 1836, o pote de mel começou a azedar. Investidores prudentes, reconhecendo as ilusões pelo que realmente eram, começaram a retirar seus investimentos. "Era possível perceber que alguém teria uma perda terrível no final. Conforme se espalhava essa convicção, os preços despencaram e nunca mais subiram." Os tribunais ficaram ocupados durante anos com pessoas que brigavam para decidir quem iria sofrer essa "perda terrível".

A tulipomania que Mackay descreveu combina com a trajetória de todas as bolhas do mercado vistas antes e depois, incluindo as recentes bolhas pontocom e do mercado imobiliário e suas respectivas quedas. As bolhas do mercado são tema de intenso interesse e estudo entre os economistas, e há várias teorias diferentes para explicar os fatores por trás delas. Vários aspectos do instinto de tropa aparecem repetidamente.

> Porque, de fato, o principal problema do investidor – e seu pior inimigo – provavelmente seja ele mesmo.
>
> Benjamim Graham,
> pai do investimento em valor, mentor de Warren Buffet
> e autor de *O investidor inteligente*.

Um desses tais aspectos é a privação relativa. Recentemente, o pesquisador e neurologista Dr. Read Montague conduziu um experimento que o permitiu escanear o cérebro dos participantes enquanto estes faziam investimentos no mercado de ações. Usando imagens de ressonância magnética, Montague foi capaz de ver exatamente quais acontecimentos ativavam as regiões do cérebro associadas ao prazer e à felicidade, e descobriu que, quando as pessoas investiam de maneira conservadora e tinham bons resultados, ficavam felizes – até perceberem que os outros que haviam investido mais haviam ganhado ainda *mais*. Quando esses pensamentos a respeito de quanto os outros haviam lucrado se faziam presentes, a porção do cérebro associada ao arrependimento mostrava grande atividade. Aquela sensação de perda influenciava o comportamento dos participantes nas rodadas seguintes. Aqueles que haviam experimentado o arrependimento investiam mais e mais no mercado, fazendo com que crescesse mais e mais, até que se quebrasse.

Isso reproduz o que vemos nas manias do mercado, pessoas que observam quando o outro vai lucrar para, então, tomarem a iniciativa.

Outros experimentos e modelos matemáticos identificaram sinais claros do comportamento "siga o líder da tropa" presente nos mercados de investimento. A escritora Virginia Postrel falou a um grupo de economistas que usam elaborados jogos de investimentos para estudar padrões de mercado. E o que ela descobriu foi que, graças a certas verdades fundamentais sobre a natureza humana (verdades que os próprios economistas viram manifestas em vários experimentos), as bolhas são quase inevitáveis. Um dos pesquisadores disse: "Se você coloca pessoas em mercados de bens, a primeira coisa que fazem não é tentar calcular o valor fundamental. Eles tentam comprar barato e vender caro". Os especuladores entram primeiro e, conforme o mercado sobe, são seguidos por "investidores impulsivos" que buscam tendências do mercado – o instinto de tropa em ação – e quase sempre acabam comprando caro e vendendo barato.

Em seus experimentos, com sucessivas rodadas do jogo, as bolhas acontecem mais rápido conforme cada investidor tenta sair antes do pico. Então, por volta da quarta rodada, a bolha estaciona. O valor de mercado dos títulos financeiros foi estabelecido, assim como os padrões de investimento de todos os jogadores. Mas os pesquisadores fazem com que a bolha continue, mudando as regras do jogo e reorganizando os grupos dos participantes, de forma que as pessoas negociem com rostos desconhecidos. Quando o contexto é mudado, as bolhas começam de novo. Por quê? Porque agora os investidores têm um grupo de pessoas totalmente novo com quem podem se comparar e competir.

O comportamento da tropa também depende, em parte, de quem a está liderando. Na bolha mais recente, foram os negociadores profissionais, corretores, gerentes de fundos de cobertura: pessoas que vivem disso. O restante de nós supõe que eles sabem o que estão fazendo – aliás, eles estão ganhando muito dinheiro –, então seguimos o seu comando. O problema, como temos sido dolorosamente lembrados, é que o mercado de hoje é tão volátil, tão dependente de instrumentos financeiros novos e complexos como a permuta de crédito (*credit default swap*), que mesmo os experts eram novatos. "Agora temos novos instrumentos", afirmou Charles Plott, economista da Caltech, um dos pioneiros da economia experimental. "Temos 'líderes' – que, acredita-se, sabe alguma coisa – se aproximando agressivamente e levando todos consigo, como fizeram no passado, e como se espera que o mercado faça. Mas, nesse caso, pode haver uma bolha." (O artigo de Postrel publicado no exemplar de dezembro de 2008 da revista *Atlantic*, assim como a entrevista com Plott podem ter acontecido meses antes. Caso contrário, ele deveria receber um prêmio por informações incompletas.)

Atribui-se a Joseph Kennedy, pai de JFK, esta observação: "Quando o engraxate lhe dá dicas sobre ações, está na hora de sair do mercado". Bernard Baruch, um investidor menos conhecido dos Loucos Anos 1920, ampliou essa ideia em suas memórias: "Motoristas de táxi lhe dizem o que comprar. O engraxate pode lhe dar um resumo das últimas notícias sobre finanças enquanto trabalha com graxa e escova. Um velho mendigo que costuma patrulhar a rua gastou no mercado o dinheiro que eu e outros lhe demos. Minha cozinheira tinha uma conta de corretagem que acompanhava atentamente. O lucro de seus papéis desapareceu rapidamente na ventania de 1929".

Quando todos que você conhece na Rua Principal estão falando em vender terras para comprar tulipas, em gastar o dinheiro de aposentadoria com a oferta pública inicial de uma empresa de tecnologia, ou em obter sua licença de consultoria imobiliária, você está presenciando uma bolha. Como dissemos, as bolhas são parte da natureza humana. Qualquer um de nós pode ser vítima delas se não tomarmos cuidado. Mas descobrimos em nossa prática que os problemas financeiros não discutidos podem deixar as pessoas ainda mais vulneráveis à sedução do instinto de tropa, da bolha.

Considere como Ruth, uma de nossas clientes que cresceu em um lar instável, empobrecida tanto em suas finanças quanto em seu espírito, se rendeu ao instinto de tropa durante a bolha pontocom.

RUTH: O dinheiro da nossa aposentadoria (401[k]), tanto minha quanto de meu marido, foi investido em um fundo seguro por aproximadamente dez anos. Então, durante o final dos anos 1990, ouvia histórias de como outras pessoas – as espertas, que cresceram em famílias normais como as que eu via e desejava quando criança – estavam ganhando muito porque haviam sido espertas, e assumiam riscos. Decidi que poderia correr riscos também. Procurei um amigo multimilionário e lhe pedi para ser meu mentor, o que ele atendeu. Bem, foi como ver um cego levando outro. Éramos ingênuos. Não sabíamos que as empresas podiam "mentir". Compramos de duas empresas que faliram assim que o mercado entrou em colapso. Não recuperamos um centavo. Ele perdeu 13 milhões de dólares e eu perdi 50 mil. O golpe, entretanto, foi o mesmo para cada um de nós. Os ovos de nosso ninho foram roubados.

Felizmente, as piores experiências podem ser as melhores lições. Se estivermos dispostos a encarar honestamente nossos erros e motivações, temos menor probabilidade de cometer os mesmo erros outra vez.

BRAD: No pico do frenesi imobiliário, viajei ao lado de um homem que me contou ser um recente corretor de imóveis licenciado. Com grande animação, ele descreveu como havia recentemente vendido sua empresa e investido todo o seu dinheiro em vários terrenos, planejando vendê-los em um ano, quando tivessem dobrado de preço. "É um mercado totalmente novo" disse ele. "O valor dos imóveis sempre vai subir. É o melhor investimento que você pode fazer."

Reconheci o "blá-blá-blá" de minha dispendiosa aventura com negócios pela internet. Todos os especialistas e investidores haviam dito a mesma coisa sobre ações de empresas de tecnologia. Somente agora eu reconhecia o que havia acontecido de fato. Dessa vez, embora sentisse um apelo emocional muito forte, eu não me juntei ao grupo.

Ele me deu seu cartão e me encorajou a entrar no jogo. Desejei-lhe sucesso, recusei respeitosamente, dei a ele meu cartão e lhe disse que poderia me ligar caso seu plano não funcionasse como o planejado e ele precisasse trabalhar as suas emoções. Seis meses depois, havia milhares de propriedades à venda na área, onde os valores haviam caído de 50 a 70%. Nunca recebi uma ligação de meu colega de voo.

Embora fosse um imigrante nos Estados Unidos, Charles Ponzi tinha uma ideia precisa do que seria necessário para agradar os americanos e ajudá-lo a evitar uma vida de trabalho duro e tedioso: uma boa aparência, sapatos lustrosos, nó de gravata perfeito e um alfinete de gravata com um diamante. Para completar, chapéu de palha elegante. "E então, é claro, havia o sorriso. Sempre o sorriso; porque um homem sorridente não está preocupado – e quem daria dinheiro a um homem preocupado?" Durante alguns emocionantes meses de 1920, as pessoas deram milhões a Ponzi e o tornaram mais rico do que ele jamais havia sonhado. Quando tudo ruiu, a fraude ganhou tanta atenção que hoje chamamos de "esquemas Ponzi" toda uma categoria de crimes.

Carlo Ponzi chegou aos Estados Unidos em 1903, aos 21 anos. Nos anos seguintes, criou uma série de esquemas "fique rico rapidamente", alguns dos quais os levaram para a cadeia. Mas nenhum deles havia sido o pote de ouro que ele procurava. Ele o encontrou no Cupom-resposta Internacional, ou IRC. Eles podiam ser adquiridos em um país, enviados a outro e resgatados na postagem de retorno. No princípio da Grande Guerra, houve grande instabilidade no sistema monetário europeu. Ao selecionar, com cautela, onde e quando os cupons eram adquiridos e resgatados, seria possível lucrar em cada negociação. Ponzi abriu a Security Exchange Company para tirar proveito da situação, o que seria perfeitamente legal – se ele tivesse negociado algum cupom. Ponzi ofereceu aos investidores um retorno de 50% em quarenta e cinco dias. Trabalhadores e comerciantes investiram suas economias e, quando os primeiros investidores receberam o prometido retorno, a notícia se espalhou. Em fevereiro de 1920, Ponzi tinha 5 mil dólares em investimentos; em maio, ele tinha 420 mil dólares; em julho, estava recebendo milhões. Conforme o dinheiro chegava, Ponzi usava para pagar os primeiros investidores. Ele também comprou uma mansão com piscina aquecida e trouxe sua mãe da Itália em um navio de luxo.

> Em 26 de julho, o jornal *Boston Post* começou a publicar uma série de artigos destacando alguns fatos embaraçosos: Ponzi não havia investido em sua própria empresa; não havia sinal de uma grande compra de cupons; a quantia que Ponzi recebeu teria comprado mais do que dez mil vezes o número que, na realidade, estava em circulação. Ele adiou uma debandada da empresa distribuindo cerca de 2 milhões de dólares, mas em 12 de agosto, a Security Exchange Company estava extinta e Ponzi, na cadeia.
> Ele passou três anos e meio preso por fraude no correio e, após algumas disputas com a lei, foi deportado em 1934. Charles Ponzi morreu quatorze anos depois, em um hospital de caridade no Brasil.

Como Madoff sumiu com o dinheiro

O instinto de tropa também explica por que pessoas espertas são vítimas de fraudes, sobretudo dos "esquemas Ponzi". A fraude de 50 bilhões de dólares liderada por Bernie Madoff é o exemplo perfeito disso. Madoff conseguiu durante anos, talvez décadas, operar o maior esquema Ponzi do mundo, principalmente graças ao instinto de tropa.

Madoff administrava duas empresas diferentes: uma firma de corretagem, que, ao que tudo indicava, prosperava com negociações legítimas, e uma empresa particular de investimento que recebeu bilhões, mas que nunca investiu nada em nome dos clientes. Madoff causou esse dano recorde por meio da firma de investimento, e o fez de maneira muito inteligente. Primeiro, ele prometeu e entregou rendimentos constantes de 10 a 12%, ano após ano. Ainda mais astutamente, confiou em relacionamentos pessoais e na aura de exclusividade para recrutar clientes. Estes, satisfeitos, o indicaram a familiares e amigos. Mas Madoff não aceitava todos que lhe eram recomendados, o que tornava a condição de cliente de Bernie ainda mais desejável. "A melhor coisa em Nova York era chegar ao Bernie Madoff", afirmou uma de suas vítimas. "Todos queriam estar ali." Segundo um dos primeiros investidores: "Todos diziam 'Você precisa procurar o Bernie'". Um observador descreveu o fenômeno como "investimento clube de campo, onde, se uma pessoa considerada inteligente se envolve com alguma coisa, todos também querem entrar. É o instinto de tropa".

Nunca iremos nos livrar do impulso de correr com a tropa. Mas podemos aprender a nos tornar alunos dedicados e observadores dos gatilhos de tal impulso. Quando estamos cientes dos gatilhos, ganhamos poder sobre eles; não estamos mais sujeitos a seus caprichos inconstantes.

A observação cautelosa traz nosso cérebro racional de volta à ativa. Quando o réptil, o macaco e o cientista estão trabalhando juntos, nada pode nos impedir. Entretanto, quando os animais assumem o controle do zoológico, trancam o cientista e saem em disparada para as saídas, tudo foi para o espaço. Quando se trata de saúde financeira, devemos nos certificar de que o cientista esteja no controle da situação.

E não se esqueça de que nosso forte desejo de interagir com outros seres humanos e correr com a tropa não precisa nos levar pelo caminho da ruína financeira. Na realidade, não precisa de forma alguma ser algo ruim; pode ser um ponto positivo de nossa humanidade e ainda oferecer certo conforto quando a situação não vai bem.

NEIL: Durante esses tempos sem precedentes, prevalece o medo e a ansiedade entre muitas pessoas; ironicamente, até certo ponto, isso é reconfortante. Eu não penso: "Oh, se eu tivesse feito isto ou aquilo eu teria conseguido". Todos estão mal financeiramente. Estamos todos sofrendo juntos, e isso é melhor do que: "Todos estão enriquecendo e eu estou sentado aqui sem saber como fazer isto dar certo".

CAPÍTULO 4
OS FANTASMAS DO TRAUMA FINANCEIRO

Nossos *flashpoints* financeiros, ou experiências emocionais intensas relacionadas ao dinheiro, moldam os preceitos financeiros – ou padrões de raciocínio e comportamento – que determinamos para nós mesmos. E, embora cada um de nós tenha *flashpoints* ou experiências na infância que moldem nosso relacionamento com o dinheiro, algumas dessas experiências são mais dolorosas e traumáticas do que outras. Em nosso trabalho de ajudar as pessoas a superar os efeitos duradouros do trauma financeiro, descobrimos que quanto mais traumático for o *flashpoint* mais sérios são os efeitos duradouros. Mas a boa notícia é que nossas reações ao trauma emocional geralmente seguem padrões específicos e previsíveis, e com introspecção e cuidadosa reflexão podemos identificá-los, detectá-los e superá-los. Considere os exemplos a seguir.

LESLIE: Quando eu era criança, recebíamos algum dinheiro pelas tarefas que realizávamos em casa, e fomos ensinados a colocar a metade do dinheiro em uma poupança no banco enquanto a outra metade poderia ser gasta em doces ou no que desejássemos. Eu guardava metade em meu cofrinho e, uma vez por mês, ia ao banco para fazer um depósito na poupança. Gostava de olhar os números na caderneta, pensando em minha pilha de dinheiro cada vez maior.

Certo dia, quando eu tinha doze ou treze anos, fui ao banco para fazer um depósito e verificar o saldo. O caixa me disse que não havia dinheiro ali, que meu pai havia sacado tudo. Quando eu o confrontei, ele apenas riu e disse: "O dinheiro é meu". Fiquei muito chocada com a atitude de meu pai.

Deixei de colocar dinheiro em minha conta poupança. Depois disso, sempre que tinha dinheiro, eu gastava. Gastava enquanto tinha, antes que alguém pudesse tomá-lo de mim.

Esse foi um *flashpoint* financeiro marcante para Leslie. Ela teve um sentimento profundo de traição e toda a sua "realidade" a respeito de como o dinheiro deveria funcionar transformou-se num instante. Por ser uma criança, suas alterações comportamentais foram limitadas. Afinal, ela não poderia abrir uma conta no banco sem um adulto responsável, e obviamente não conseguiria confiar seu dinheiro a seus pais. Então, num esforço para que nunca se sentisse traída outra vez, Leslie chegou ao que lhe pareceu uma conclusão lógica: gaste o dinheiro antes que o tomem de você. Depois de algum tempo, muito depois do cérebro racional de Leslie ter esquecido o incidente com seu pai, esse hábito tornou-se tão arraigado, que ganhou vida própria. Como resultado, ela se tornou uma gastadora compulsiva (um dos distúrbios que abordaremos na próxima seção). Vivia aguardando o próximo salário, acumulando mais e mais dívidas, sem nunca poupar algum dinheiro.

CARLA: Tudo o que me lembro do meu tempo de criança é o caos, no que se refere a dinheiro e a qualquer outra área da minha vida. Uma de minhas primeiras lembranças, aos três ou quatro anos de idade, foi quando minha mãe foi presa por emitir cheques sem fundo. Nos cinco anos seguintes, mamãe era presa constantemente, entrava e saía da cadeia. Estávamos sempre fugindo da lei, nos escondendo dos credores, sempre mudando de endereço, um passo a frente da polícia.

Quando eu tinha nove anos, mamãe teve um tipo de colapso. Chorava e soluçava, de forma simplesmente inconsolável. Por fim, eu lhe disse: "Mamãe, ligue para o papai". Surpreendentemente, ela me ouviu. No dia seguinte nos mudamos para uma casa melhor do que qualquer outro lugar onde eu havia morado. Ficava a apenas seis casas de distância de onde meu pai morava, e achei que seria ótimo estar perto dele. Meus pais haviam se divorciado quando eu tinha quase dois anos, portanto eu não o conhecia muito bem. Mas agora eu o via com frequência, tínhamos um bom lugar para morar, podíamos nos alimentar bem, e a situação estava melhor do que em qualquer outra fase anterior.

Numa manhã de sábado, eu ainda estava dormindo quando minha mãe e meu tio entraram de repente em meu quarto. Eles disseram: "Pegue o que quiser levar com você. Vamos embora e não vamos voltar". Peguei, então, meu peixinho dourado e corri para a porta dos fundos. Eles me puseram no banco de trás de um pequeno carro esportivo e viajamos durante um dia e uma noite, parando apenas para reabastecer. Viajamos 2.400 quilômetros até nossa nova casa, e tudo começou novamente.

Aquela foi a última gota. Algo parecia ter se partido em mim. Eu desisti. Aprendi que não poderia confiar em nada nem em ninguém; nada jamais daria certo e eu não teria poder para mudar coisa alguma. A partir daquele momento, sempre que a situação ficava estressante, eu fingia não me importar. Tentava parecer bem, apenas sobreviver. Era tudo o que eu podia fazer.

Quando fui morar sozinha, me saí muito bem financeiramente. Eu me cuidava, agia de forma responsável, pagava minhas contas e economizava algum dinheiro. Tudo foi pelos ares quando me casei. Eu me casei com alguém que se comportava, em muitos aspectos, exatamente como minha mãe. Todos os meus antigos preceitos, de imediato, voltaram, tais como: "Tenho que ajudá-lo e farei isso colocando tudo o que tenho em nosso relacionamento, sem nunca questioná-lo".

Assim, nos vinte anos seguintes, com um emprego perdido após o outro, depois de muitas, muitas mudanças pelos Estados Unidos, depois de promessas feitas por ele de que mudaria seu comportamento, e depois de muito caos, eu simplesmente desisti. Acreditava não ter poder algum sobre minha própria vida.

Pensava que não merecia ter minhas necessidades supridas. Eu apenas me desconectei, confiei às cegas e, simplesmente, desisti.

Por mais estranho que possa parecer, esses conceitos me mantiveram sã durante aquele difícil período. Contanto que eu não prestasse atenção ao que estava acontecendo, não me sentia muito ansiosa. Não tinha sentimento algum, e isso me parecia bom.

> Apesar da capacidade humana de sobreviver e se adaptar, as experiências traumáticas podem alterar o equilíbrio psicológico, biológico e social das pessoas a tal nível que a lembrança de um acontecimento em particular contamine todas as outras experiências, prejudicando o julgamento do presente. Essa tirania do passado interfere na habilidade de prestar atenção a situações tanto novas quanto conhecidas. Quando as pessoas começam a se concentrar seletivamente nos lembretes de seu passado, a vida tende a tornar-se sem cor e as experiências contemporâneas não mais ensinam.
>
> Bessel Van Der Kolk e Alexander McFarlane, pesquisadores de traumas psicológicos.

A história de Carla demonstra como assuntos da infância que não foram resolvidos podem afetar nossas escolhas quando adultos. Somos atraídos a pessoas, lugares e objetos que nos parecem familiares, geralmente em um esforço inconsciente de reproduzir o passado e, dessa vez, "consertá-lo". Isso raramente dá certo. Observe também como seus preceitos lhe servem bem, a curto prazo, em uma situação específica. Eles permitiram que ela sobrevivesse até que reunisse forças para confrontar o marido e começasse a formular um plano para o próprio futuro, apesar de seu marido não ter capacidade ou desejo de acompanhá-la nesse processo. No entanto, foram esses mesmos preceitos que a levaram à situação dolorosa da qual precisava escapar, e eles a teriam levado a outras situações autodestrutivas se ela não tivesse caminhando em direção à cura.

Quando as pessoas falam sobre trauma, em geral acham que somente os acontecimentos incomuns se encaixam na categoria: o combate armado, um roubo, a violência sexual. Mas o fato é que qualquer evento que cause tensão emocional e dor pode ser traumático, por mais corriqueiro que esse evento pareça.

Há diferenças de intensidade, mas não de tipos. Os *flashpoints* financeiros não precisam ser acontecimentos chocantes ou raros, como descobrir que seu pai roubou suas economias, ou ver sua mãe sendo levada à prisão; muitas experiências comuns do dia a dia – um comentário insensível dos pais, um momento embaraçoso diante dos amigos – podem deixar marcas duradouras semelhantes, e causam efeitos negativos parecidos e duradouros sobre nossa saúde mental e financeira. Os efeitos desses traumas podem não ser perceptíveis ou fáceis de serem apontados de imediato, mas são tão reais quanto os outros.

Este capítulo analisa a função importante que as experiências traumáticas desempenham na formação de comportamentos financeiros disfuncionais. Primeiro, vamos explicar como os acontecimentos associados ao dinheiro que foram traumáticos ou com grande carga emocional podem, de fato, alterar a estrutura física do cérebro a ponto de tornar primitivas e automáticas as futuras reações relacionadas às finanças, desviando do cérebro lógico, que, por outro lado, nos permitiria tomar decisões baseadas na informação. Vamos, em seguida, olhar os vários tipos de traumas da infância e o impacto de tais eventos sobre o pensamento e o comportamento na vida adulta.

A neurobiologia do estresse e do trauma

No capítulo 2, falamos sobre as várias estruturas do cérebro e como elas interagem. Aqui vamos nos concentrar em uma parte específica do cérebro que desempenha um papel fundamental em nossa reação ao trauma: a amígdala cerebelosa. Esse par de pequenos feixes de neurônios com formato de amêndoas está localizado no fundo do cérebro animal, agindo como um tipo de sistema de alarme primitivo, semelhante ao alarme contra roubos ou detector de fumaça que você tem em casa. Tanto o alarme de sua amígdala cerebelosa quanto o de sua casa respondem como foram programados a fazer – instantânea e indiscriminadamente. Quando a amígdala percebe uma ameaça, ela dispara uma reação "lutar, fugir ou congelar", tendo a sobrevivência como objetivo potencial.

Além de atuar como alarme, a amígdala cerebelosa também age como arquivista: Induz o cérebro animal a armazenar a maior quantidade possível de detalhes do incidente, relacionando-os com nossa resposta emocional à situação. Isso faz sentido do ponto de vista da adaptação; ao associarmos os eventos perigosos ou traumáticos às emoções negativas como o medo, a ansiedade ou a tristeza, somos mais capazes de reconhecer, e assim evitar, as situações futuras que envolvem risco. Entretanto, o cérebro animal não é muito bom em identificar causa e efeito, e por isso, muitas das emoções que associamos a um evento traumático podem, na realidade, ter nenhuma relação com o evento ou com a situação em si.

A amígdala cerebelosa também ajuda a determinar se certos acontecimentos, ou se os detalhes desses acontecimentos serão armazenados em nossa memória de longo prazo. Quanto mais perturbador o acontecimento, mais probabilidade há de ele ficar registrado em nosso cérebro, geralmente resultando em flashes de memória, ou em lembranças dos eventos vívidas e assustadoras, despertadas por situações semelhantes ou detalhes sensoriais. Estávamos no final de uma sessão com um cliente, quando um helicóptero passou sobre nós a uma altitude surpreendentemente baixa. Nosso cliente jogou-se debaixo da mesa gritando "Abaixem-se! Eles vieram nos buscar, abaixem-se!".

Ele havia servido por três períodos no Vietnã, e, várias vezes, foi resgatado do fogo cruzado por um helicóptero. Entretanto, quando os helicópteros de resgate apareciam, surgiam sem nenhum aviso e sua chegada atraía intenso fogo inimigo. Sua sobrevivência havia dependido de reconhecer aquele padrão e agir de acordo: encontrar esconderijo até que o helicóptero estivesse suficientemente próximo para resgatá-lo.

Quarenta anos depois, os caminhos neurais que aquelas experiências haviam criado ainda estavam intactos e com força suficiente para produzir o flash de memória que ele experimentou em nosso escritório.

O trabalho da amígdala cerebelosa também explica por que nossas associações emocionais são tão duradouras, tão resistentes aos fatos e à lógica. Os caminhos neurais da amígdala ao neocórtex – onde o raciocínio e a lógica acontecem – são muito mais fortes do que os que partem do neocórtex em direção à amígdala. Em outras palavras, nossas emoções moldam nossos pensamentos de forma muito mais poderosa do que nossos pensamentos moldam nossas emoções. Essa é a razão pela qual o cérebro emocional armazena "verdades" sobre nossa história, as quais frequentemente estão fora de nossa mente consciente.

No último capítulo, aprendemos sobre a tendência de nosso cérebro de criar falsos-positivos. Isso talvez ajude a explicar por que respondemos tão prontamente aos gatilhos de emoções associadas aos nossos traumas financeiros. Em termos da sobrevivência humana, esse falso-positivo faz algum sentido. Imagine nossos ancestrais pré-históricos ouvindo um ruído nos arbustos. Se não prestassem atenção e tentassem identificar a origem do som cada uma das vezes – sem importar com que frequência o som seria causado pelo vento, um galho quebrado, ou um pequeno roedor –, talvez acabassem se tornando o jantar de algum animal. Mas se nos referimos aos dias de hoje, reagir de forma tão instintiva e dramática a toda possibilidade de ameaça só aumenta nosso nível de estresse.

Recentes avanços da tecnologia revelam que não apenas fazemos conexões e associações mentais entre as emoções e os eventos traumáticos; o cérebro passa, de fato, por alterações *físicas* como uma reação ao trauma. Historicamente, a função do cérebro humano só pôde ser estudada de maneira indireta, por exemplo, em experimentos de cérebro dividido. Os pesquisadores pediam aos participantes para desempenharem tarefas, observavam os resultados e, então, baseados naquelas observações, tiravam conclusões sobre o funcionamento do cérebro. A medicina moderna mudou isso. Há um século, a invenção do raio-X nos permitiu estudar o esqueleto; hoje, a tecnologia avançada, como as imagens de ressonância magnética permite espiar dentro do crânio e dar uma olhada no próprio cérebro. Mais recentemente, a ressonância magnética funcional nos permite assistir o cérebro em ação, em tempo real. A ressonância detecta quais regiões específicas do cérebro estão mais ativas quando a pessoa examinada realiza todos os tipos de tarefas – seja solucionar equações matemáticas, pensar em uma pessoa querida, ou ver fotografias com forte carga emocional. Usando os dados da observação de milhares de pessoas é possível hoje mapear os caminhos do cérebro e identificar quais regiões estão associadas a quais atividades e emoções. Os neurocientistas descobriram que as experiências traumáticas criam caminhos neurais no cérebro que permanecem muito tempo após o próprio evento ter ocorrido. Se a experiência for repetida várias vezes, seja na realidade ou em nossa memória, os caminhos neurais, reformulados e reforçados, tornam-se permanentes, como sulcos gastos de um caminho muito percorrido.

Outras provas de que o trauma afeta a estrutura física do cérebro também foram encontradas no estudo da alteração no tamanho de certas partes do cérebro das pessoas que passaram por grave trauma. Por exemplo, duas regiões cruciais do cérebro – o córtex pré-frontal e o hipocampo – são significativamente menores do que a média entre os veteranos de guerra diagnosticados com transtorno de estresse pós-traumático, e pessoas com transtorno depressivo crônico também mostram redução significativa no tamanho do hipocampo com o passar do tempo.

Tivemos o privilégio de trabalhar com um pioneiro no campo da pesquisa com eletroencefalografia: Lee Gerdes, fundador do Brain State Technologies e autor de *Limitless You: the Infinite Possibilities of a Balanced Brain*. Gerdes identifica dois tipos de trauma: a transgressão e o abandono. A transgressão envolve um ato de ameaça física, violação ou sensação de ameaça, e o abandono ocorre por meio da traição ou omissão. Usando as leituras da eletroencefalografia (que medem a atividade elétrica produzida pela sinapse dos neurônios dentro do cérebro) para detectar estados emocionais, Gerdes descobriu não apenas padrões associados a traumas da infância, mas também os padrões distintos que resultavam de cada tipo de trauma.

Recentemente trabalhamos com Gerdes para medir a atividade do cérebro em pessoas que relatavam comportamentos disfuncionais em relação ao dinheiro e, assim, observar se elas apresentavam padrões cerebrais específicos, incluindo aqueles tipicamente encontrados no trauma. Contribuímos com a realização de um questionário que os participantes respondiam no momento do exame para avaliar a presença de diversos comportamentos financeiros disfuncionais.

Os dados dos 604 participantes demonstraram alguns padrões claros. Por exemplo, uma das perguntas que fizemos foi: "Em algum momento seus gastos ou o jogo de azar colocam em risco seu bem-estar financeiro e/ou o de sua família?". Gerdes descobriu que as pessoas que respondiam "muito verdadeiro" a essa questão demonstravam padrões cerebrais associados com a falta de conexão a si mesmo ou a outros.

Associado a essa descoberta, Gerdes descobriu outro padrão interessante no lobo frontal do cérebro. As pessoas que responderam afirmativamente à mesma pergunta possuíam um padrão de onda cerebral condizente com uma tendência de ver o mundo como um lugar esmagador e sem esperança. Esse é o tipo de padrão que pode levar as pessoas a considerar uma pilha de documentos ou de contas como grande demais para encarar, reagindo com procrastinação em vez de ação. (A reação mais saudável seria dividir a tarefa desanimadora em pequenos passos e realizá-los um de cada vez.) No que se refere aos gastos, tal padrão cerebral estaria associado a uma abordagem impulsiva às decisões e situações relacionadas às finanças. Talvez digam: "Por que não comprar o carro maior com parcelas maiores? Eu mereço porque trabalho bastante". Ao contrário de: "Vou comprar o carro menor porque posso pagar as parcelas com minha renda. O carro maior terá de esperar até que meu salário aumente e eu tenha quitado algumas contas". Como a procrastinação mencionada há pouco, essa impulsividade reflete uma dificuldade em focar nos passos e nos detalhes menores – uma diferença no funcionamento do cérebro que podemos ver em ação através da eletroencefalografia.

O ponto que queremos enfatizar é que as mudanças no cérebro causadas pelo trauma são reais. Como tais, as manifestações comportamentais do trauma não são provocadas por ausência de vontade, nem são sinal de fraqueza. Elas são reações aos acontecimentos dolorosos que todos experimentamos em algum momento, e são esperadas, previsíveis, normais e biologicamente fundamentadas. Seja do tipo rotineiro ou extraordinário, o trauma é parte inevitável da vida.

O trauma financeiro – seja divórcio, falência, execução da hipoteca, perda significativa de mercado, ser vítima de um crime (fraude, esquema Ponzi, roubo ou assalto), desemprego, ou sobrevivência a uma crise econômica – também é comum. A crise financeira global atual é um trauma financeiro constante para todos nós. Para milhões de pessoas, ela não tem apenas ameaçado, de forma significativa, nossa habilidade de suprir as necessidades mais básicas da família ou de nós mesmos; ela também tem causado grande impacto sobre o que cremos a respeito do dinheiro e na forma como olhamos para o futuro.

Portanto, se seu trauma tiver se originado no nível pessoal, familiar ou nacional, fazer as pazes com ele admitindo-o é o primeiro passo para a cura. Nas páginas a seguir, vamos ensinar algumas das ferramentas e estratégias para lidar com os efeitos negativos duradouros do trauma. Esse tem sido o ponto principal de nosso trabalho, e tem ajudado milhares de pessoas a transformar com sucesso comportamentos financeiros problemáticos persistentes.

Trauma financeiro familiar

Quando não conseguimos aprender com os erros, quando parece que não conseguimos fazer o que precisamos fazer com o dinheiro, quando sabemos que deveríamos nos controlar, quando tentamos mudar e não conseguimos, quando nossa resposta emocional é mais intensa do que a situação exige – é provável que seja o resultado de um trauma não resolvido. Com frequência – mas nem sempre – esse trauma tem suas raízes nas experiências familiares.

Não surpreende que sistemas familiares disfuncionais em geral resultem em distúrbios financeiros. Levando-se em consideração a poderosa influência do dinheiro em todos os aspectos da vida, suas simbólicas conexões com emoções como conforto, segurança e afeto, é natural que estejamos predispostos a não interpretar corretamente o papel do dinheiro nos dolorosos sistemas familiares. O dinheiro em si talvez não seja o tema principal, mas ele pode rapidamente ser associado ao sofrimento ou aos problemas familiares. Para os filhos, a situação é ainda mais complicada. Com cérebro e habilidade de defesa ainda em desenvolvimento, perspectivas limitadas e pouca habilidade para distinguir entre ameaças reais e imaginárias, uma criança pode vivenciar qualquer coisa como traumática: uma visita ao dentista, o primeiro corte de cabelo, uma discussão acalorada entre adultos. As crianças são programadas a captar as pistas mais sutis relacionadas à ameaça ou ao perigo. Portanto, elas são muito mais propensas do que os adultos a tirar conclusões falsas ou interpretar situações como ameaçadoras. E pelo fato de as crianças estarem tão concentradas em guardar informações e tentar entender o seu mundo, os pequenos eventos vistos em retrospectiva podem ganhar o que parece ser uma importância exagerada. Não importa se o incidente foi ou não algo que nosso eu adulto consideraria traumático. Se o componente emocional é forte o bastante, se a mensagem é poderosa o suficiente, a criança os levará para a vida adulta.

Além disso, as crianças formam sua visão de mundo a partir da observação e da imitação dos adultos. Aprendem o que devem temer e evitar, e o que devem desejar e buscar. Quanto mais estressados com as finanças forem os pais, maior probabilidade terá a criança de desenvolver ansiedade em relação ao dinheiro. E uma criança que cresce em um sistema familiar abastado, porém doloroso, em que o dinheiro é usado como forma de controle, pode equacionar erroneamente a fortuna com a aflição e o sofrimento e passar o resto de sua vida repelindo-a. Outra possibilidade, é que aquela criança possa crescer equacionando o dinheiro gasto com a quantidade de amor expressada. Lembra-se da história da Denise no primeiro capítulo, sobre a "caixa especial" de Natal onde seu pai colocava os cheques? Ela ainda luta para desvincular o amor e o dinheiro. Por outro lado, uma criança que cresce em um sistema familiar pobre e doloroso pode equacionar, de maneira errada, a *falta* de dinheiro com a aflição e o sofrimento, resultando em uma vida gasta na busca de fortuna suficiente para proporcionar a felicidade (que nunca se materializa). Em geral, essa procura se manifesta em um dos dois extremos: o excesso de trabalho ou o crime.

ELLEN: Minha mãe tinha onze irmãos, e sua família era muito pobre. Ela largou a escola no colegial para ajudar a cuidar de seus irmãos e irmãs mais novos e teve o primeiro filho aos dezenove anos. Havia muitas coisas que não podia ter e ela acabou adotando a atitude "é extremamente necessário" para conseguir o que queria. Obter algo por nada, fazer um "programa" era um estilo de vida. Ela estava determinada a ter "tudo o que nunca tivera" mesmo que isso significasse se prostituir, roubar, pedir emprestado, qualquer coisa para conseguir o que desejava. Minha mãe nunca economizou na vida. Gastava cada centavo que ganhava. Ela trabalhava como empregada de uma família rica e roubava deles. Acabou sendo pega, perdeu o emprego e mais tarde perdemos nossa casa.

Quando criança, lembro-me de que roubar objetos parecia não representar problema algum, e, ainda por cima, havia a emoção de não ser pega. Felizmente, aprendi muito cedo que não queria viver com aquele legado. Como mãe e avó, não quero parecer que tomo coisas para mim, então sou generosa em excesso. Tenho dificuldade em aceitar qualquer coisa, sejam presentes, dinheiro ou amizade oferecidos por pessoas que se importam comigo e desejam apenas ser generosos.

Ellen cresceu exibindo um caso típico de um dos distúrbios que discutiremos no capítulo 6: a rejeição ao dinheiro. Como consequência do exemplo do comportamento de sua mãe e do trauma que resultou deste, começou a associar o dinheiro à desonestidade e à vergonha; portanto, não nos surpreende que ao chegar à vida adulta ela não quisesse se relacionar com ele. Hoje, Ellen é uma profissional altamente treinada que trabalha sobretudo com os economicamente desfavorecidos. Ela se oferece como voluntária para liderar projetos e trabalha de graça, mesmo se os projetos que comanda – e que são patrocinados pelo governo – lhe ofereçam pagamento. Ela, de fato, devolve o dinheiro que ganha, porque quer evitar qualquer crítica de que esteja "fazendo pelo dinheiro". É claro que a crítica viria de um lugar apenas: sua própria mente. Tudo bem se ela não precisasse do dinheiro, mas aos 55 anos de idade sua situação financeira é instável, depende apenas do salário, não tem qualquer reserva financeira ou plano de aposentadoria.

Outra fonte de confusão para crianças a respeito de dinheiro é o silêncio que o cerca. Em muitas famílias, embora os temas que envolvam esse assunto estejam sempre presentes, eles raramente são abordados ou discutidos. Esse silêncio pode ser tão traumático – se não for ainda mais – do que as experiências que Ellen viveu, porque os temas são varridos para debaixo do tapete e nunca encarados. Quando nunca se fala sobre dinheiro diante dos filhos, as reações comuns ou previsíveis incluem a possibilidade de eles crescerem dependentes financeiramente, de viverem em negação financeira, ou de desenvolverem rejeição ao dinheiro (três distúrbios comuns que discutiremos mais adiante). Embora seja importante proteger os filhos das preocupações que ainda não têm maturidade para enfrentar, é muito mais saudável incluí-los nas decisões financeiras apropriadas à idade deles.

Todas as famílias têm histórias. Acontecimentos traumáticos são, com frequência, parte dessas histórias. E, quando as famílias experimentam estresse ou trauma, elas reagem como o fazem os indivíduos: Criam preceitos silenciosos para tentar reconciliar o trauma com uma versão aceitável da realidade, ou a menos dolorosa possível. Esses preceitos são compilados nas antologias da família e essas histórias – sem mencionar os hábitos nocivos e os comportamentos que os acompanham – são passadas adiante como herança familiar. E podem exercer um efeito profundo e poderoso sobre famílias por várias gerações.

Explorar e revelar a história financeira de sua família pode ser tremendamente esclarecedor e recompensador. Ao fazê-lo, você vai perceber que seus conceitos não pertencem a você – eles lhe foram transmitidos, ensinados (deliberadamente ou não) pelos membros de sua família. Essa descoberta pode ser muito libertadora, uma porta aberta ao aprendizado e ao crescimento.

Como pai e filho, compartilhamos um legado financeiro de várias gerações, que prosseguiu sem ser analisado até enfrentarmos nossas próprias dificuldades financeiras.

TED: Um dia, quando eu tinha trinta e poucos anos, caí na cama às 11h30 da noite e, silenciosamente, disse a mim mesmo: "Pelo menos eles não podem me chamar de preguiçoso". Eu levantara, como de costume, às 3h30 da madrugada para alimentar e cuidar dos seis cavalos que estavam sob a minha responsabilidade. Por volta das 5 horas da manhã, eu estava me exercitando na academia de minha propriedade, antes de abri-la para meus clientes às 6 horas. Até as 7h15 eu já percorrera os 33 quilômetros até onde trabalhava como professor do colegial e técnico (de beisebol e basquete masculino e feminino.). Terminava o treino às 6 ou 7 horas da noite, fechava a academia às 10 horas, ia para casa, cuidava dos cavalos mais uma vez e comia alguma coisa. Caia na cama por volta das 11h30 da noite, para dali a quatro horas começar tudo outra vez. "Pelo menos eles não podem me chamar de preguiçoso." – de onde vinha aquela voz? Não fazia nenhum sentido. Ninguém jamais havia insinuado tal coisa. Somente anos depois comecei a entender o poder do legado silencioso de minha família.

A família de meu pai era formada de ricos proprietários de terra na Virginia antes da Guerra Civil. Quando a guerra começou, eles foram forçados a abandonar seus bens e a se mudar no meio da noite. Estabeleceram-se ao sul de Ohio, e os registros mostram que, durante certo tempo, viveram com uma pensão dada pelo condado. Um dos filhos alistou-se no exército da União e a família usou o dinheiro do bônus para dar entrada em um lote de terra. Ele foi morto na guerra e a pensão por morte foi usada para quitar a dívida, para vergonha permanente de seus pais e das gerações que se sucederam. Eles sentiam como se tivessem lucrado com a morte do filho.

Meu avô paterno não trabalhava muito. Talvez pelo fato de ter problemas de visão; talvez porque tivesse ferido o pé quando era jovem; talvez porque preferisse não trabalhar. A história não está muito clara. O ponto é que ele não fazia muita coisa, e todos sabiam disso.

A minha bisavó paterna morreu ao dar à luz minha avó. O pai dela morreu meses depois e ela foi criada em um orfanato. Quando se tornou adulta, sustentou a família trabalhando para outras famílias, lavava e consertava roupas, cuidava de crianças, fazia todo o tipo de serviços domésticos que pudesse trocar pelo que sua família precisava. A família era extremamente pobre.

Meu pai cresceu ouvindo sua mãe reclamar sobre o marido e sobre quão pouco ele fazia para sustentar a família. Ele começou a ajudar os fazendeiros da região quando tinha seis anos, e era valorizado e respeitado por sua mãe. Ela tentava constranger o marido dizendo que ele deveria trabalhar mais, comparando-o de forma desfavorável ao seu próprio filho. A estratégia não funcionou para esse propósito, mas, como resultado, o trabalho tornou-se a peça central da vida de seu filho – meu pai.

Na minha infância, meu pai sempre teve vários empregos ao mesmo tempo. Saía para o trabalho pela manhã e ao voltar para casa trabalhava para um dos fazendeiros da região. Ao terminar, tarde da noite, ele consertava peças de equipamentos de outros amigos ou vizinhos. Como acontecia com sua mãe, todos à sua volta o consideravam um exemplo por trabalhar tanto e fazer o possível para sustentar a família. Todos os acontecimentos de nossa vida eram organizados com base em seu trabalho. Todo hobby tornava-se algum tipo de empreendimento. Em nossa família, ser chamado de preguiçoso era uma das piores coisas que podia acontecer a alguém.

Cresci assistindo a isso, e desde que me conheço por gente também queria ser conhecido como um bom trabalhador. Queria que as pessoas me admirassem da mesma forma como admiravam meu pai, por isso me tornei um ótimo trabalhador. O trabalho estava acima de tudo, sempre. Muito tempo depois de ter saído da fazenda e de meus avós partirem, eu ainda estava tentando viver de acordo com o padrão que garantiria que ninguém jamais pudesse me chamar de preguiçoso.

Eu estava tão concentrado em trabalhar muito que me coloquei à mercê de outros, no que se refere ao que acontecia em minha vida financeira. Nunca assumi o controle sobre minhas finanças porque acreditava que o trabalho provava o meu valor, e não o dinheiro. Encontro a origem disso em uma tarde na fazenda de meu avô materno. Ele trabalhava muito. Eu costumava trabalhar para ele e, um dia, quando eu tinha uns dez anos, finalmente reuni coragem suficiente e perguntei se ele estava disposto a me pagar um dólar por dia para eu ajudá-lo a enfardar, recolher e armazenar o trigo que estávamos empilhando. Ele contratava meninos da minha idade, muitos deles meus amigos, e lhes pagava um dólar por hora para fazer o mesmo serviço que eu fazia. Sabia que ele nunca me pagaria um dólar por hora, mas pensei que aceitaria pagar um por dia. Nunca vou esquecer sua resposta. Suas palavras tornaram-se o princípio guia da minha vida pelos trinta anos seguintes. Ele disse: "Vou decidir se você vale alguma coisa ou não. Se eu achar que vale, vou lhe pagar. Além disso, você deveria se sentir privilegiado por ter algo para comer, um lugar para dormir e roupas para usar".

Fim de papo. Nunca ganhei um centavo. Todos os empregos que tive durante os trinta e cinco anos seguintes foram em locais onde as outras pessoas decidiam qual o meu valor e quanto me pagariam.

BRAD: Eu acho essa história impressionante. Até recentemente, eu nunca a tinha ouvido. Quando eu era criança, vi meu pai trabalhar. Muito. Nos fins de semana me levava ao escritório com ele; eu brincava enquanto ele trabalhava. Em casa, via suas costas a maior parte do tempo, enquanto ele trabalhava em diversas coisas. Quando crescemos, minha irmã e eu brincávamos que ele sofria do "Mal de SFA" – Sempre Fazendo Algo. Ele e eu nunca tivemos uma discussão sobre trabalho, mas eu sabia que era algo extremamente importante. Sempre que minha irmã e eu brigávamos, seu soco final era me chamar de "lesma", insinuando que eu era preguiçoso. Mesmo na infância, esse comentário me irritava muito. As maiores causas de vergonha em minha vida envolvem as vezes em que deixei um trabalho inacabado ou não cumpri uma promessa. Trabalho duro e integridade significavam tudo.

Depois do colegial, passei os dez anos seguintes em uma escola de tempo integral. Parte de mim queria parar um pouco e viajar, mas eu mesmo não me permitia fazer isso. Terminei meu doutorado em quatro anos.

Em três anos, paguei a dívida de 90 mil dólares do crédito educacional, enquanto dirigia um carro de 400 dólares e morava numa casa sem mobília. Eu trabalhava setenta horas por semana, mas achava que não estava fazendo o suficiente, que estava sendo preguiçoso.

Ao mesmo tempo, vi como meu pai trabalhava por muito menos do que merecia, não economizava e optava por não correr riscos, nem mesmo moderados, com o pouco dinheiro que acidentalmente acumulou. Afinal, éramos pessoas pobres, vindas de gerações de pessoas pobres. Quando cresci, decidi: não vou ser pobre, não vou deixar de correr riscos.

Sem qualquer treinamento ou conhecimento real sobre finanças ou o mercado de ações, comecei a comprar e vender ações. Para mim, o verdadeiro risco era não correr risco algum. No final, perdi quase a metade do dinheiro que havia investido inicialmente. Foi uma experiência que transformou a minha vida. Senti muita dor e culpa. Não tinha uma compreensão consciente dos conceitos ocultos que eu havia herdado de outras gerações e de meu relacionamento pessoal com o dinheiro. Ao tentar "agir de maneira diferente" dos meus pais, cometi um grande erro e terminei exatamente como eles, com pouco dinheiro.

O legado de minha família e seu impacto sobre mim tornou-se claro quando fiquei sabendo que meu pai estava trabalhando cem horas por semana e sentia-se preguiçoso quando se comparava ao seu pai. Essa consciência foi libertadora para mim porque percebi como era ridículo ele se sentir assim. Afinal, eu o havia visto como um *workaholic* toda a minha vida. Ouvir que ele se considerava preguiçoso comparado a seu pai me ajudou a colocar em perspectiva meu próprio raciocínio e culpa automáticos. Isso me ajudou a fazer as pazes com a imprecisão de meu raciocínio nessa área, e me permitiu ter um melhor equilíbrio entre vida e trabalho, de parar de correr riscos excessivos e de não sucumbir à culpa ou à vergonha.

Traumas financeiros sociais

Traumas de grande escala como uma guerra ou crise podem ter grande influência não apenas naqueles que passaram pela experiência, mas também sobre seus filhos e até seus netos. Recentemente, ouvimos uma impressionante entrevista com um homem que recordava os efeitos sobre sua família causados por sua infância durante a Grande Depressão. O pai de James Bost havia conseguido manter seu emprego como vendedor, mas para manter a sobrevivência da família trabalhou a ponto de ter uma parada cardíaca. Assim que ele se recuperou, o filho mais velho da família Bost estava determinado a não perder as parcas economias que seu pai acumulara quase à custa da própria vida. Ele retirou todo o dinheiro do banco, colocou-o em uma mala e a enterrou no quintal. "Ele não confiou em bancos durante muito tempo", disse Bost. "E isso me impressionou profundamente." O próprio Bost recentemente sacou vários milhares de dólares e escondeu o dinheiro. "Eu acho que é besteira e de certa forma até idiotice", disse ele. "Mas, ao mesmo tempo, a Grande Depressão causou um grande impacto sobre mim. E não consigo esquecer."

Essa desconfiança nos bancos e o impulso de esconder o dinheiro não são incomuns em tempos assim. Em seu livro *The Invisible Scars*, que fala sobre a Grande Depressão, Caroline Bird descreve as medidas que as pessoas tomavam para proteger suas economias: esconder notas entre as páginas de livros, deslizá-las atrás de fotos emolduradas, escondê-las enroladas no guidão da bicicleta, colar moedas de ouro dentro de cascas de nozes. "Em janeiro de 1932, uma professora perguntou a um menino de doze anos por que ele estava se coçando e descobriu mil dólares em notas graúdas coladas em seu peito. Ele explicou que seus pais tinham medo de bancos."

É muito provável que os pais desse menino persistiram nessa extrema ansiedade em relação ao dinheiro, muito tempo depois do fim da Depressão, e é possível que o próprio menino tenha desenvolvido um distúrbio financeiro de algum tipo. Muitos sobreviventes da Depressão, na realidade, criando o costume de estocar, costume esse que persistiu mesmo em tempos de prosperidade. Por terem vivido em um período de tanta escassez, privação e incerteza, desenvolveram um medo profundo e irracional de serem outra vez despojados de tudo o que tinham e de acabarem sem nada. Então, preparavam-se enfiando dinheiro sob o colchão, estocando grandes quantidades de comida, e economizando tudo, de ferro velho a óleo de motor. E, como muitos outros comportamentos disfuncionais, essa tendência a acumular geralmente era transmitida a outros membros da família. Sabemos de filhos da era da Depressão que se tornaram acumuladores e excessivamente econômicos, repetindo o exemplo dos pais. Paul, por exemplo, não vivenciou a Grande Depressão, mas o legado desse período era forte em sua família.

PAUL: Cresci ouvindo histórias sobre a Depressão e sobre o seu impacto nas pessoas. Um de meus primeiros empregos quando criança era me sentar no chão da garagem, com um grande pedaço de ferro, um punhado de pregos velhos, dobrados e enferrujados e um martelo. Meu trabalho era endireitar os pregos para que pudessem ser usados de novo. Posso fazer isso outra vez se for necessário. Eu acho que as lições da Depressão que meus pais aprenderam e me ensinaram e o fato de termos vivido, realmente, em uma casa ou família em crise financeira, tudo isso me ensinou que é possível sobreviver em qualquer situação. Eu acho que isso realmente me mantém realista.

Infelizmente, nos dias de hoje estamos todos bastante cientes de como uma crise econômica pode ser traumática para países, comunidades e famílias. Mas o trauma social nem sempre nasce de um único acontecimento importante como uma grande crise. Os efeitos contínuos da diferença de raça, classe e sexo em uma sociedade ou segmento da sociedade podem ser igualmente traumáticos. Vamos ver como os papéis socioeconômicos, culturais e das diferenças sexuais podem moldar nossas atitudes em relação ao dinheiro.

Temas socioeconômicos

Embora seja quase sempre desconfortável falar sobre classes sociais nos Estados Unidos, é verdade que o status econômico de sua família tem tremenda influência – boa e ruim – sobre suas atitudes relacionadas ao dinheiro.

As pessoas que crescem em uma classe socioeconômica baixa (ou que consideram baixa comparada aos que estão à sua volta) desenvolvem preceitos muito diferentes das pessoas que crescem cercadas pela fortuna. Alguns dos mais comuns são: "Se um de nós for bem-sucedido, precisa dar uma mão a todos os outros", "Se nós conseguirmos, precisamos gastar antes que tomem de nós", "Nunca teremos o suficiente", "Tudo bem gastarmos o dinheiro que não temos assumindo dívidas", ou "Os ricos ficaram assim tirando vantagem de pessoas como nós".

Esses tipos de preceitos estimulam a mentalidade de escassez fatalista, a crença de que a vida é relativamente sem esperança, que uma pessoa não tem controle ou poder sobre os acontecimentos da própria vida. Pessoas com esses preceitos acreditam que as maiores decisões da vida são controladas por forças muito maiores do que elas mesmas: o governo, o chefe, o universo. Isso faz com que administrem o dinheiro da melhor maneira que podem, na maioria das vezes gastando antes que possa ser tirado delas. É claro que nem todos que tiveram uma infância pobre reagem dessa forma. Como todas as respostas humanas, as reações a uma infância pobre são muito variadas e imprevisíveis, e vão desde a rejeição total ao dinheiro à obsessão por ele e ao acúmulo de dinheiro ou bens. Não nos surpreende que a pobreza tenha efeitos negativos. Mas ela também pode instilar qualidades e atitudes que nos servem bem no decorrer da vida. Você acabou de ler algumas das influências positivas que Paul recebeu enquanto crescia, como um sentimento de resiliência e um senso ético sólido; aqui, ele nos dá mais detalhes de como a situação financeira de sua família o influenciou na vida adulta.

PAUL: Éramos muito, muito pobres, e fomos ensinados que o dinheiro era desprovido de importância, insignificante. Olhando para trás, foi uma maneira brilhante que meus pais encontraram de racionalizar e lidar com o fato de não termos dinheiro algum. Já que este não era importante, não tê-lo não era motivo de preocupação. Tentávamos nos concentrar em como poderíamos nos divertir, em como poderíamos produzir. Como poderíamos fazer coisas e criar outras sem dinheiro?

Há dois lados nessa situação, um positivo e um negativo. O lado positivo é que eu não me preocupava e ainda não me preocupo com isso. Eu vou sobreviver. Não me importa o que aconteça, vou sobreviver, e isso é consequência daquela situação de pobreza. O lado negativo é que é difícil lidar com dinheiro. Continuo ouvindo a voz de meu pai: "O rico fica rico 'à custa' das pessoas pobres. Pessoas ricas são gananciosas e não se importam realmente com outras pessoas. O dinheiro tornou-se o seu deus".

Eu tinha apenas um par de sapatos e um par de jeans que usava no trabalho na fazenda e depois para ir à escola, e era motivo de zombaria porque os jeans estavam sujos ou porque havia estrume em meus sapatos. Era olhado com desaprovação na igreja porque não estava vestido com o que consideravam ser a roupa de domingo. Essa era a igreja que meu tataravô fundou.

Há uma infinidade de histórias sobre o fato de me sentir dividido. Ser pobre era algo vergonhoso, mas ser rico era vil. Não acho que foi por acidente que comecei a trabalhar como assistente social na faculdade durante os verões. Cresci com a mensagem que minha responsabilidade era ajudar os menos afortunados do que eu.

Não é de se estranhar que Paul tenha seguido carreira no serviço público. Mais tarde, ele começou a cuidar de casos privados como advogado e, subconscientemente, rejeitou a fortuna cobrando pouco por seus serviços, comparado ao que sua formação e experiência mereciam. Concentrou sua prática em pessoas com recursos financeiros limitados, que, com frequência, não tinham seguro; o que fez com que precisasse trabalhar muitas horas e que vivesse aguardando o próximo salário.

De maneira semelhante, crescer na outra ponta do espectro financeiro tem efeitos tanto positivos quanto negativos. Obviamente, ter uma boa renda elimina algumas preocupações. Mas, ao contrário da crença popular que afirma que ter mais dinheiro torna as pessoas mais felizes, a ansiedade em relação ao dinheiro aumenta proporcionalmente à renda; quanto mais dinheiro uma pessoa tem, mais medo tem de perdê-lo. Se ela tem alguns pontos problemáticos em relação ao dinheiro – "Não mereço isso" ou "Vou fazer tudo errado" – sua fortuna apenas amplifica essa ansiedade.

A história de Kristen demonstra como grandes quantias de dinheiro podem levar à alienação; compare a experiência familiar dela com o relacionamento de Paul com sua família.

KRISTEN: Nós, filhos, raramente tínhamos contato com nossos pais e não criamos um vínculo verdadeiro com eles. Era como se fôssemos os netos e nossos pais os avós. Eles nos idolatravam de vez em quando, mas, na maior parte do tempo, não estavam por perto. As pessoas que cuidavam de nós no dia a dia haviam sido contratadas para isso, e nos diziam que se fôssemos maus eles perderiam o emprego, e, se o perdesse, nossos pais tinham planos de nos colocar em um orfanato.

Todo o tempo eu ouvia: "Você tem tanta sorte por ter dinheiro. Deveria ser agradecida. Não reclame. Veja o que você tem". Eu olhava à minha volta e estava cercada por oito funcionários em uma casa imensa e, no entanto, não havia ninguém com quem eu quisesse ter algum vínculo. E tudo o que eu desejava era isso. Eu roubaria a família de outras pessoas, famílias cujas casas caberiam inteiras no quarto dos meus pais. Eu adorava o momento em que o pai chegava em casa para o jantar. As crianças falavam sobre o seu dia, mamãe e papai falavam sobre o dia que tiveram, e eu era convidada a falar sobre o meu. Eu queria que eles pudessem me adotar.

Era constrangedor ser levada à escola pelo chofer. Eu costumava pedir: "Deixe-me na esquina". Meus pais nunca vinham à escola e, no lugar deles, às vezes, vinha a governanta, com seu uniforme. Era realmente constrangedor. Quando eu mencionava como isso tudo era embaraçoso, todos mais uma vez me falavam sobre a sorte que eu tinha e que eu deveria encarar o fato de ser diferente das outras crianças.

Não queria ser diferente. Eu já sentia esse imenso abismo em minha casa, uma incapacidade de criar vínculo. Queria ser igual a todo mundo. Cresci acreditando que, por não me sentir tão afortunada ou agradecida como deveria, eu era uma pessoa horrível. Acreditava que era necessário pagar às pessoas para elas cuidarem de você. Você não tem direito a dinheiro algum; tem sorte por ter nascido com dinheiro, mas não tem direito algum sobre ele. Pode fazer muitas coisas graças ao dinheiro, e é diferente por causa dele, e ser diferente nem sempre era bom.

Conforme crescia, Kristen aprendeu a associar dinheiro com vergonha, culpa, isolamento e alienação de outros. Repetidas vezes ela recebeu a mensagem de que não tinha direito de sentir-se solitária ou isolada. Já adulta, seu pai lhe disse: "A única razão pela qual as pessoas lhe pedem para fazer as coisas é porque você tem dinheiro. Se fosse pobre, eles não lhe dariam um minuto de seu tempo". Em si mesmo, o dinheiro não pode lhe oferecer amor, vínculo ou cuidados. E não traria a Kristen o que ela mais desejava. Mais tarde, esse preceito resultou numa série de comportamentos negativos. Por exemplo, ela se permitiu permanecer em relacionamentos abusivos. Quando a conhecemos ela fazia parte de mais de vinte conselhos sem fins lucrativos em todo o país e, consequentemente, nunca estava em casa. Trabalhava demais, no entanto sentia como se não contribuísse com nada de valor além de seu dinheiro. A certa altura, começou a beber em excesso. Seu casamento fracassou e seus filhos foram afastados dela. Ela nunca soube ao certo se possuía alguma coisa de valor a oferecer aos outros além de seu dinheiro. Brigou com os irmãos por causa do dinheiro da família, cada um deles mostrando seu pior lado. Ela nunca sentiu que pertencia a qualquer lugar.

Outro ponto interessante sobre a classe socioeconômica em que crescemos é que podemos ter a tendência de ficarmos presos nela. Essa é a zona financeira de conforto sobre a qual falamos no capítulo anterior. Nossa classe pode se tornar tão arraigada na nossa individualidade e identidade que nos apegamos a ela, mesmo quando nossas circunstâncias mudam. Em outras palavras, se crescemos pobres e mais tarde enriquecemos, continuamos a pensar e agir como uma pessoa pobre o faria, mesmo quando é desnecessário ou prejudicial. Se crescemos em uma família rica e mais tarde perdemos nossa cesta de ovos, temos a tendência de continuar a viver e gastar como se fôssemos ricos, mesmo que isso esteja acima de nossas condições financeiras.

Firmar-se rigidamente dessa forma sobre preceitos financeiros antiquados pode ser prejudicial a nosso ego, nossos relacionamentos e nosso bem-estar financeiro.

Cultura

Pode ser difícil separar os efeitos econômicos da cultura de classes sociais, mas nossa história recente oferece casos muito claros do impacto que a discriminação racial pode ter sobre a situação econômica de um grupo. Os afro-americanos, por exemplo, ainda estão lidando com os efeitos econômicos de séculos de escravidão e de contínua hostilidade racial – efeitos que podem ter um impacto negativo sobre seus preceitos financeiros e suas crenças sobre o que é possível realizar financeiramente.

Durante a década passada, vários estudos trouxeram alguma luz sobre as dificuldades financeiras e os desafios enfrentados pelos afro-americanos. Comparados aos estudantes universitários brancos, os alunos negros tendem a ter uma dívida mais alta no cartão de crédito – e apresentam níveis mais altos de estresse como consequência. As mulheres afro-americanas que buscam ajuda em abrigos para mulheres agredidas têm mais probabilidade de relatar renda abaixo da linha da pobreza do que mulheres de outras raças. Por terem recursos econômicos limitados, essas mulheres têm radicalmente menos chances de escapar de sua situação. Um outro estudo, que acompanhou meninas afro-americanas durante a adolescência, descobriu que as meninas que relataram maior estresse financeiro em casa tinham mais probabilidade de terem um desempenho ruim na escola e de engravidarem muito cedo. A falta de estudo e a gravidez na adolescência estão fortemente relacionadas com a pobreza, portanto elas e seus bebês têm diante de si um futuro que tende a ser sombrio.

Em seu livro *The Hidden Cost of Being African American*,[4] Thomas Shapiro destaca que a baixa renda não é a única dificuldade financeira que os afro-americanos enfrentam. Shapiro escreve que eles têm mais probabilidade de serem "pobres de bens" – morando em casa alugada

---

[4] *O preço oculto de ter um afro-americano.* (N.T.)

em vez de própria, com investimentos pequenos ou não existentes – e de menor probabilidade de deixar uma herança para a geração seguinte. Assim, podemos ver como os efeitos da escravidão e as leis de Jim Crow (entre outras leis discriminatórias, exigiam instalações separadas para brancos e negros) ainda afetam a geração atual: Pelo fato das famílias afro-americanas não conseguirem deixar uma herança, seus filhos precisam começar do zero. Compare isso a muitas famílias brancas de classe média que, além do que ganham, têm acesso aos bens herdados, podendo utilizá-los para pagar a anuidade da faculdade, treinamento profissional, a primeira casa – grandes gastos que, talvez, não apenas os estabiliza na classe média como também os ajuda, ou a seus filhos, a irem além. Na ausência desse tipo de auxílio, as famílias negras com o mesmo nível de renda em geral dependem somente dos salários para obter não apenas o que é básico, mas também cobrir os "investimentos capitais". Isso tem implicações óbvias para a estabilidade e a mobilidade da classe a longo prazo. Como afirma Shapiro: "Conversei com uma mãe solteira que se referia à renda como "de sobrevivência" e aos bens como "dinheiro para ir adiante".

Além disso, uma história cultural amarrada pela discriminação racial pode ter uma poderosa influência sobre os conceitos e suposições de um grupo. Por exemplo, o confinamento dos imigrantes japoneses e dos cidadãos americano-japoneses durante a Segunda Guerra Mundial demonstra como o racismo patente pode despertar todos os tipos de preceitos e comportamentos financeiros. Considere a história seguir.

Em janeiro de 1942, um mês após o ataque a Pearl Harbor, Kiyoshi Kagawa, de 21 anos de idade, alistou-se como soldado do exército. Ele se considerava americano em primeiro lugar e japonês em segundo, e queria lutar por seu país. Em 19 de fevereiro de 1942, a Ordem Executiva 9066 de Franklin Delano Roosevelt abriu caminho para o confinamento de mais de cem mil pessoas de etnia japonesa que viviam principalmente na costa oeste. A mãe, o pai e o irmão de Kiyoshi estavam entre os milhares que foram forçados a abandonar suas casas, seus negócios e pertences e mudar para os áridos e desoladores campos de concentração. O irmão mais novo de Kiyoshi foi liberado e alistou-se no 442º Regimento de Artilharia, a unidade de nipo-americanos que lutou na Europa (e mais tarde tornou-se a unidade militar mais condecorada da história dos Estados Unidos). O próprio Kiyoshi serviu como oficial da inteligência sob o comando do general Douglas MacArthur durante seu retorno às Filipinas e a ocupação do Japão.

No mesmo ano, uma jovem chamada Fumiko Momonoi completou dezoito anos em um campo de concentração a milhares de quilômetros de sua casa em Seattle. Antes da guerra, o pai de Fumiko havia vivido a história do imigrante bem-sucedido. Seu pai, Yoshio Momonoi, havia estado na marinha mercante japonesa antes de sua vinda à América. Em dezembro de 1910, ele estava em um navio viajando pelo Rio Columbia; ele e dois amigos pularam do barco na água gelada. Milagrosamente ele conseguiu chegar à margem. Nos trinta e dois anos seguintes, Yoshio, com muito trabalho e dedicação, foi de cozinheiro a proprietário de um restaurante de sucesso, que foi capaz de manter durante a Grande Depressão. Mas em 1942 os Momonois foram enviados a um campo de concentração em Rowher, Arkansas. Como muitos outros japoneses e nipo-americanos residentes, perderam tudo. Suas economias, fazendas, lojas, restaurantes, casas – um total de 3 bilhões de dólares em bens (hoje na casa dos trilhões) foi tomado, roubado ou destruído.

Mas as perdas dos internos foram muito além das financeiras. Segundo os historiadores David O'Brien e Stephen Fugita, "o estresse causado por longos períodos de incerteza, separação dos membros da família, perda econômica, e estigma deixaram suas marcas". Muitos, compreensivelmente, saíram dessa experiência traumatizados, cultivando uma falta de confiança profunda no governo e uma grande relutância em falar sobre aquele período. Como grupo, eles se referem ao confinamento como uma linha divisória na história de suas vidas; existe a vida "antes do campo" e "depois do campo". Para aqueles, como os Momonoi, que tiveram perdas financeiras devastadoras, aquelas lembranças de dor e sofrimento se misturam com o que sentem a respeito do dinheiro.

Avance rapidamente para 2009. O planejador financeiro Rick Kagawa, de 56 anos de idade, filho de Kiyoshi Kagawa e Fumiko Momonoi, é presidente da Capital Resources and Insurance, sediada em Huntington Beach, na Califórnia. Oitenta por cento dos clientes de Rick são nipo-americanos, metade deles, como sua própria mãe, passou pelo confinamento, geralmente na infância. Rick ainda vê os sintomas duradouros e testemunha os efeitos contínuos daquele trauma na vida financeira de seus clientes. E em sua própria família ele vê o forte contraste entre o comportamento e os preceitos financeiros de sua mãe (que ficou confinada) e os de seu pai (que não ficou).

RICK: Minha mãe terminou o colegial ainda no campo. Como muitos outros naquela época, ela não teve oportunidade de ir para a faculdade, o que deveria acontecer na cultura nipo-americana daqueles dias. Ela tornou-se uma pessoa sempre relutante para gastar dinheiro e não sabia, de fato, como desfrutá-lo. Ela sempre teve facilidade para poupar, mas nunca quis correr riscos no que se refere a dinheiro, e sua criatividade e imaginação estavam embotadas. Meu pai era diferente. Ele estava no exército durante os anos de confinamento, e depois se tornou alguém disposto a correr riscos, um empreendedor. Foi muito bem-sucedido em seu negócio após a guerra.

Já pedi à minha mãe para falar sobre suas experiências, mas até hoje ela não toca no assunto. A maioria dos meus clientes também não quer falar sobre isso. Eles querem apenas deixar tudo para trás. No entanto, é possível ver os efeitos disso. Todos eles são grandes poupadores. Como não querem correr riscos e muitos perderam a oportunidade de fazer faculdade, a maioria deles terminou trabalhando para outras pessoas. Na média, meus clientes começaram ganhando 5 mil dólares por ano e terminaram com uma renda anual de cerca de 30 mil. Eles economizaram de 10 a 15% do que ganharam, ano após ano. Colocaram o dinheiro em CDBs porque era seguro, porém não conseguiram fazer com que o dinheiro realmente trabalhasse para eles. Muitos deles hoje têm casa própria, e entre 250 mil e 500 mil dólares no banco. Financeiramente estão confortáveis, mas a parte mais difícil é fazer com que desfrutem de seu dinheiro agora que se aposentaram. Eles parecem não conseguir fazer a transição entre economizar e gastar. De vez em quando saem de férias, no entanto a maioria vive no nível de subsistência, gastando o mínimo possível consigo mesmo. A maioria não consegue desfrutar de seu próprio dinheiro.

Durante o confinamento perdemos toda uma geração de ganhos. Nossa comunidade sofreu duas Grandes Depressões no espaço de doze anos, e a segunda levou tudo o que tinham. Nós tivemos de começar do zero. Meus clientes que passaram pela experiência, ainda são afetados por ela. Paranoia e temores que são muito poderosos ultrapassam gerações. Isso é algo que você recebe dos seus pais. Eu herdei alguns dos conceitos financeiros de meus pais, mas os meus não chegam a ser tão severos. No entanto, posso ver os sinais.

Vemos com clareza que os pais de Rick cresceram com ideias muito diferentes sobre o dinheiro. Como consequência de sua experiência, a mãe dele, como outros confinados, nunca acreditou que seu dinheiro era de fato seu. Inconscientemente, ela esperava que tudo lhe fosse tomado a qualquer momento e vivia de forma mais frugal possível para não sentir falta do dinheiro quando não o tivesse mais. Por outro lado, o pai de Rick, que viveu a guerra como soldado, foi capaz de assumir a propriedade de seu dinheiro vendo-o como uma ferramenta a ser utilizada em vez de fonte de sofrimento e perda.

Gênero

A ideia de que as mulheres não deveriam se preocupar com dinheiro, ou que não é feminino lidar bem com ele, está, felizmente, seguindo o caminho da fita de oito canais e de modem de 56K. Mas, ainda hoje, há muitas mulheres que cresceram com alguma versão dessa lição.

DENISE: Papai não acreditava e ainda não acredita que as meninas tenham o que é necessário para tratar negócios. Ele dizia que não acreditava que elas tivessem estabilidade emocional para ser bem-sucedidas. "As mulheres são emocionalmente frágeis." Como filha única, estava claro que ele me considerava e me tratava de forma diferente dos meus irmãos.

Para Denise, a mensagem constante de seu pai de que ela nunca seria bem-sucedida em um negócio próprio a levou a sufocar seus sonhos empreendedores e, durante décadas, continuar financeiramente dependente dos pais.

MADELYN: A maior lição que aprendi ao crescer em uma família com um pai machista e como a caçula de quatro irmãs é que, para conseguir o que você quer, sexo é moeda. Assisti minha mãe manipular meu pai dessa forma com sucesso. Vi minhas irmãs fazerem o mesmo, uma de cada vez, ao se apegarem a jovens bem-sucedidos financeiramente. Ainda hoje elas desempenham o mesmo papel no casamento e preparam outra geração de jovens, minhas sobrinhas, para fazerem exatamente o mesmo.

Quando, ainda jovem, comecei a trabalhar, percebi rápido que, para a maioria dos empregos que tive, o sexo era parte das tarefas esperadas para receber o pagamento. Fazia parte do contrato de trabalho. Embora eu nunca tenha recebido dinheiro diretamente em troca de sexo, recebia o pagamento e, em troca, entendia-se que era exigido que eu usasse minha sexualidade como mercadoria de troca. Por exemplo: embora eu trabalhasse em um escritório profissional e tivesse instrução superior, sabia que era importante – pelo menos tão importante quanto o trabalho que eu fazia – que eu estivesse bonita, que me vestisse para agradar os outros e que conseguisse (e mantivesse) a atenção de meu chefe. Eu sabia que deveria corresponder ao seu flerte, agindo da mesma forma. Sabia que deveria rir de suas piadas sobre sexo e tudo o que o tema envolve. Sabia que estava competindo por sua atenção com todas as outras mulheres do escritório. Aprendi que se jogasse bem, conseguiria ser promovida. Tudo isso me levou a ter um caso com ele. Ninguém tinha dúvidas sobre o que estava acontecendo. Era óbvio que tudo isso era apenas troca. Eles tinham o que queriam e eu tinha o que eu achava que precisava. Mais dinheiro.

Assim como minhas irmãs, me casei com uma pessoa porque ele era bem-sucedido financeiramente. Mais uma vez, o sexo era trocado essencialmente por dinheiro e pelo que eu considerava ser segurança. Embora estivesse envolvida em tudo isso, eu me iludia, nunca admitindo o fato de que eu havia relacionado firmemente dinheiro à intimidade e ao sexo.

Por fim, como resultado de muito trabalho e autoavaliação, eu percebi em que estavam baseados os conceitos da minha vida e de onde eles vinham. Lentamente, durante muito tempo, comecei a acreditar que nem todos os relacionamentos são construídos nesse tipo de troca. O que tenho hoje está construído em igualdade e em compartilhar o que somos – algo novo para mim e, às vezes, difícil de acreditar.

Obviamente, esse é um caso extremo de algo que muitas mulheres trazem – a noção de que é função do homem prover segurança financeira, ou seja, o que chamamos de preceitos financeiros do "Príncipe Encantado". Eles incluem "O dinheiro é território do homem", "Alguém sempre irá cuidar de mim financeiramente" e "Dinheiro é igual a amor". Preceitos como esses encorajam a mulher a esperar que alguém venha e a arrebate para uma gloriosa vida nova. Eles a colocam numa posição de dependência financeira, tanto antes do casamento quanto depois dele. Mulheres financeiramente dependentes talvez não tenham o know-how financeiro básico, por exemplo, como controlar um talão de cheques ou ler um extrato bancário, e deixam tudo isso para o marido. (Mais adiante, falaremos mais detalhadamente sobre dependência financeira e suas ramificações.) Essa passividade é muito imprudente. Cerca da metade de todos os casamentos termina em divórcio e, mesmo nos casamentos duradouros, as mulheres vivem mais que os maridos uma média de sete anos; portanto, é provável que uma mulher viva por conta própria em algum momento de sua vida adulta. A dependência financeira não a ajudará durante esse período.

Mas mesmo mulheres que não cresceram acreditando no preceito do "Príncipe Encantado" podem terminar desenvolvendo preceitos igualmente negativos e autodestrutivos sobre gênero e dinheiro. Veja a história de Vanessa.

VANESSA: Antes de eu nascer, meu bisavô perdeu a maior parte de sua fortuna na Grande Depressão. Como resultado, minha avó passou a interessar-se muito por dinheiro e tomava as decisões financeiras da família.

Ela investiu no mercado de ações e acabou transformando o salário de meu avô em uma considerável quantia. Ele, periodicamente, demonstrava interesse em administrar as finanças, e escolhia ações, com resultados às vezes prejudiciais à fortuna da família. Mais tarde, eu herdei uma porção do dinheiro de meus avós.

Quando eu era criança, meu pai começou um negócio próprio que veio à falência. A história que inventei foi que os homens são sonhadores e diletantes sem muito bom-senso quando se trata de dinheiro. As mulheres, por outro lado, esbanjam bom-senso e tomarão as decisões acertadas para preservar o dinheiro. Portanto, sempre fui muito prática no que se refere a dinheiro.

"Um tolo e seu dinheiro logo se separam" era uma expressão comum em nossa família. As mulheres da minha família retratavam os homens como tolos – sempre secretamente e a portas fechadas. Afinal, os homens eram aqueles que deveriam ditar as regras. Todos nós concordávamos em muitas coisas: O dinheiro é muito, muito importante, um negócio muito sério. Ele é um recurso escasso que deve ser respeitado e administrado de maneira adequada. O mau uso do dinheiro é algo vergonhoso e perder dinheiro é ser tolo.

O lado negativo de tudo isso é que, muitas vezes, eu me envolvi com homens que eram sonhadores e diletantes no que se refere a dinheiro – creio que poderia dizer que foi uma profecia cumprida. Em meu último relacionamento, meu companheiro se fechava sempre que eu tentava esclarecer acordos sobre propriedade de bens. Em troca, abdiquei da responsabilidade sobre nossas finanças acreditando erroneamente que isso contribuiria para o relacionamento. Essa foi uma lição que custou 200 mil dólares.

Quando chegamos a conclusões ou fazemos suposições sobre a maneira como o mundo funciona, tendemos a buscar informações e experiências que confirmem e reforcem nossas crenças; isso é o que Vanessa estava fazendo quando procurava homens que se encaixassem no modelo de seus preceitos financeiros. As experiências de Vanessa com parceiros românticos também demonstram a atração subconsciente, embora natural, que temos pelo que nos é conhecido. Sem examinar nosso passado e trabalhar os assuntos mal resolvidos, somos levados a recriar a mesma situação, ou um reflexo dela, várias e várias vezes.

Os meninos sofrem com uma lição relacionada ao dinheiro especificamente dirigida a eles. Preceitos como "Um homem tem de ser o provedor da família", "Você é um fracasso se não consegue cuidar de sua família" e "O dinheiro é a única medida do seu valor" podem se tornar prejudiciais e limitantes e levar os homens a atribuir um valor desproporcional à sua identidade no trabalho e ao seu status financeiro. E, de fato, é difícil não fazê-lo, porque nossa cultura valoriza sobremaneira o sucesso material – sobretudo para os homens. Eles, na mesma intensidade que as mulheres, precisam de relacionamentos pessoais íntimos para que sejam saudáveis emocionalmente; no entanto, se eles dedicarem toda a sua energia à carreira, nunca irão desenvolver vínculos satisfatórios com outras pessoas. Se fundamentarem todo o seu senso como pessoa em sua identidade profissional e em suas realizações, quando perderem isso, seja na aposentadoria ou no desemprego, é provável que se tornem ansiosos ou deprimidos. E, com poucos recursos para lidar com sofrimentos, seguem um espiral descendente até chegarem a problemas emocionais sérios ou até mesmo ao suicídio. Durante a crise da moeda asiática no final da década de 1990, por exemplo, o índice de suicídio entre homens dobrou, se comparado ao mesmo índice entre mulheres. Ainda mais alarmante é a onda atual de assassinatos-suicídios. Esses homens que enfrentam o desastre financeiro se suicidaram porque acreditavam não haver outra opção, e mataram a família porque acreditavam que ela não sobreviveria sem eles. É claro que a crise financeira atual é apenas o gatilho para esses crimes terríveis. A verdadeira causa é um desequilíbrio emocional e psicológico, combinado com o excesso de investimento em sua identidade de provedor da família.

Fábulas sobre finanças – A moral da história

Uma senhora planeja alegremente como canibalizar duas crianças que ela mantém presas em casa. Duas irmãs arrancam pedaços dos pés numa tentativa malsucedida de conseguir um marido rico. Outra senhora abduz um bebê de seus pais e mantém a criança isolada enquanto cresce, e, deliberadamente, cega a única pessoa que a visita. Esses não são enredos de filmes de terror, mas das fábulas dos Irmãos Grimm, que são, de fato, cruéis. No entanto, os temas violentos e sombrios talvez sejam parte de seu encanto e expliquem por que são contados e recontados há séculos.

Muitos teóricos acreditam que somente os sonhos revelam os pensamentos que se escondem por trás da consciência de uma pessoa; fábulas e contos folclóricos representam as crenças, os temores e os valores que estão sob a superfície de uma cultura, ou o que Carl Jung chamava de inconsciente coletivo. Jung também acreditava que os personagens (como o velho sábio ou o malandro) representam arquétipos, ou ideias inatas e universais e conceitos que conectam todos os seres humanos; e que a expressão desses arquétipos serviam um importante objetivo cultural. Na década de 1970, o psicólogo infantil Bruno Bettelheim argumentava que os contos de fadas também desempenhavam uma função importante no desenvolvimento emocional da criança, ajudando-a a compreender e a lidar com os sentimentos ou acontecimentos confusos ou entristecedores de seu mundo: a rivalidade entre irmãos, o medo do abandono, a ira contra os pais, e assim por diante. O conto de fadas, em outras palavras, oferece lições e segurança de uma maneira que permite à criança assimilar e reagir. Essa é a razão pela qual as crianças se concentram em histórias específicas e desejam ouvi-las muitas vezes. Bettelheim escreveu A *psicanálise dos contos de fadas* para demonstrar como os contos de fadas representam de forma imaginativa as bases do processo saudável de desenvolvimento humano, e como os contos tornam tal desenvolvimento atraente para que a criança se envolva.

O que tudo isso tem a ver com a maneira como você lida com suas finanças?

Conversamos sobre os *flashpoints* financeiros, sobre como o cérebro cria narrativas a respeito desses momentos, e como essas narrativas são, em geral, imprecisas, ilógicas ou parcialmente verdadeiras. Também falamos sobre como essas narrativas são impressas no cérebro, para que sejam resgatadas em qualquer situação semelhante à experiência original, e como se tornam parte de nossa história pessoal, elementos de nosso folclore particular. Assim como uma criança encontra conforto e segurança ao ouvir a mesma história lida e relida, nossa mente inconsciente continua a repassar esses preceitos financeiros – os quais, assim como os contos de fadas, nos ajudam a entender, simplificar e trazer ordem às complexidades do mundo adulto. No nível subconsciente, o do cérebro animal, organizamos nossas emoções, raciocínio e comportamento financeiros com base nesses preceitos, esperando que eles nos tragam o "felizes para sempre" que desejamos. E o que fazemos quando a vida real não corresponde à fantasia? Geralmente, em vez de questionarmos nossas suposições subjacentes, apenas tentamos fazer com que elas se encaixem.

Lembre-se de que os preceitos financeiros podem ser prejudiciais porque, a menos que sejam examinados e desafiados, eles nunca mudam. Mesmo quando os compreendemos e tomamos consciência deles, a perspectiva de deixar de lado nossos preceitos financeiros nos enche de temor; temos pavor de voltar à confusão e ao caos que experimentamos antes de desenvolvermos esses conceitos de sobrevivência. Mesmo agora, que somos adultos e temos o controle, a perspectiva e o raciocínio que não tínhamos quando crianças, nosso cérebro animal se apega a esses preceitos – ou contos de fadas que contamos a nós mesmos – assim como faz com qualquer narrativa significativa.

Em nosso trabalho, aprendemos que transformar uma vida financeira disfuncional não é possível, a menos que os preceitos financeiros subjacentes sejam identificados, e que examinemos de onde vieram e como eles nos têm ajudado e nos ferido. A análise deliberada e reflexiva dos preceitos financeiros e de sua influência sobre nosso comportamento estabelece as mudanças que queremos realizar. A habilidade de viver a vida em todo o seu potencial é determinada em grande parte por nossa habilidade em identificar os preceitos quando eles surgem na mente. Ao trazermos luz sobre eles, perdem o poder de controlar nossas emoções e ações. A consciência nos abre possibilidades ilimitadas. Podemos nos surpreender, parar e recomeçar. O primeiro passo para transformar os comportamentos de autodefesa é mudar a maneira de pensar. Dessa forma, podemos nos tornar autores conscientes e determinados de nossa vida.

Na próxima parte, vamos olhar de perto doze distúrbios financeiros comuns, seus sintomas, seus preceitos (ou as fábulas que eles representam), e os *flashpoints* financeiros comuns que são seus catalisadores. Também incluímos resultados de um estudo inovador que conduzimos para documentar as transformações duradouras ocorridas nas pessoas que lidaram com sucesso com as causas por trás de seus distúrbios financeiros. Os resultados são empolgantes. Os indivíduos estudados relataram mudanças significativas e constantes, incluindo melhora do humor, menor ansiedade a respeito do dinheiro, e melhora da saúde financeira e psicológica como um todo.

Nós suspeitamos que agora você já tenha reconhecido alguns de seus próprios conceitos e comportamentos nas histórias ou exemplos contados nestas páginas. Ao continuar a ler, anote quais distúrbios ou comportamentos disfuncionais que mais encontram eco em você. No final desta parte, você terá uma compreensão mais rica e profunda da razão pela qual age da forma como age, e estará a caminho da mudança.

Antes de analisarmos em detalhes os distúrbios financeiros específicos, separe alguns momentos para olhar para si mesmo. Tente o seguinte exercício:

1. Lembre-se com o máximo de detalhes possível das experiências importantes que você teve com dinheiro, alegres ou dolorosas, voltando ao passado o máximo que sua memória permitir.
2. Pegue uma folha de papel e escreva algumas palavras resumindo o acontecimento. Você também pode desenhar símbolos que as representem.
3. Volte e observe a emoção que associa ao acontecimento. Use palavras como *irado, triste, feliz, com medo, ferido*.
4. Agora avalie tudo que escreveu e pergunte a si mesmo: "Se eu tivesse que escrever uma ou duas frases para resumir minhas experiências com o dinheiro, o que escreveria?". Outra maneira de fazer isso poderia ser concluindo a frase: "A moral da minha história é...".

parte 2
DISTÚRBIOS FINANCEIROS

CAPÍTULO 5
AFINAL, O QUE É EXATAMENTE UM DISTÚRBIO FINANCEIRO?

Todo mundo toma uma decisão financeira infeliz uma vez ou outra. Isso é normal e, contanto que aprendamos com nossos erros, é até necessário. Erros financeiros únicos, isolados ou raros não são qualificados como distúrbios financeiros. Os distúrbios financeiros são padrões persistentes, previsíveis e frequentemente rígidos de comportamentos autodestrutivos relacionados ao dinheiro, que trazem estresse, ansiedade, sofrimento emocional e incapacidade a áreas importantes da vida. As pessoas que estão sujeitas aos distúrbios financeiros parecem não conseguir se livrar de conceitos falhos ou transformar seu comportamento prejudicial, não importa quanto caos e tristeza eles causem. Em geral, eles sabem que *devem* mudar seu comportamento, mas simplesmente não conseguem fazê-lo. Ou, mesmo que consigam mudá-lo durante algum tempo, são incapazes de fazer com que as mudanças persistam. Geralmente sentem profunda vergonha de seu comportamento e talvez o esconda de outros ou até de si mesmos. Isso adia qualquer solução do problema e acaba por impedir a mudança.

MOLLIE: Meu marido e eu sofremos e brigamos com frequência sobre assuntos financeiros. Nenhum dos dois teve qualquer tipo de mapa financeiro como guia. Nenhum teve economias ou estratégias de administração de riscos e vivemos aguardando o próximo salário na maioria das vezes. Eu sofria tentando encontrar uma maneira de ter algum tipo de alívio para a ansiedade que sentia, para aprender como lidar com o dinheiro em minha vida. Com meu marido, tentava controlar, ameaçar, bajular, manipular, me ausentar, discutir, chorar, implorar, barganhar, sempre levada pelo medo com relação às finanças. Portanto, foram os assuntos relacionados às finanças que nos levaram a procurar aconselhamento de casais diversas vezes, mas o foco raramente era colocado sobre o problema financeiro que havia se tornado um obstáculo entre meu marido e eu.

Pode-se dizer que o furacão Katrina deixou tudo à mostra. Nossa casa foi inundada e nossa propriedade para investimento foi destruída. Meu negócio foi interrompido temporariamente – eu esperava que fosse temporário –, portanto minha renda estava em ponto morto. Minha comunidade foi devastada e, junto com ela, muitas coisas que eu tinha como certas – minha renda, minha comunidade espiritual, a estrutura do meu bairro, meus amigos e familiares que moravam na região e até a minha fé –, tudo isso foi abalado. Embora eu tivesse um excelente casamento sob muitos aspectos, meus problemas relacionados ao dinheiro rugiram como um dragão. A cura se fazia necessária ou eu sabia que perderia mais do que bens materiais – perderia meu casamento.

Mollie e seu marido conseguiram vencer o dragão e salvaram o casamento. Mas, como muitos de nós, eles não tomaram nenhuma atitude até que as coisas chegassem a um ponto crítico. Caminharam com dificuldade, lutando contra os temas financeiros sem chegar a lidar, de fato, com eles. Isso criou mais estresse, o que colocou o cérebro animal no controle de tudo. A esse ponto você já está ciente que, quando o seu cérebro animal é ativado, você, automaticamente, passa a usar seus preceitos financeiros para guiá-lo em suas decisões relacionadas às finanças. Considerando que esses preceitos são falhos ou incompletos, assim será também seu processo de decisão. Esse é o cerne dos distúrbios financeiros.

Como já discutimos, os distúrbios financeiros originam-se no desequilíbrio familiar, nas dificuldades emocionais, nas estratégias para solução que são frustradas, nas experiências de infância profundamente dolorosas, ou – com muita frequência – na combinação destes fatores.

Assim como acontece em outros comportamentos compulsivos ou viciados, os distúrbios financeiros são sintomas de temas não resolvidos relacionados a um passado difícil. Os passos para a automedicação dessas disfunções podem temporariamente nos ajudar a evitar os sentimentos difíceis e a dor física. Entretanto, o alívio que a automedicação oferece é apenas temporário, e vem com o seu próprio conjunto de efeitos colaterais emocionais, relacionais e financeiros. Os distúrbios financeiros podem incluir qualquer um ou todos os seguintes sintomas:

- Ansiedade, preocupação ou desespero sobre a situação financeira.
- Ausência de economias.
- Excesso de dívidas.
- Falência, empréstimos pendentes, ou ambos.
- Conflito sobre dinheiro com familiares, amigos ou colegas de trabalho.
- Incapacidade de manter as mudanças nos comportamentos financeiros.

Com o que se parece o bem-estar financeiro? Concordamos com os pesquisadores Dr. So-Hyun Joo e Dr. John Grable, que relacionam vários fatores para uma vida financeira saudável.

- Manter uma dívida que seja baixa e razoável.
- Ter um plano de poupança ativo.
- Ter um plano de gastos consciente e segui-lo.
- Ausência de conflito sobre dinheiro com familiares/cônjuge.
- Experimentar altos níveis de satisfação financeira.
- Experimentar baixos níveis de estresse financeiro.

Como aprendemos, mesmo o mais irracional dos comportamentos financeiros faz todo o sentido quando descobrimos os preceitos financeiros subjacentes e o contexto no qual nasceram. Ainda assim, quando esses comportamentos problemáticos tornam-se rotineiros, podem levar a problemas significativos nos relacionamentos, no trabalho, na saúde psicológica, e no bem-estar geral, financeiro também, obviamente.

Embora os problemas de infância não resolvidos, os traumas financeiros e outras experiências anteriores formem o pano de fundo de todos os distúrbios financeiros, os próprios distúrbios assumem muitas formas. E é importante observar isto: Assim como os preceitos financeiros, esses distúrbios não se excluem mutuamente. Podemos apresentar sinais de mais de um deles, em diferentes níveis, situações e momentos da vida. Esses distúrbios podem persistir, mas não são estáticos. E, embora os preceitos por trás deles raramente se alterem (pelo menos sem esforço consciente e muito trabalho), as maneiras pelas quais os distúrbios em si se manifestam costumam levar algum tempo para se formarem. E, óbvio, por não haver duas pessoas idênticas, por termos origens, experiências, histórias familiares e maneiras de enxergar o mundo que são completamente diferentes, esses distúrbios não têm a mesma aparência de uma pessoa para outra.

Portanto, quando você ler essas descrições e exemplos reais, procure semelhanças com seus problemas, comportamentos e padrões de raciocínio em termos gerais, ciente de que, embora não encontre uma descrição perfeita de si mesmo e de suas dificuldades com o dinheiro em um único distúrbio, é possível que veja traços de si mesmo em toda a lista.

Nos capítulos seguintes, reunimos em três grupos doze distúrbios comuns que temos visto em nosso trabalho. O primeiro deles é formado por distúrbios nos quais o dinheiro, ou lidar com o dinheiro, é sistematicamente evitado: negação e rejeição financeiras, aversão excessiva ao risco, e gastar menos que o necessário. No segundo grupo estão os distúrbios nos quais as pessoas são obcecadas com os gastos ou com o fato de ter dinheiro ou bens: acumulação compulsiva, excesso de trabalho, correr riscos irracionais (na versão mais extrema, o vício patológico do jogo), e gastos excessivos (também em sua versão extrema, o comprador compulsivo). No último grupo estão os distúrbios que estão entrelaçados aos relacionamentos: infidelidade, incesto, facilitação e dependência financeiros. Como você vai observar, cada uma dessas disfunções se origina de padrões específicos de raciocínio e ação – e não são tão difíceis de ser identificados quando você sabe o que procurar.

CAPÍTULO 6
DISTÚRBIOS DE REJEIÇÃO AO DINHEIRO

Todos os distúrbios discutidos neste capítulo envolvem uma sistemática fuga ou rejeição ao dinheiro. Essas atitudes nascem dos preceitos que equiparam o dinheiro às emoções negativas ou aos acontecimentos dolorosos, em outras palavras, à crença de que ele é algo ruim. Para estender a metáfora de contos de fadas que apresentamos no capítulo 4, esses preceitos são o que consideramos preceitos do "lobo mau".

O que queremos dizer? Bem, toda fada bondosa precisa de um vilão, certo? Em *Cinderela*, são sua Madrasta e suas duas filhas que maltratam terrivelmente a pobre garota. Em *A Bela Adormecida*, é a rainha vaidosa e sinistra que tenta matar sua rival. Em *Chapeuzinho Vermelho*, é o Lobo Mau que tenta comer a heroína no jantar. Quando o dinheiro é uma força que estimula o medo e a ansiedade, ele se torna o vilão. Esse fato leva a um ciclo de escape; ao invés de lidar com nossos problemas com o dinheiro, fazemos o que fazem muitos personagens de contos de fadas: fugimos deles. Os distúrbios que se encaixam nessa categoria são negação e rejeição financeiras, aversão excessiva ao risco e contenção exagerada de gastos. Os preceitos comuns a esses distúrbios incluem os sintomas a seguir.

Preceitos financeiros comuns da rejeição ao dinheiro

- Se eu estiver no lugar certo, fazendo o que é certo, pelas razões certas, então o assunto dinheiro vai tomar conta de si mesmo.
- É errado ter mais dinheiro do que outras pessoas da família.
- O dinheiro que não ganhei não é realmente meu. Deus cuida dos pardais. Se eles não precisam se preocupar, por que eu deveria?
- Há virtude em viver com menos dinheiro.
- A maioria dos ricos não merece o dinheiro que tem.
- Ter dinheiro o separa das pessoas que estima.
- Eu não mereço ter dinheiro.
- Desfrutar de uma herança ou seguro é o mesmo que dizer que estou feliz pela morte de alguém.
- O dinheiro corrompe as pessoas.
- O dinheiro vai me transformar e me tornar o tipo de pessoa que desprezo.
- Pessoas boas não deveriam se importar com dinheiro.
- Não é bom ter mais do que você precisa.
- Ter dinheiro ou se esforçar conscientemente para tê-lo "contaminaria" o trabalho de uma pessoa.
- As pessoas ficam ricas tirando proveito de outras.
- O dinheiro é a raiz de todos os males.
- Você pode ter amor ou dinheiro, mas não pode ter os dois.
- É extravagância gastar consigo mesmo.
- Você nunca deveria confiar seu dinheiro a alguém.

Ao estudarmos os conceitos dos clientes que apresentam comportamento de rejeição ao dinheiro, encontramos um paradoxo interessante. As pessoas que indicavam evitar o acúmulo de fortuna, que eram pagos menos do que mereciam e sentiam-se culpadas por serem pagas pelo trabalho que faziam, em geral levavam consigo preceitos financeiros aparentemente contraditórios.

- Meu valor como pessoa é igual ao meu valor financeiro.
- As coisas seriam melhores se eu tivesse mais dinheiro.

Embora as pessoas com esses preceitos evitem a fortuna (consciente ou inconscientemente), muitos também têm algum ressentimento embutido quanto à sua situação financeira e acreditam que se sentiriam melhor a respeito de sua vida se tivessem mais dinheiro. Também é comum culparem alguma autoridade externa por sua condição financeira, o sistema escolar para o qual trabalham, uma empresa que não reconhece o valor dos funcionários, um governo corrupto, uma comunidade ingrata. Esse é um excelente exemplo da dualidade dos comportamentos financeiros problemáticos, o fato de que não é raro que os desejos, valores, comportamentos e crenças de alguém estejam em conflito entre si. Quando nossos conceitos e nosso comportamento são contraditórios, estamos propensos a sabotar a nós mesmos, tornando muito difícil o acúmulo de fortuna.

Negação financeira

A negação é um mecanismo de defesa clássico, projetado para reduzir a ansiedade e a vergonha em relação aos nossos problemas. Portanto, a negação financeira surge quando minimizamos nossos problemas financeiros ou evitamos ao máximo sequer pensar sobre eles, em vez de enfrentar a dura realidade. As pessoas que vivem a angústia da negação financeira geralmente não examinam os extratos bancários ou as faturas do cartão de crédito. Não negociam aumento de salário. Não falam com seus parceiros sobre dinheiro. Evitam economizar ou acumular fortuna. Não querem pensar em dinheiro de maneira alguma. Mas, como muitos mecanismos de defesa, na negação financeira quase sempre o tiro sai pela culatra. Ao ignorar os problemas, tudo o que estamos de fato fazendo é permitir que eles persistam e se agravem. Alguém que, por exemplo, evita abrir contas ou extratos para não ter de enfrentar a realidade, está essencialmente fazendo um convite a taxas por atraso no pagamento ou por ausência de saldo, e acaba ainda mais afundado em dívidas.

Então, para aliviar qualquer tensão que surja, as pessoas que vivem em estado de negação racionalizam o comportamento de rejeição, isso dificulta ainda mais enxergar a verdade. Como resultado, é provável que continuem a evitar ou a negar os sintomas em vez de tentar curar o problema, o que serve apenas para reforçar a negação e fortalecer ainda mais o comportamento. Em pouco tempo a rejeição torna-se intrínseca, inconsciente e automática. É a clássica definição de um círculo vicioso. Em outras palavras, a negação funciona bem a curto prazo, mas leva ao desastre a longo prazo.

Na maioria das vezes, a negação financeira pode estar enraizada na confusão ou na falta de compreensão em relação ao dinheiro. Essa confusão pode ser resultado de qualquer quantidade de experiências *flashpoint*, por exemplo: receber mensagens confusas sobre dinheiro, ouvir que os assuntos financeiros não são da nossa conta, ter vergonha quando fazemos algo que envolva finanças, e com frequência acontecem na infância. Leia a história de Harris.

HARRIS: Lembro-me de assistir minha mãe e meu padrasto lidando com suas finanças. Eles alternavam entre ter muito medo sobre sua situação financeira e, em seguida, estar bem relaxados e despreocupados com o dinheiro. Gastavam muito e depois entravam em pânico. Decidiam não mais agir assim, e logo faziam tudo outra vez. Era algo confuso para mim. Isso me ensinou que decidir mudar seus hábitos financeiros era algo sem sentido e impossível porque, de qualquer maneira, acabavam retornando aos impulsos.

A princípio, eu os acompanhei nessa montanha-russa entre sentir-se tenso e preocupado e, em seguida, calmo e relaxado. Mas, conforme eu compreendia a situação, me tornava mais e mais confuso. Eram muitas mensagens estranhas: "Você precisa ter exatamente o que deseja" e também "Você não pode ter tudo o que deseja" e nenhuma delas estava bem atrelada à realidade financeira. Eu oscilava em termos do que era certo ou errado. Então cheguei ao ponto em que não sentia nada, e me recusei a ficar preso no drama criado por eles. Eu não prestava muita atenção quando estavam preocupados e não ficava muito animado quando eles se sentiam ricos. Decidi não me importar para não me envolver em qualquer emoção a respeito do dinheiro.

Até hoje é difícil eu me sentar, fazer um orçamento e dizer: "Nós realmente temos este dinheiro?" "Qual é o plano?" "Essa compra não se encaixa em nosso orçamento; portanto não podemos fazê-la". Ou "A compra se encaixa no orçamento, por isso podemos fazê-la". Até hoje eu não sei, de fato, fazer isso muito bem, embora eu esteja melhorando.

Preciso dizer que não se preocupar com dinheiro é uma forma divertida de viver. Noventa e cinco por cento do tempo, você consegue tirar todas as preocupações de sua cabeça e apenas confiar que tudo vai dar certo. Eu gosto do conceito da confiança, mas confiança sem trabalho ou atenção verdadeiros não funciona muito bem. Não me preocupar com o dinheiro, não pensar nele, era uma maneira mais fácil de viver. Essa maneira me permitia evitar todo o trabalho de analisar a situação em detalhe, com relação ao dinheiro. De certa forma, serviu para me ajudar a evitar a tensão que às vezes acompanha a consciência plena. Consciência de "Puxa vida, meus pais estão em trajetória de colisão. Preciso saltar deste trem antes que eles me levem à morte junto com eles". Acima de tudo, serviu basicamente para reduzir a tensão. Mas, com certeza, fez nascer uma série de maus hábitos. De muitas formas, embora tivesse o objetivo de reduzir a tensão, esse comportamento acabou por aumentá-la.

Harris recebeu de seus pais muitas mensagens confusas sobre dinheiro, mas nenhum treinamento real de como lidar com ele. Às vezes, seus pais gastavam livremente; outras vezes, pareciam preocupar-se com os gastos, e não parecia haver qualquer padrão claro nas reações. Eles também misturavam transações financeiras e não financeiras, como lhe comprar um carro e convencê-lo a se exercitar mais. Isso apenas causou mais confusão.

Para reduzir a ansiedade, e compreender as mensagens incrivelmente conflitantes que recebia a respeito do dinheiro, e lidar com a montanha-russa de emoções, Harris concluiu que o dinheiro não tinha importância e que ele estaria melhor se se desconectasse dele.

Então, simplesmente evitou lidar com ele. Embora essa possa ter sido uma estratégia de adaptação útil na infância, essa rejeição o acompanhou na vida adulta e o manteve em negação dos assuntos financeiros. Como ele destaca, a negação de fato alivia a tensão imediata a respeito do dinheiro. Mas a longo prazo serve apenas para complicar os problemas financeiros.

Allison também recebeu de seus pais mensagens conflitantes e de grande carga emocional a respeito de dinheiro.

ALLISON: Havia muito drama a respeito de dinheiro na minha infância e eu estava sempre em conflito sobre qual era a verdade – "o céu está desabando" de minha mãe versus suas compras compulsivas. Minha resposta a essas coisas era sempre agir como se não estivessem acontecendo, porque eu não tinha meios para lidar com elas. Eu cuidava da minha vida como se nada estivesse errado. Mas algo estava muito errado e eu sabia disso.

Outra forma de negação financeira acontece quando um parceiro presta pouca ou nenhuma atenção às finanças da família enquanto o outro cuida de tudo relacionado ao dinheiro. Se o parceiro que não se envolve fica só, por alguma razão, como separação, divórcio ou morte, a ignorância financeira resultante pode trazer uma grande quantidade desnecessária de estresse a uma situação que já é dolorosa. No caso de um divórcio, o cônjuge que nada sabe sobre as finanças do casal fica vulnerável a ser manipulado ou ludibriado.

Em sua forma extrema, a negação financeira pode assumir a forma da dissociação. Uma reação comum ao trauma, a dissociação é, essencialmente, um exemplo extremo da reação "congelada". Quando é impossível ausentar-se fisicamente de qualquer coisa que a esteja perturbando ou ameaçando, o estado dissociativo a permite escapar "viajando" ou se ausentando emocional ou mentalmente. Quando não é possível tolerar o caos e o desgaste emocional, nos desconectamos psicologicamente da situação – é uma forma extrema de negar que o problema exista. Isso leva ao amortecimento emocional, à perda do senso como pessoa e a problemas com a capacidade de retenção e recuperação de lembranças. Por exemplo, uma questão que esteja de maneira superficial, relacionada ao dinheiro, algo tão simples como: "O que você gostaria de ganhar no seu aniversário?" pode desencadear um momento de dissociação – a pessoa tem um branco e é incapaz de formar um raciocínio para responder à pergunta. Na realidade, qualquer pergunta que diga respeito ao seu relacionamento pessoal com o dinheiro – "Qual seria, em sua opinião, um salário justo para você?" ou "Como posso contribuir com seu sustento financeiro?" – pode ser recebida com a mesma reação. Não significa que a pessoa não queira ou precise de nada. Nem que ela não tenha ideias sobre o que seria um salário justo. Não significa também que ela não saiba que tipo de sustento precisa. É que sua negação é tão marcante que, no momento em que essas pessoas são forçadas a articular essas necessidades, elas "travam".

A dissociação é uma reação comum a experiências emocionais intensas ou inesperadas. Como acontece com tantos mecanismos, a dissociação funciona bem em situações extremas (por exemplo, para os soldados em meio à batalha, que se dissociam da violência à sua volta para que consigam cumprir seus deveres; pode ser um valioso mecanismo de defesa e que pode salvar suas vidas). Entretanto, na maioria dos contextos, a reação dissociada perdura muito além de sua utilidade e pode ser muito destrutiva quando se torna habitual ou fica generalizada a eventos que não trazem risco de morte. Estar emocionalmente presente é fundamental para se tomar decisões financeiras saudáveis e para a boa saúde mental geral.

Rejeição financeira

Esse é um distúrbio surpreendentemente comum, levando-se em conta o quanto a sociedade valoriza o dinheiro. Ironicamente, embora todos nós queiramos dinheiro, em algum momento, muitos de nós parecemos estar programados a nos sentir culpados por possuí-lo. É aqui que começam os problemas. As pessoas cuja autoestima foi afetada são propensas a esse distúrbio; sentem que são indignas e não merecedoras de qualquer coisa boa na vida, inclusive o dinheiro.

MIKE: Meu pai me deixou muito dinheiro e eu não fui rápido o suficiente para em me livrar dele. Durante cinco anos, comprei um carro novo a cada seis meses. Sempre que via o dinheiro em minha conta, sentia raiva. Não era meu. Era como se meu pai estivesse dizendo: "Você não conseguiu ganhá-lo por conta própria, então eu tive que deixar alguma coisa para você". Não era meu dinheiro, era dele. Eu não o merecia e não queria tê-lo.

MARGARET: Quando meu pai morreu, eu herdei sua empresa, avaliada em mais de 30 milhões de dólares. Recusei a aceitá-la. Nunca quis ser vista como "aquela rica" pelas pessoas da minha cidade. Intencionalmente, eu havia vivido uma vida bastante frugal, mesmo morando na mesma cidade onde meus pais possuíam a maior fábrica que oferecia a maior quantidade de empregos na região. Eles lidavam muito bem com seu dinheiro, mas não se importavam de andar em carros luxuosos e viajar para lugares exóticos. Eu sabia o que as pessoas diziam sobre meus pais quando estavam vivos e não queria que falassem de mim da mesma forma. Após a morte deles, eu simplesmente me recusei a aceitar a responsabilidade pela empresa. Não ia às reuniões. Ignorava pedidos de meu advogado para que me reunisse com ele. Pelo meu ponto de vista, ter uma empresa era um acidente infeliz do destino e eu não queria tomar parte disso. Infelizmente, os outros parentes não tiveram o mesmo problema e suas atitudes ameaçaram a sobrevivência da empresa. A ação que eles moveram acabou por chamar a minha atenção.

Mike e Margaret ilustram uma dinâmica comum entre aqueles que rejeitam o dinheiro. Para eles, o significado do dinheiro está conectado a assuntos emocionais não resolvidos relacionados a associações dolorosas – neste caso, o relacionamento com os pais.

Crer que o dinheiro vai ao encontro apenas dos que "merecem" seja como pagamento ou porque são "suficientemente bons", os fez incapazes de desfrutar de seus recursos e, em alguns casos, gastaram de forma extravagante. Essa também é uma dinâmica comum em pessoas que recebem seguros de vida.

Um exemplo especialmente marcante de rejeição ao dinheiro é a história de Kathy Trant. Seu marido Dan era um corretor de ações morto no ataque ao World Trade Center em 11 de setembro. Durante meses após a tragédia, Kathy recebeu quase 5 milhões de dólares em acordos e doações. Em junho de 2005, ela tinha 500 mil dólares. Para onde foi o dinheiro? Ela fez grandes reformas desnecessárias na casa em que havia vivido com Dan, triplicando sua área construída. Comprou um guarda-roupa completo; apenas os sapatos custaram um total de meio milhão de dólares. Sem conseguir dormir, ela ficava acordada durante a noite e comprava de catálogos. Kathy deu 15 mil dólares à sua empregada para que comprasse propriedades em El Salvador, sua terra natal, e deu alguns milhares de dólares como gorjeta a uma massagista em Las Vegas para que fizesse implante nos seios. Financiou férias com ingressos para o Super Bowl para vários amigos, que lhe custaram 70 mil dólares. Gastava o dinheiro num frenesi que ela mesma era incapaz de compreender. "Eu quero meu marido de volta", Kathy dizia. O acordo era "dinheiro de sangue que eu não quero".

A rejeição ao dinheiro pode se expressar de várias formas: gastos exagerados de uma quantia repentina (como para Kathy), fazer um "voto de pobreza" inconsciente e evitar a aquisição de riqueza. Esses são geralmente enraizados no preceito de que o "dinheiro é ruim". Se você acredita que, de alguma maneira, o dinheiro é ruim, o próximo passo é achar que as pessoas que têm dinheiro são ruins. Se esses conceitos estão guiando seu comportamento em relação ao dinheiro, é perfeitamente lógico que você não se permita acumular fortuna ou desfrutar da prosperidade financeira, mesmo se "acidentalmente" ela surgir em seu caminho.

A história a seguir demonstra perfeitamente o preceito "O dinheiro é ruim".

NEIL: Quando meus pais se divorciaram passamos de um estilo de vida de classe média para um lar "destruído" de classe baixa. As famílias de divorciados não eram tão predominantes como hoje. Eu percebia que tínhamos menos do que os outros pela quantidade de lápis, canetas e borrachas que as outras crianças traziam à escola, por quantos pares de calças elas tinham. Nunca tivemos mais que dois pares.

Então cresci pensando que havia dois tipos de pessoas: nós... e eles. Ser "eles" significava que sua vida era fácil demais. Cresci ouvindo sobre missionários e o quanto haviam sofrido, e aprendi que somente os bons e fortes poderiam fazer isso. Em outras palavras, trabalho duro é igual a ser bom, ter dinheiro é igual a ser ruim. Eu sabia que era forte e quando adulto, até certo ponto, sempre me senti culpado por ganhar dinheiro, porque na realidade eu deveria ser um missionário. E mesmo hoje minha esposa e eu trabalhamos em profissões assistenciais, e parece haver um estigma negativo em estar interessado em ganhar mais dinheiro do que precisa para viver enquanto estiver ajudando pessoas.

Na infância, Neil aprendeu que ter dinheiro significava não estar vivenciando, de fato, as coisas importantes da vida, que a maior virtude está na pobreza e no sofrimento. Portanto, como adulto, Neil sentiu-se extremamente culpado por ter dinheiro. Quando o conhecemos ele estava agindo conforme uma lista de comportamentos financeiros autossabotadores: gastando de forma extravagante, sem economizar para o futuro, perdendo oportunidades, e, de maneira geral, repelindo a riqueza.

Às vezes, nossa rejeição ao dinheiro vem de um desejo subconsciente de ficar no patamar socioeconômico onde nos sentimos mais confortáveis, nossa zona financeira de conforto, que é determinada pelo ambiente no qual crescemos. Se formos de repente levados à outra zona – seja devido à perda ou ganho de uma grande quantia – com regras diferentes, expectativas e responsabilidades, nos sentimos imensamente desconfortáveis. Se não fizermos um esforço consciente para nos adaptar a esse novo contexto, os impulsos antigos irão determinar nossas decisões – geralmente em detrimento de nossas finanças.

Um exemplo clássico: atletas profissionais que torram milhões de dólares e acabam falidos. A maioria dos atletas profissionais cresce em condições modestas e então se veem multimilionários da noite para o dia. No entanto, 80% dos jogadores da NFL[5] estão falidos ou em sé-

---

5   Liga Nacional de Futebol Americano. (N.T.)

rias dificuldades financeiras dois anos após se aposentarem; cerca de 60% dos jogadores da NBA perdem tudo no espaço de cinco anos. Eles gastaram todo o seu dinheiro porque não fizeram o ajuste para enfrentar o desconforto e a ansiedade a respeito das novas questões e responsabilidades trazidas pela riqueza.

Um ex-jogador de futebol americano disse: "Uma vez tive uma reunião com J.P. Morgan e foi literalmente como se escutasse o professor de Charlie Brown. Eu estava tão concentrado no futebol que o primeiro ano passou muito rápido. Eu havia começado com esse salário-base de 4 milhões de dólares, mas olhei meu extrato bancário e pensei, "Mas que... é essa?". Praticamente, tudo havia desaparecido. Pressões sociais e familiares, combinadas à falta de conhecimento sobre como lidar com o dinheiro, trouxe esses jovens de volta ao ponto de partida. Outras pessoas que receberam fortunas repentinas – prêmios de loteria, resultado de acordos ou heranças – mostram, com frequência comportamentos de rejeição ao dinheiro.

Uma das formas que a rejeição financeira, pode assumir é o voto de pobreza, comum em pessoas que trabalham em profissões assistenciais. Por exemplo, em um de nossos estudos descobrimos que os assistentes sociais e os educadores tinham mais probabilidades de ter uma visão negativa sobre o dinheiro e os ricos, se comparados a pessoas de outras profissões. Lembra-se de Paul, da introdução, cujo irmão recém-nascido morreu na sala de parto enquanto o médico estava jogando golfe?

Surpreende o fato de que ele, como adulto, dedicou sua vida a ajudar outros e deliberadamente manteve-se afastado do dinheiro?

PAUL: Sempre tive dificuldade com o valor que cobrava pelo meu trabalho. Pensava: "Não mereço tanto. Outras pessoas têm muito menos. Eu deveria dar tudo a elas". Então eu ficava no extremo inferior, comparado a outros terapeutas da cidade.

Bem, depois de trabalhar em meus preceitos financeiros, reavaliei o que cobrava.

Não mudei os valores de fato, mas agora o nível não se baseia mais na premissa de que eu não tenho valor. De fato, acho que tenho mais valor do que qualquer outro terapeuta na cidade. Manter a tabela de valores que tenho foi uma decisão consciente, pensando no tipo de pessoas com quem desejo trabalhar. São, em sua maioria, viciados em recuperação e alcoólatras, e grande parte deles sofre para conseguir pagar o que cobro. Se eu aumentasse o preço, estaria impedindo esse mercado. Poderia atrair outro mercado, mas não tenho certeza se realmente desejo trabalhar com um mercado diferente. Eu gosto do mercado com o qual trabalho hoje.

A grande diferença é que todas essas são decisões conscientes. O que é totalmente diferente da maneira como costumava ser.

A história de Paul demonstra a importância de se criar preceitos financeiros de maneira consciente. Isso nos permite curar as feridas emocionais, o que, por sua vez, nos capacita a *escolher* como agir após análise cuidadosa, ao contrário de reagir inconsciente e automaticamente. Mesmo que o comportamento não mude, as emoções que o cercam são muito mais saudáveis e resultarão em decisões financeiras melhores e mais sensatas, em vez de comportamentos financeiros disfuncionais.

Kristen, que conhecemos no capítulo 3, é um exemplo perfeito da prejudicial resposta em pêndulo tão comum em distúrbios financeiros.

É provável que você se lembre de que Kristen cresceu em uma família extremamente rica, mas infeliz, e que ela sentia grande vergonha e constrangimento pela fortuna de sua família. Como resultado, mais tarde, ela recusou o dinheiro de forma veemente porque fez a associação causal errônea entre o dinheiro e a isolação ou a rejeição.

KRISTEN: A pior coisa que poderiam dizer quando se referiam a mim era "cadela rica". Por isso fui ao outro extremo. No colegial, meus pais insistiam para eu usar boas roupas. Eu saia de casa vestida como deveria, mas trocava por um macacão surrado antes de entrar na aula. Tudo o que eu queria usar era macacão. Tinha todas essas ideias negativas sobre o dinheiro. Como eu me sentia culpada por tê-lo, inconscientemente o doava. Eu lidava bem com isso e me sentia muito bem ao doar, era quase como uma purificação.

Ellen, por outro lado, evitou a fortuna por uma razão totalmente diferente. Você já leu a história de Ellen antes, quando ela descreveu a abordagem "extremamente necessário" de sua mãe para conseguir dinheiro para si mesma e para os filhos. Infelizmente, esses meios não incluíam apenas trabalho, mas enganar pessoas que se aproximavam dela, roubar dos empregadores, deixar de pagar o empréstimo – e ser pega repetidas vezes. Ela raramente tinha um emprego por mais do que alguns meses. Perder empregos significava que a família quase nunca vivia no mesmo lugar por mais de três ou quatro meses. Sua mãe enganou a previdência social, e Ellen, sendo a mais velha, foi instruída a mentir às autoridades para que continuassem a receber o dinheiro. Esses comportamentos trouxeram à sua filha um grande sentimento de vergonha, e, na vida adulta, Ellen associa o dinheiro – pedir, ter ou receber – à desonestidade e a atos ilícitos. Portanto, ela o rejeita para ninguém jamais pensar que ela o obtém de maneira desonesta. Em seu ponto de vista, a pior coisa que poderia acontecer a ela é ser acusada de desonestidade.

ELLEN: Certa vez, rejeitei o pagamento por um trabalho que fiz porque quis colaborar com o esforço de um colega e não quis "parecer" pobre, como se eu precisasse do dinheiro. Tenho certeza que às outras pessoas que participaram do projeto também foi oferecido pagamento e duvido que qualquer uma delas tenha recusado. Mais tarde, quando percebi o que tinha feito, fiquei furiosa comigo mesma.

Mas de maneira geral estou melhorando. Trabalho com clientes de baixa renda e sou sempre tentada a fazer meu trabalho de graça. Tenho uma tabela variável muito justa, mas, com frequência, acabava cancelando o saldo pendente para alguns clientes. Neste ano, fiquei firme no valor que cobro, realizando trabalho *pro bono* de uma maneira que eu considere justa, mas que não permita que me sinta explorada. Meus clientes agradecem os limites e eu tenho mais prazer em meu trabalho.

O comportamento das pessoas que repelem a fortuna é, em sua maioria, semelhante às ações daquelas que fizeram votos de pobreza. Elas podem criar os próprios telhados de vidro em suas carreiras, seja falhando em buscar ou recusando as oportunidades para promoção ou crescimento que as levariam para fora da zona financeira de conforto. Elas podem ficar em empregos mal remunerados para os quais são superqualificados. Podem alcançar algum sucesso na forma de um trabalho bem remunerado e, em seguida, sabotarem a si mesmas ao ponto de o perderem. Podem, inconscientemente, escolher não usar seus talentos ao máximo porque, sentem medo do sucesso e dos ganhos monetários que podem acompanhá-los. Lynne nos oferece outro exemplo poderoso.

LYNNE: Quando criança, algo que me lembro sobre meus pais era suas constantes desavenças a respeito de dinheiro. Eles realmente brigavam por esse motivo. Isso me assustava tanto quando criança que eu desejava não ter nenhuma relação com o assunto. Ambos morreram muito jovens e minha irmã e eu ficamos sem nada e sob os cuidados de minha tia e de minha avó que moravam juntas. Elas nunca mencionavam o assunto dinheiro, parecia que sempre tínhamos o suficiente. As duas morreram de forma trágica em num acidente de carro quando eu tinha cerca de 25 anos. Você pode imaginar o choque quando descobrimos que elas haviam deixado 1,5 milhão de dólares livres de impostos para eu minha e minha irmã dividirmos.

Entrei em pânico. De repente eu tinha dinheiro. De repente eu sabia que podia acabar vivendo como meus pais. Brigar com alguém a respeito de dinheiro. Vê-lo destruir amizades e relacionamentos. Temendo a possibilidade de me tornar como aquelas pessoas ricas e malvadas, comecei imediatamente uma campanha inconsciente para me livrar do dinheiro. Eu me tornei minha própria organização sem fins lucrativos. Se você tivesse uma boa causa, eu fazia uma doação. Terminei com minha parte da herança, todos os 750 mil dólares em seis anos. Minha irmã guardou a parte dela e a investiu. Não nos falamos por trinta anos. Eu não queria estar próxima das pessoas que tivessem dinheiro. Hoje tenho 55 anos.

Não tenho nada. Tenho curso superior, com Ph.D., e claramente ganho menos do que mereço. Faço meu trabalho como voluntária. Cobro abaixo da tabela. Se nada mudar, vou ter de trabalhar até o dia da minha morte. Nesse ponto, eu apenas espero poder trabalhar até o dia de minha morte.

Aqui, os sentimentos de Lynne sobre o dinheiro estavam atrelados à dor que sentiu em perder os membros da família. Sentia-se culpada por lucrar com suas trágicas mortes, e aquele sentimento de culpa persistente a levou mais tarde a rejeitar o dinheiro que havia ganhado.

Quando prestamos atenção à cobertura da mídia sobre as antiguidades de algumas celebridades ricas, a crença de que "os ricos são ruins" é reforçada. Ver os filhos e netos de bilionários desperdiçando seu dinheiro e aparentemente suas vidas em caprichos excessivos pode nos dar um senso de superioridade sobre nossas modestas circunstâncias. Pode ajudar a justificar nosso ressentimento em relação aos muito ricos e nos dá a segurança de estarmos em melhor situação por não termos fortuna. É claro que não vemos as histórias dos filhos e netos dos milionários que têm vidas cheias de significado e realizações. É verdade que essas histórias não têm tanta publicidade quanto as outras, mas também é verdade que nós não as procuramos. Por quê? Porque elas contradizem o preceito "A riqueza destrói relacionamentos e pessoas". O benefício dessa crença é que nos ajuda a nos sentir felizes com o que temos. A desvantagem é o fato de uma conclusão distorcida alimentar o ego e o senso de superioridade moral, e limitar a capacidade de adquirir e desfrutar da riqueza.

Gastando menos

Nos Estados Unidos, país de supergastadores e devedores, pode parecer estranho ver "a falta de gasto" descrita como um comportamento financeiro autodestrutivo. Afinal, gastar menos do que você ganha é um princípio fundamental da saúde financeira, certo? Tecnicamente sim, mas a economia nos gastos, levada ao extremo, pode mantê-lo tão pobre quando o gasto excessivo. Diferentemente dos supergastadores, os que gastam de menos talvez tenham muitas economias. No entanto, mantêm-se *emocionalmente* pobres ao se recusarem a usar e a desfrutar do que possuem.

O tipo de economia de gastos que cria problemas não é igual à decisão consciente de ter um estilo de vida modesto. Escolher ser econômico é uma questão de administrar bem os seus recursos para tirar o melhor proveito do que possui. Mas a palavra chave aqui é *escolher*. A economia excessiva nos gastos é prejudicial porque, assim como acontece com a rejeição ao dinheiro, ela é, com frequência, baseada em sentimentos subconscientes irracionais de medo ou ansiedade, de um senso de culpa ou de não merecimento de boa sorte, ou uma necessidade compulsiva de autossacrifício.

GWEN: Cresci em uma pequena cidade e tínhamos uma empresa familiar com nosso nome em todos os veículos de entrega em domicílio. Nunca soube se alguém era meu amigo por gostar de mim de verdade ou se era por causa do meu nome.

Uma de minhas primeiras lembranças é estar com minha mãe em nosso banco quando o caixa lhe disse: "Oh, você deve ser uma ótima pessoa para se processar". Houve muitos, muitos exemplos como esse, em que as pessoas fizeram comentários sobre o dinheiro da nossa família. Sua mensagem era, em essência: "Você tem dinheiro. Sua vida deve ser fácil". Na minha perspectiva, não era assim que eu me sentia.

Acho que o conceito que assimilei acerca do dinheiro foi que ele o expõe e que você precisa mantê-lo escondido. Procuro evitar comprar objetos chamativos. Não compro carros luxuosos, não faço viagens caras, porque, se eu ostentar meu dinheiro, tenho esse sentimento dominante de que me torno um alvo vulnerável e o dinheiro será tomado de mim. O que invento a esse respeito é que, caso aconteça, eu não terei alguém, além de mim mesma para culpar.

A história de Gwen é um exemplo da "paranoia dos ricos." Em geral, as pessoas que crescem com muito dinheiro têm uma incerteza constante a respeito dos seus relacionamentos: "As pessoas gostam de mim por mim mesmo, ou pelo dinheiro de minha família?". Então elas gastam de menos para esconder o que tem, privando a si mesmas de boas roupas ou carros luxuosos, pelo medo de serem vistas como "exibidas". O senso de vulnerabilidade também ressalta um padrão comum nos *flashpoints* e nos preceitos financeiros – o anseio por segurança. Os ricos aprendem que o dinheiro não os mantêm seguros, e os pobres que a falta de dinheiro também não oferece proteção. Como muitos outros preceitos financeiros, ambos são verdadeiros e falsos também. Tudo depende do contexto.

Os que gastam de menos são incapazes de usar seus recursos para melhorar a própria vida ou a de outros. Muitas histórias são contadas sobre pessoas que viviam como miseráveis, moravam em casebres, usavam roupas velhas, sem cuidado médico ou dentário necessário – somente para deixar bens no valor de milhões. Essas pessoas gastam de menos.

Ebenezer Scrooge, personagem de *Um cântico de Natal*, conto escrito por Charles Dickens é um exemplo icônico. Embora tivesse uma fortuna considerável, ele vivia como se fosse pobre. Dickens escreveu: "A escuridão é barata, e Scrooge gostava disso". Scrooge vivia em uma casa triste e vazia, que ele não aquecia, onde comia refeições escassas e privava-se de itens básicos de conforto. Assim como o gasto excessivo, a ausência de gastos tem suas origens em um passado doloroso. Dickens nos mostrou alguns dos *flashpoints* financeiros de Scrooge: um pai explorador, uma infância de desejos, solidão e escassez. Para fugir dessa experiência, o personagem tornou-se avarento, investindo todo o seu capital emocional no capital monetário. Conseguiu acumular fortuna, mas inventou uma vida de pobreza, recusando-se a gastar nas mais simples necessidades diárias. Para ele, separar-se do dinheiro era como perder um amigo. Nenhuma quantia jamais traria alívio à infância sofrida de Scrooge; foi preciso uma visita ao seu passado para libertá-lo. (Nosso primeiro livro, *The Financial Wisdom of Ebenezer Scrooge: 5 Principles to Transform Your Relationship with Money*,[6] em coautoria com o planejador financeiro credenciado Rick Kahler, usou o velho avarento, seu sobrinho e os três fantasmas como uma extensão da metáfora para ilustrar muitos dos princípios que você lê aqui.)

---

6   A *sabedoria financeira de Ebenezer Scrooge: 5 princípios para transformar seu relacionamento com o dinheiro*. (N.T.)

Excessiva aversão ao risco

Outro distúrbio que envolve uma medida de rejeição financeira é a aversão excessiva ao risco, ou uma relutância em assumir qualquer risco com o dinheiro. Assim como abrir um extrato de cartão de crédito é aterrorizante para alguém que sofre de negação financeira, uma pessoa sob a aversão ao risco reage a qualquer risco, por menor que seja, com enorme ansiedade. Mesmo algo inócuo – como colocar o dinheiro em uma conta poupança garantida pelo governo – parece muito assustador. Embora ser conservador nas finanças geralmente seja algo bom (sobretudo quando se origina de uma decisão consciente de ser conservador, e não do medo paralisante ao risco) essas pessoas são conservadoras em excesso. Aprenderam que é melhor não fazer nada do que perder alguma coisa, e estão presas em uma perpétua reação congelada. Nessa condição, podem perder muitas oportunidades que apareçam em seu caminho.

> Em uma escala global, os primeiros anos deste século foram um período de riscos excessivos e de especulação (em outras palavras, jogo de azar) em instrumentos financeiros complicados como os derivativos e o *Credit Swap Default* – também chamado em português de Swap de Crédito. (Em sua carta anual aos acionistas da Berkshire Hathaway, Warren Buffett considerou os derivativos "armas financeiras de destruição em massa, com perigos que, embora hoje apenas latentes, são potencialmente letais". Ele fez essa observação no *início* de 2003.) Então, no despertar do colapso da *subprime hipotecária*, os mercados se voltaram para o outro extremo da aversão excessiva ao risco, no qual os que emprestavam tinham muito medo de emprestar dinheiro, mesmo que aquele que tomava emprestado fosse absolutamente aceitável do ponto de vista fiscal. O resultado? Nossa economia estacionou.

GWEN: Cresci com muitos temores e preocupações a respeito de dinheiro. Eu estava sempre presente nas discussões entre meus pais, nas quais eles também falavam sobre as dificuldades na empresa, a possível exposição legal, coisas assim. Meus pais tinham esse tipo de conversa durante o jantar com frequência, e fomos ensinados a não interromper a conversa dos adultos. Acho que aquilo me incomodava, mas não me sentia na posição de mudar a situação.

O que eu trouxe comigo daquela exposição precoce foi uma aguçada consciência dos assuntos legais que cercavam minha empresa. Tenho propensão a ser muito condescendente, o que é bom, mas também tenho a tendência a ficar no que é seguro e não correr riscos, o que quer dizer que perdi algumas oportunidades. Acho que também tenho cobrado menos do que merecia, pensando que se eu não cobrar muito eles não podem esperar muito e eu não me exponho ao um risco alto de ser processada.

Como os outros comportamentos nocivos sobre os quais conversamos, a aversão excessiva ao risco está relacionada a ansiedades que captamos, quando crianças, ao observar os adultos em nossa vida. Aqui, Gwen, inocentemente internalizou o medo irracional que seus pais tinham de ser processados, medo que ela generalizou para incluir qualquer comportamento que implique risco. As pessoas que testemunharam um familiar sofrer uma grande perda como consequência de um mau investimento ou de um negócio malsucedido, podem, como resultado, se tornar excessivamente avessas ao risco (outro exemplo do "balanço do pêndulo" sobre o qual falamos). Muitos filhos de jogadores patológicos tornam-se avessos ao risco; eles viram, ao vivo, o que a atitude de correr riscos pode fazer com uma família, e assim eles gravitam no extremo oposto.

CAPÍTULO 7
DISTÚRBIOS DE ADORAÇÃO AO DINHEIRO

Esses são distúrbios que dão ao dinheiro uma importância desproporcional: ganhá-lo, poupá-lo, gastá-lo. Eles compartilham uma linha comum no fato de que todos nascem de preceitos que equiparam o dinheiro à segurança, ao valor próprio e/ou à felicidade. Para revisitar a metáfora do conto de fadas, eles podem ser vistos como os preceitos da "fada madrinha". Pense na fada madrinha da história da Cinderela. Com uma varinha nas mãos, ela transformou uma abóbora em uma carruagem luxuosa, e trapos em um esplêndido vestido de festa. Esses preceitos tratam o dinheiro como algo tão mágico, especial e transformador quanto a varinha. Eles estão enraizados no conceito principal de que, apesar dos nossos comportamentos pessoais, nossas dívidas ou limitações, com o mover da varinha, uma pilha de dinheiro vai aparecer e resolver todos os problemas. É uma compreensão infantil a respeito do dinheiro, que é revestido de fantástico poder em vez de ser encarado como uma ferramenta que pode ser bem ou mal usada. Porque assim como a carruagem e o vestido da Cinderela, que, à meia-noite voltaram a ser abóbora e trapos, o senso de segurança que obtemos do dinheiro é transitório – e também ilusório. Quando nos concentramos somente no dinheiro como uma solução e convencemos a nós mesmos que "mais dinheiro fará as coisas melhores", tudo o que estamos fazendo é mascarar ou esconder temporariamente nossos problemas.

SALLY: Ao final de cada mês, minha mãe, meus irmãos e eu íamos ao escritório de meu pai para buscar o cheque do pagamento. Ele sempre tinha biscoitos e chocolates e podíamos comer quantos quiséssemos. As pessoas que trabalhavam ali eram sempre receptivas e eu me lembro de me sentir feliz e segura. Acho que tinha relação com a felicidade e a segurança que minha mãe sentia naquele dia. Aquele era o dia em que ela tinha que ter o dinheiro para planejar para o próximo mês. Embora, segundo ela, nunca houvesse o suficiente – ela sempre disse que precisava realizar milagres para alimentar uma família de seis pessoas com aquele dinheiro – aquele dia era sempre motivo de celebração.

Mais tarde, durante a minha adolescência, meu pai perdeu o emprego. Ele continuou a nos dizer que daria um jeito, que não deveríamos nos preocupar. Eu acreditava nele, mas ainda me preocupava. Com certeza, as coisas continuaram bem no que se refere à escola, à alimentação e à casa. Entretanto, tínhamos momentos de grande estresse, momentos em que faltava dinheiro e, em seguida, tempos de abundância.

Foi durante esses anos que minha mãe nos abandonou emocionalmente. Meu pai começou a ser infiel e ela ficou muito preocupada com isso. Nossa família começou a desmoronar. Meu pai tornou-se muito distante. Ele tinha ataques de cólera que pareciam surgir do nada e era como se vivêssemos com um monstro em casa. Havia uma tensão constante.

Quando minha avó morreu, mamãe herdou seu dinheiro e seus pertences. Até então minha mãe nunca havia possuído dinheiro suficiente para agir por conta própria. Ela sempre havia sido economicamente dependente de meu pai, e, embora o relacionamento tivesse se deteriorado, ela precisava ficar. Quando recebeu seu próprio dinheiro, construiu a própria casa e viveu de forma independente, fazendo suas próprias escolhas sobre como usar seu dinheiro, e parecia bastante segura. Ela ainda vive ali.

Um acontecimento financeiro repentino – como receber uma herança significativa – permitiu da mãe de Sally sair de um casamento infeliz e ganhar independência financeira. Sally também vivenciou os dias de pagamento de seu pai quando toda a família estava feliz. Não surpreende que o cérebro animal de Sally concluiria que "mais dinheiro faz as coisas melhores". Na vida adulta, aquela fantasia a manteve esperando inconscientemente para ser salva por um fluxo repentino de dinheiro da maneira como havia acontecido com sua mãe. "Às vezes ainda desejo que alguém me salve para que eu possa parar de me preocupar" diz ela. "Mas os contos de fadas nunca se tornam realidade."

A história de Sally demonstra como o dinheiro pode facilmente tornar-se conectado à felicidade em nossa mente (embora as pesquisas mostrem que isso não acontece). Esse preceito financeiro, sem a devida atenção, pode criar uma vida de acumulação, de excesso de trabalho, e/ou, acima de tudo, uma busca obstinada pelo dinheiro e/ou por pessoas que o possuam.

Preceitos financeiros comuns de adoração ao dinheiro

- Mais dinheiro/bens me farão mais feliz.
- Não se deve confiar em ninguém no que se refere a dinheiro.
- Nunca terei dinheiro suficiente.
- Dinheiro traz dinheiro.
- Ter segurança é chato.
- A vida é curta; viva um pouco.
- Alguém tem de ganhar e pode ser que seja eu.
- Se eu continuar tentando, meu dia vai chegar.
- Eu tenho muita sorte – sou um vencedor.
- Tenho que trabalhar muito para garantir que tenha dinheiro.
- Se eu não trabalhar muito, vão pensar que sou preguiçoso.
- Meu senso de valor é igual ao meu valor financeiro.
- Nunca serei capaz de pagar pelas coisas que realmente quero na vida.
- Não há problemas em esconder do meu parceiro informações sobre o dinheiro.
- Gastar com alguém é como se demonstra amor.

Em 21 de março de 1947, a polícia da cidade de Nova York recebeu uma denúncia de um corpo no número 2.078 da Quinta Avenida com a 128th Street. O endereço já era conhecido da polícia e dos vizinhos como a residência dos "Eremitas do Harlem", os irmãos idosos Homer e Langley Collyer. A família Collyer havia se mudado para uma mansão de quatro andares em 1909, quando o Harlem era um bairro empreendedor para a classe alta branca. Homer trabalhou como advogado durante pouco tempo e Langley se apresentava como pianista concertista, mas nenhum deles passava muito tempo no mundo exterior. Após a morte de seus pais e com a transformação do bairro à sua volta, os irmãos continuaram na casa, lentamente preenchendo todos os quatro andares com tranqueiras de todos os tipos. As pilhas de lixo estavam cheias de armadilhas explosivas elaboradas (algumas armadas com pedaços de concreto e vidros com urina e fezes) para afastar os intrusos. Homer estava cego e acamado há anos; Langley o medicava com centenas de laranjas para restaurar sua visão e guardava pilhas de jornais para que Homer pudesse se atualizar quando esse grande dia chegasse. Na maioria das noites, Langley se aventurava a sair vestido em trapos, arrastando uma caixa puxada por uma corda, à procura de novos tesouros para carregar para casa. As crianças da vizinhança o chamavam de "Homem Fantasma".

Os oficiais que atenderam o chamado bateram na porta e não tiveram resposta. Finalmente, fizeram um buraco na pesada porta de madeira. "Sentimos ondas de vapores podres de coisas antigas e emboloradas. A polícia deparou-se com uma parede sólida de lixo acumulado durante décadas: cavaletes destruídos, frigideiras rachadas, guarda-chuvas amassados e bicicletas enferrujadas, carrinhos de bebê quebrados e árvores de Natal esmagadas, candelabros lascados, e brinquedos despedaçados..." O corpo de Homer foi encontrado em sua cama, mas não havia sinal de Langley.

Uma equipe de profissionais de empresas de mudanças foi contratada para retirar as toneladas de entulho. Eles

> encontraram, entre outras coisas, vários pianos e um automóvel desmontado por inteiro. Ao desfazerem devagar as pilhas, os trabalhadores observaram um odor especialmente desagradável entre os outros aromas. Dezesseis dias depois do corpo de seu irmão ter sido encontrado, o de Langley foi achado, sob uma pilha de jornais – aparentemente, vítima de uma avalanche.
> A mansão Collyer foi demolida logo depois; hoje um pequeno parque ocupa o local. Mas o legado dos irmãos continua. Quando os bombeiros de Nova York recebem um chamado para um apartamento bagunçado e cheio de lixo, eles se referem ao chamado como "chamado para um Collyer".

Acumulação compulsiva

O reino animal nos dá muitas metáforas para a acumulação praticada pelos seres humanos, incluindo "armazenando como um esquilo." Mas os esquilos geralmente se esquecem de onde os tesouros estão enterrados e nós, pelo menos, conseguimos desse acordo mais árvores frutíferas. A acumulação dos humanos tem poucos benefícios assim.

A acumulação compulsiva é outro exemplo de um comportamento que de outra forma é positivo – economizar –, levado a extremos prejudiciais. É bom poupar, no entanto também é necessário gastar. É bom ter um rolo extra de papel higiênico à mão, mas não uma pilha que vá até o teto. O comportamento de acumular compulsivamente pode assumir várias formas. Para alguns é suficiente apenas acumular dinheiro; outros têm uma compulsão para acumular vários objetos, muitas vezes bizarros.

Alguns acumuladores compulsivos são gastadores ou compradores compulsivos, mas a diferença principal é que é o acúmulo de estoque e não o ato de comprar ou gastar é que trazem ao acumulador segurança, salvação e alívio da ansiedade. Não importa quão inúteis os objetos pareçam aos outros, os acumuladores compulsivos são apegados emocionalmente às suas posses – sejam elas revistas, notas de cem dólares, ou estatuetas do Mickey Mouse – e ficam ansiosos e aflitos com a ideia de se livrarem delas. Se você conhece um acumulador, talvez saiba como é difícil fazê-los jogar algo fora, ou dá-lo a alguém. Mesmo que a acumulação descontrolada de lixo traga constrangimento e vergonha – uma vez que eles estão cientes de sua ansiedade e os comportamentos de acumulação são irracionais –, os objetos acumulados tornam-se substitutos para o amor, afeição ou o que quer que falte na vida de uma pessoa. É por isso que os acumuladores sentem um apego irracional às suas posses. Para ele, não são apenas coisas. Elas têm um sentido emocional.

Os acumuladores podem proteger suas posses criando "pilhas secretas" escondidas da família, ou podem impedir que qualquer pessoa entre em sua casa para ver – e julgar – a bagunça. Eles também sentem um tipo de responsabilidade em relação aos seus objetos, crendo que o simples fato de jogar coisas fora seria um ato de traição. Na casa de um acumulador, a desordem interfere nas ações simples da vida diária. Em seu extremo, acumular torna a casa perigosa e pouco prática: camas e cadeiras inacessíveis, passagens bloqueadas e pisos totalmente cobertos.

É difícil apontar uma causa específica para a compulsão em acumular objetos. Há alguma evidência de que seja um componente genético, e pode ser um sintoma do transtorno de uma personalidade obsessivo-compulsiva. Entre as pessoas que vemos em nosso consultório, os acumuladores em geral têm uma história de escassez, abandono ou traição na infância, ou a combinação de fatores. Por exemplo, o comportamento do acumulador é comum em filhos de criação que vem de situações de extrema privação. Nós trabalhamos com muitas crianças adotadas ou de criação que escondiam comida em seu quarto, apesar de terem acesso ilimitado a geladeiras e despensas abastecidas. Suas primeiras experiências lhes ensinaram que nunca havia o suficiente para comer, por isso elas desenvolveram ansiedades relacionadas à falta de comida, ou a ficarem com fome – ansiedades que persistiram mesmo quando não eram mais preocupações racionais.

Certa criança tinha mais do que uma compulsão para acumular. Ela roubou mais de doze celulares de amigos e familiares e os escondeu em seu quarto. Muitos telefones estavam quebrados e nenhum deles estava ativado; eram inúteis para ele como telefones, mas em sua mente, no entanto, eram extremamente importantes.

Lembra-se de Bridget sobre quem falamos na introdução? Abandonada por sua mãe, ela foi adotada por uma família amorosa, porém instável. Quando criança, demonstrava o comportamento clássico do acumulador.

BRIDGET: Quando criança, escondia dinheiro em vários lugares do meu quarto. Se eu ganhasse dinheiro como presente de Natal ou aniversário, era sempre uma quantia muito pequena e eu a escondia.

Eu me tornei muito avarenta ao lidar com dinheiro. Ao mesmo tempo, comecei a suspeitar das pessoas que o tinham. Meus pais sempre criticavam pessoas que tinham dinheiro. Eles concluíam que aquelas pessoas o haviam recebido por meio ilícitos. Faziam comentários do tipo: "Eles podem agir daquela maneira porque têm dinheiro". Ou "Oh, a única razão pela qual você quer ser amiga daquela pessoa é porque eles têm dinheiro e você não".

Bridget superou o comportamento acumulador da infância, como muitas outras crianças. Mas, mesmo sem se sentir compelida a manter uma pilha de moedas escondidas, o relacionamento emocional com o dinheiro continuou problemático; ela associava o dinheiro tanto à segurança quanto à vergonha.

Como os distúrbios financeiros em geral, o comportamento acumulador pode ser desencadeado por eventos muito menos dramáticos do que o abandono dos pais. Lewis teve uma educação privilegiada, no entanto ele geralmente se sentia distante de seus pais. Quando criança, aprendeu que poderia conectar-se com eles por meio de seu interesse por coleções. Como adulto, essa reconfortante associação emocional com os objetos persistiu. As coleções de Lewis superaram as de seus pais, a ponto de amigos e familiares brincarem com ele sobre o assunto. Colecionava tudo: arte, escultura, pias e espelhos antigos, panelas usadas, bengalas, jornais – *tudo*.

LEWIS: Mamãe e papai colecionavam objetos. Levavam-me com eles ao campo ou a lojas de antiguidade e eu era um menino bastante indisciplinado, por isso fizeram com que eu colecionasse pequenos vidros de mostarda que eram vendidos por alguns centavos. Aquilo me faria ter algo para procurar na loja e me manteria ocupado e longe de problemas. Quando adulto, sempre achei relaxante colecionar objetos. Era uma boa maneira de diminuir o estresse. Por isso levei as coleções a um nível fora do normal.

Acho que esse comportamento deve-se ao fato de meu pai ser também um tipo de acumulador. Durante a Segunda Grande Guerra, havia itens difíceis de serem encontrados, como açúcar ou abacaxi em conserva, coisas assim. Durante toda a minha vida, meu pai sempre comprou no atacado; papel higiênico, enlatados e esse tipo de coisas. Ele nunca falava sobre escassez. Seu comportamento era aceito, embora outras pessoas na família rissem desses hábitos na sua ausência. Assim como minha família ria de mim. Acho que aprendi com ele alguns desses comportamentos.

Embora o próprio Lewis não tivesse vivido os anos tumultuados e economicamente tensos do colapso econômico e da escassez da guerra, ele ainda estava influenciado por aqueles tempos, uma vez que observava e imitava o comportamento de seu pai. Como discutimos no capítulo 4, as experiências econômicas da infância formam os hábitos financeiros aos quais nos apegamos na vida adulta. A Grande Depressão e a escassez da guerra que se seguiram criaram muitos acumuladores compulsivos; pessoas que lavavam e guardavam papel alumínio, escondiam notas de 100 dólares em latas de café por toda a casa, e desconfiavam das instituições financeiras e as evitaram durante décadas. Nossa esperança é que a situação financeira atual não acabe por criar outra geração, ou mais, de acumuladores compulsivos.

Correndo riscos irracionais

Apostar em cavalos ou jogar roleta é correr riscos pela diversão, e, nos parâmetros da razão, não há nada errado com isso. Mas, quando o risco torna-se excessivo, pode ser muito prejudicial. Aqui definimos como excessivo colocar o bem-estar financeiro de alguém sob risco desnecessário na busca de ganhos maiores, porém improváveis – como colocar o dinheiro do aluguel ou do fundo para educação de seu filho na corrida de cavalos ou na mão de um apostador.

Mas há muitas outras formas de correr um risco exagerado além do que convencionamos chamar de "jogo". Tentar controlar o mercado de ações com investimento diário é uma delas; outra é investir em esquemas de alto risco para "dobrar o seu dinheiro". Também existem maneiras menos óbvias de correr riscos desnecessários com seu dinheiro e com seu bem-estar financeiro. Você pode fazer cheques de valores altos antes que o dinheiro para cobri-los esteja no banco, ou pode gastar um bônus ou aumento de salário antes de recebê-los de fato. Esses também são tipos de 'jogo', por meio dos quais você pode se colocar em uma situação difícil, se, por alguma razão imprevista, o dinheiro que lhe devem, o bônus ou aumento prometidos não se concretizarem. Seja na mesa de jogo ou no shopping center, é incrivelmente arriscado gastar o dinheiro que você não tem em mãos, e ponto final.

As pessoas são propensas a correr riscos excessivos por muitas razões. Algumas tentam compensar o tempo perdido ou as perdas anteriores. Outros arriscam mais do que é prudente logo após um lance de sorte, superestimando as chances de que a boa fortuna persista. Ironicamente, correr riscos também pode ser o resultado de um raciocínio pessimista e fatalista: "Eu talvez vá perder tudo o que tenho, então por que não arriscar tudo?". Muitos outros usam o risco excessivo como automedicação para reduzir os sentimentos de vazio, depressão ou ansiedade; a descarga de adrenalina que recebem nessa experiência os ajuda a sentir energizados, conectados e completos por algum tempo.

Você deve se lembrar de que no capítulo 2 falamos sobre como o cérebro tende a ver padrões ou conexões onde elas não existem, o que nos faz superestimar o impacto de nossas ações sobre um evento ou resultado em particular. Muitos dos que correm riscos excessivos levam isso ao extremo, interpretando uma grande vitória como prova de sua habilidade ou esperteza, e não pelo que é – sorte. Como resultado, continuarão a correr um risco depois do outro, crendo que são mais espertos que o mercado ou que têm o necessário para vencer todas as probabilidades. Esses arriscadores superconfiantes têm certeza de que estão certos, de que seu próximo investimento será aquele que dará certo. Muitos têm uma história que adoram contar sobre um conhecido que arriscou tudo e tirou a sorte grande. Eles são caçadores de sensações e estão viciados na emoção da busca, empolgados com o próximo esquema. Essa não é única motivação da busca pelo risco excessivo, mas é uma das mais comuns. Decerto, representou grande parte do que guiava o comportamento de Stuart.

STUART: Embora minha mãe dissesse: "O dinheiro não nasce em árvores", para mim, durante a adolescência, ele nascia. Na época papai estava ganhando bem e eu não precisava viver no mundo real, financeiramente falando. Papai quitou um carro que eu não tinha condições de pagar e que não deveria ter comprado. Quando eu estava na faculdade, mamãe me enviava cestas básicas que incluíam notas de 100 dólares. Portanto, emocionalmente, a montanha-russa financeira que minha família vivia não me parecia ser grande coisa naquela época.

Da faculdade, fui direto para Wall Street e ganhei uma tonelada de dinheiro. Quando minha empresa fundiu-se com outra, recebi um cheque alto. Como analista de ações ganhei ainda mais dinheiro. Todo esse dinheiro se foi agora; como resultado de investimentos ruins de elevada alavancagem. Sem perceber, eu repetia a experiência de meu pai.

Como adulto, até há pouco, eu ainda vivia os argumentos de meus pais. Eu dizia: "Sei que parece ruim, mas vamos conseguir, pode apostar". E minha mulher dizia: "Não, nós não vamos conseguir. Por favor, chega de riscos". Eu a ignorava e simplesmente fazia mais investimentos.

Talvez o mais limitante e destrutivo desses preceitos tenha sido que "O dinheiro vem fácil se você for mais esperto que o outro cara". Isso me deixava superconfiante. Eu acreditava que sabia como tudo funcionava. Achava que, olhando adiante, veria a curva da estrada antes que o outro cara percebesse. Eu estava muito, muito, errado, mas ainda não sabia disso.

Embora a família vivesse em circunstâncias modestas quando ele era criança, Stuart foi protegido da realidade financeira até mais tarde, após seu pai tornar-se muito bem-sucedido. Ao imitar o impulso de seu pai, Stuart ficou superconfiante, atribuindo seus sucessos unicamente à sua própria habilidade ao invés de considerar a longa alta do mercado. Muitos estudos sobre economia comportamental demonstram que essa é uma reação comum, e que os investidores superconfiantes fazem mais movimentações do que seus companheiros mais controlados e realistas, o que pode criar a ilusão de que estão ganhando do mercado. Mas, na realidade, essa volatilidade tende a reduzir seus lucros a longo prazo.

Jogo patológico

O jogo patológico é o risco excessivo associado a um exagero que leva a um extremo especialmente destrutivo. Para os jogadores patológicos, o jogo torna-se uma droga viciante. Jogam para se sentir melhor ou escapar dos problemas e, assim como um alcoólatra que precisa de mais e mais álcool para embriagar-se, eles precisam apostar mais e mais dinheiro para que o jogo continue excitante. Em geral eles escondem de outras pessoas o fato de jogarem e podem se envolver em atos ilegais para ajudar a patrocinar seu jogo. Pelo menos 5% da população experimentam problemas com jogos em algum momento da vida, e até 2% tornam-se jogadores patológicos.

As pesquisas mostram que uma história de trauma e sintomas de estresse pós-traumático é um forte sinal da presença do jogo patológico e que o tratamento do trauma pode resultar em uma redução significativa no comportamento do jogo patológico. Os *flashpoints* financeiros relatados pelos jogadores com os quais trabalhamos, incluem de maneira típica a primeira vez que presenciaram ou experimentaram a emoção da vitória. Na maioria das vezes, começa com pequenos golpes de sorte, embora eles não os encarem dessa forma; estão convencidos de que possuem alguma capacidade inata de derrotar o sistema. Ficam viciados nesse sentimento de sucesso, que também lhes traz um alívio emocional temporário do sentimento de ansiedade, e estão convencidos de que podem repetir seus sucessos. E, assim, não importa o quanto percam, continuam tentando.

AARON: Nunca vou esquecer minha primeira experiência num caça-níquel. Foi num domingo de Super Bowl, e havia muito poucas pessoas na área do cassino reservada para os caça-níqueis. Eu nunca tido a Las Vegas e um amigo me levou a um famoso cassino na Strip de Las Vegas (rua onde fica a maioria dos cassinos). Ele me mostrou como as máquinas funcionavam e foi embora. Comecei com 10 dólares em moedas de 25 centavos. Eu havia perdido 2 dólares quando a máquina travou assim que puxei a alavanca. Buzinas soaram, alarmes dispararam e eu fiquei apavorado. Pensei em me afastar lentamente, porque achei que a máquina havia surpreendido um "slug", uma moeda falsa. Olhei à minha volta e meu amigo não estava por perto. Eu sabia que havia câmeras de vídeo no teto e que eles me pegariam se fugisse, então fiquei parado, esperando que todo aquele barulho cessasse. Então um segurança se aproximou e disse: "Você sabe o que acabou de fazer, não sabe?".

Eu disse: "Segurança, não é o que está pensando! Eu estava apenas usando as moedas do monte de 25 centavos que um amigo me deu".

O segurança falou: "Onde está esse seu amigo?". Eu disse que não sabia, e o guarda olhou para mim como se eu estivesse mentindo. Ele me perguntou outra vez se eu sabia o que havia feito e lhe garanti que não. Ele disse: "Bem, temos um problema aqui".

Eu estava tremendo de medo. Imaginei que se pensassem que eu estava tentando enganá-los e por ter assistido recentemente o filme Cassino, fiquei com medo de acabar morto em algum lugar do deserto. O guarda fez algo na máquina que gerou um pedaço de papel, desligou-a e disse: "Venha comigo". Todos olhavam para mim enquanto eu andava a frente dele em direção a uma local semelhante a uma jaula. Ele conversou com um homem atrás do balcão, entregou-lhe o pedaço de papel, fez um sinal para eu ir até a janela e declarou: "Você acaba de ficar rico; este homem vai lhe dar o seu dinheiro". O caixa apenas consentiu e começou a contar notas de 100 dólares, doze delas. Mil e duzentos dólares, após gastar apenas 2. Inacreditável. Eu me apaixonei.

Mais tarde encontrei meu amigo e lhe contei sobre o prêmio e ele começou a me tratar como se eu soubesse o que estava fazendo. Com o passar do tempo fiquei conhecido como o cara que teve sorte no caça-níquel.

Eu achava mesmo que sabia como elas funcionavam, e quais seriam as "quentes", e quais cassinos pagavam melhor. Foi assim que meu vício pelo jogo começou.

O jogo patológico é um dos distúrbios mais autodestrutivos entre os que são discutidos neste livro. Se você pensa estar correndo o risco de ser um jogador patológico, recomendamos fortemente que busque a ajuda de um profissional de saúde mental e participe dos doze passos do programa de recuperação dos Jogadores Anônimos, disponível em: www.gamblers.anonymous.org ou www.jogadoresanonimos.com.

Viciados em trabalho

O *workaholismo*, termo em inglês que designa uma pessoa viciada em trabalho, é um dos poucos vícios que nossa sociedade valoriza e que as pessoas rapidamente admitem, e até se orgulham em possuir. No entanto, é tão prejudicial quanto qualquer hábito fora de controle. Os *workaholics* estão tão imersos no trabalho que têm pouco tempo para investir na vida familiar, na criação dos filhos, no lazer e até no sono: como resultado, eles experimentam mais conflitos conjugais, ansiedade, depressão, estresse e insatisfação no trabalho e problemas de saúde.

O *workaholismo* pode originar-se de outro preceito da fada madrinha, a crença de que mais dinheiro fará você e sua família mais felizes, provará o seu valor próprio, o tornará um ser humano mais valioso, capaz e amável. Mas isso é uma tolice. Assim como o dinheiro não é garantia de felicidade ou segurança, ele também não é a medida do valor de um ser humano. Se você está dependendo de dinheiro para satisfazer esse tipo de necessidade emocional, nunca ganhará ou terá o suficiente. Ficará preso numa esteira eterna, trabalhando mais e mais para ganhar mais e mais dinheiro para alcançar a felicidade que está cada vez mais longe de seu alcance. Dedicar a sua vida exclusivamente ao trabalho e ao sucesso financeiro *não é* o caminho para a felicidade. Como já mencionamos, décadas de pesquisa científica social demonstraram que assim que o seu dinheiro o coloca acima da pobreza, não há, sem sombra de dúvida, nenhuma correlação direta entre dinheiro e felicidade; aqueles que ganham 50 mil dólares por ano não são necessariamente menos ou mais felizes do que os que ganham 5 milhões de dólares por ano.

A busca pelo dinheiro, entretanto, é apenas um aspecto do *workaholismo* – e, em geral, não é o primeiro. Se você é um *workaholic*, é provável que se sinta melhor consigo mesmo no trabalho do que em qualquer outra área da vida. É ali onde, provavelmente, você tem melhores relacionamentos e sente-se mais competente, no controle, bem-sucedido, à vontade e parte integrante do ambiente que em qualquer outro lugar. A maioria dos *workaholics* acredita inconscientemente que precisa ser produtiva para que tenha algum valor, portanto quanto mais trabalhar, mais valor sentirá que tem. Eles acreditam que a melhor maneira de ser responsável com seus queridos é trabalhar muito e sacrificar a si mesmos no trabalho, quando, na realidade, o oposto é verdadeiro; família acaba por se sentir ressentida pelo fato do trabalho estar em primeiro lugar.

Como qualquer outro viciado, os *workaholics* usam o trabalho para lidar com os sentimentos de dor emocional e desajuste. Recebem alta dose de adrenalina com o trabalho compulsivo, e depois desabam de exaustão, o que leva à irritabilidade, à baixa autoestima, à ansiedade e à depressão. Para lidar com esses sentimentos, caem em outro ciclo de devoção excessiva ao trabalho. Semelhante a qualquer outra substância que causa dependência, o trabalho torna-se a única coisa que os acalma e aquieta seus demônios interiores.

O *workaholismo* costuma ser um distúrbio hereditário (como você leu em nossa própria história familiar), porque os *workaholics* tendem a passar adiante – deliberadamente ou não – seus irrealistas e inatingíveis padrões perfeccionistas a seus filhos com comentários do tipo: "Cinco notas A e uma B? Por que tirou B?". Como resultado, os filhos se sentem um fracasso. Crescem convencidos de que são inadequados, que seu valor equivale ao quanto eles podem ser bem-sucedidos e produtivos, e assim eles podem tentar encontrar compensação para esses sentimentos mergulhando no trabalho ou em alguma outra substância ou comportamento viciante.

Mas, como muitos outros distúrbios, o *workaholismo* também pode ser resultado de uma reação ao extremo oposto: um dos pais ou outro adulto influente que não trabalhou o suficiente. Uma criança que, conscientemente ou não, desenvolve ressentimento ou desprezo pela preguiça de um dos pais pode ir para o outro extremo do excesso de trabalho.

LESLIE: Meus pais se divorciaram quando eu era muito nova. Meu pai trabalhava muito, quando trabalhava, mas ele sempre tinha períodos voluntários de descanso. Embora me dissesse que não tinha dinheiro suficiente para pagar por qualquer coisa que eu precisasse, ele costumava tirar períodos de descanso e ficava bastante livre para fazer o que bem entendesse. Minha mãe vivia do auxílio do governo. Eu morei com ela por um curto período de tempo e resolvi que também não desejava viver aquela vida.

Decidi que não seria como meus pais. Eu seria bem-sucedida e pareceria bem-sucedida. Trabalhei muito; num certo ponto, tive um emprego de tempo integral e outro de meio período simultaneamente, fazia faculdade em tempo integral e administrava um prédio de apartamentos. Eu era uma boa trabalhadora. Mas trabalhava demais. Por ter dificuldade de confiar nas pessoas, eu não tinha muitos amigos, então desisti de mim mesma em favor da pessoa para quem trabalhava. Eu trabalhava sessenta horas por semana e fazia tudo o que me pedissem, mesmo se comprometesse o que eu acreditava. Certa vez, quando trabalhava para uma empresa pública, me pediram para fazer uma falsificação, assinando um documento no nome de alguém e eu o fiz. Não havia muitos limites.

Em sua busca por segurança financeira e sucesso, Leslie abandonou o seu verdadeiro eu. Ela tinha poucos amigos e derramava em seu trabalho e em seus colegas todo o seu desejo por conexão.

Isso a levou a violar por completo os padrões do certo e do errado – tanto os seus, quanto os da sociedade. Ao invés de desenvolver seu valor próprio reforçando seu senso de dignidade, a abordagem desequilibrada de Leslie de trabalhar até cair para adquirir fortuna promoveu exatamente o oposto.

Paul, nosso cliente cujo irmãozinho morreu ao nascer, cresceu com ódio e ressentimento pelas pessoas ricas e pelo dinheiro em si; ao mesmo tempo, sentia vergonha por ser pobre e estava determinado a não deixar que sua família passasse por isso. Então "trabalhe mais" tornou-se sua resposta a qualquer situação.

PAUL: Houve um tempo em que tinha um emprego de tempo integral e cinco de meio período e dizia: "Eu acho que quero aquilo para minha esposa e meus filhos. Vou trabalhar mais". Em vez de trabalhar de forma mais inteligente, eu continuava a trabalhar mais e mais.

O custo de tudo isso – e eu certamente não sabia na época – era que eu não estava disponível tanto física quando emocionalmente para minha esposa e para meus filhos. Eu estava sempre saindo, trabalhando, fazendo; sem cuidar de mim mesmo; sem estar presente para minha primeira esposa e para meus filhos. Todo aquele trabalho incessante para obter sucesso financeiro me trapaceou nos relacionamentos que eu poderia ter com eles. Não sei se teria feito muita diferença para minha primeira esposa, mas certamente faria para meus filhos. Eu herdei aquela confusão ativa de meu pai e infelizmente meu filho herdou de mim. Ele tem montes de dinheiro, mas vejo aquele impulso do "Eu tenho que fazer, eu tenho que fazer, eu tenho que fazer" atuando em sua vida também, e, com tristeza, percebo o quanto isso está custando aos meus netos e à minha nora.

Excesso de gastos

Nos anos que precederam a crise econômica atual, a taxa média de poupança dos americanos caiu a -0,5%, o mais baixo desde a Grande Depressão. Estávamos, na realidade, gastando mais do que ganhávamos e, portanto, obviamente tínhamos mais débito individual do que jamais tivemos. Nas últimas décadas, os Estados Unidos se tornaram uma nação de gastadores; o gasto excessivo tornou-se o estilo de vida americano, tanto individual como coletivamente, e agora estamos pagando o preço. Nestes dias, os que possuem dívidas, são escravos delas; estamos presos em um ciclo que, desesperadamente, precisamos quebrar. Há pouco tempo, o índice de poupança nos Estados Unidos viu um aumento, um sinal positivo de que muitos americanos podem ter chegado ao fundo do poço financeiro e estão prontos a encarar, com honestidade, seu excesso de gastos e a fazer mudanças positivas.

Os gastadores estão tentando obter sentimentos de segurança, conforto, afeição e completude gastando de maneira excessiva consigo mesmos e com os outros. Em nosso trabalho com os gastadores excessivos, muitos relatam *flashpoints* financeiros onde o dar e receber um presente parece transformar um relacionamento. Outro *flashpoint* comum é ter vivenciado a privação, ou um tempo em sua infância quando o fato de não possuir um item em especial causava um impacto emocional; sofriam humilhações e agressões por não ter a roupa "certa", ou estão convencidos de que, se tivessem recebido aquele bem que tanto desejam, finalmente seriam felizes. Muitos clientes gastadores dizem: "Naquele momento decidi que faria tudo o que tivesse de fazer para ter aquelas coisas". As pessoas que gastam excessivamente com seus filhos nos dizem: "Decidi que nunca permitiria que meus filhos se sentissem como eu me senti naquele dia".

Em geral, a confusão extrema sobre o dinheiro pode resultar em gasto excessivo.

ALLISON: Recebi muitas mensagens conflitantes sobre o que é o dinheiro, como ele funciona e se eu deveria temê-lo ou não. Sempre tive medo de ter dinheiro, como se a sua presença fosse um problema. Mas do outro lado havia outra percepção, a de que eu tinha que ter dinheiro, caso contrário viveria com medo. Trabalhei de maneira absurda, ao ponto de perder muitas coisas da vida, para ter dinheiro. O temor de não tê-lo era o real motivador. Eu queria minha independência tão desesperadamente que precisava trabalhar muito para conseguir o dinheiro que pensava estar vinculado a ela. Mas eu não tolerava possuir o dinheiro. Torrava tudo em roupas ou móveis novos, ou pagando um jantar caro ou uma viagem de fim de semana a alguém. Ou eu simplesmente doava – fazia qualquer coisa para não ter que lidar com ele. Fiquei cansada de ser escrava da minha dívida. Ouvia amigos da minha idade falar sobre seu pé-de-meia e seu futuro, e eu não tinha nada disso e não sabia como consegui-lo. Não fazia ideia de que o ciclo em que estava era possível de ser quebrado.

Gastadores excessivos como Allison têm relacionamentos com o dinheiro que os confundem e que também confundem a outros. Por um lado, estão convencidos de que o dinheiro e o que ele pode comprar os farão felizes; no entanto, estão geralmente sem dinheiro porque não conseguem controlar os gastos, e cheios de ansiedade por causa dos seus problemas financeiros. Um pouco antes você leu sobre a história da família de Allison, com seu extremo vaivém entre ignorar o dinheiro ou ser obsessivo sobre ele. Essa é uma história de vida comum para os gastadores excessivos.

Outros gastadores excessivos simplesmente se convencem de que o dinheiro não tem importância, então por que não gastá-lo livremente? Considere Stephanie, que também cresceu com mensagens confusas sobre o dinheiro. Depois do divórcio, ela era uma pessoa pobre e desabrigada, mas assim que conseguiu se firmar, começou a gastar sem controle.

STEPHANIE: Outra coisa que impactou minha visão sobre as finanças foi o fato de uma colega que herdara uma boa quantia dizer com frequência: "É apenas dinheiro". Eu gostei dessa afirmação e a guardei no coração. Ela me dava um falso senso de liberdade. Eu queria acreditar que o dinheiro era algo que eu sempre poderia conseguir. Aquela afirmação me deu a permissão para gastá-lo da forma mais descontrolada possível. Meu sentimento era de ter finalmente passado por um período muito, muito difícil, e podia baixar a guarda. Minha colega nunca me contou tudo sobre sua situação financeira, mas eu sei que ela havia herdado uma grande quantia, e essa não era, de forma nenhuma, a minha situação. Tudo o que eu sabia era que queria ser como ela e não ter preocupações.

O preceito de Stephanie "O dinheiro não é importante" pode tê-la ajudado a se sentir melhor a respeito de sua situação financeira a curto prazo, mas a longo prazo somente estimulou seus gastos excessivos e a impediu de elaborar um plano financeiro razoável para o futuro. Também há um elemento de "raciocínio mágico" sobre o seu comportamento, como se, ao adotar o lema de sua colega, poderia tornar-se como ela, dona de uma herança considerável.

Um sintoma de um gastador excessivo é a ênfase colocada no *ato* de gastar. Os gastadores excessivos na maioria das vezes usam o processo de adquirir e comprar para se sentirem conectados aos outros e a si mesmos. Os gastadores em geral têm uma "comunidade" que envolve a atividade de fazer compras: as lojas favoritas e as pessoas que trabalham nelas, colegas de compras, ou grupos sociais on-line interessados em compras. Os gastadores podem também criar rituais relacionados às compras, como almoçar em um lugar determinado ou visitar lojas seguindo uma determinada ordem. Alguns consideram amigos os vendedores de suas lojas favoritas. Afinal, os vendedores os conhecem pelo primeiro nome e fazem ligações pessoais especiais para informar sobre as ofertas, como os amigos fariam. Quando os clientes favorecidos chegam à loja, são recebidos com sorrisos e atenção especial. Seu bom gosto é elogiado. Eles têm status ou cartões especiais "ouro" ou "platina", e percebem que suas compras trazem alegria às pessoas nas lojas. Sentem-se especiais, importantes e amados.

As compras pela internet também podem ser viciantes. Talvez não possuam tantas interações pessoais, mas têm uma grande vantagem: disponibilidade 24 horas por dia. E não estão tão isentas do contato um a um.

Tivemos uma cliente que fazia compras quase exclusivamente on-line. Portanto, os entregadores da FedEx ou UPS iam à sua casa regularmente, e ela os considerava seus amigos. Ela brincava – e era verdade – que dia a dia ela via mais entregadores e tinha interações mais amigáveis com eles do que com seu marido.

O excesso de gastos pode tornar-se um círculo vicioso. Os gastadores excessivos experimentam um impulso irresistível de gastar; perdem o controle sobre os gastos, e então, para acalmar a ansiedade pela perda de controle, continuam a comprar. Sem acompanhamento, os gastadores excessivos correm o risco de desenvolver o comportamento de comprador compulsivo.

Distúrbio do comprador compulsivo

O distúrbio do comprador compulsivo é o gasto excessivo com esteroides. Se os gastadores se preocupam com frequência com dinheiro, os compradores compulsivos são sempre consumidos por suas preocupações financeiras. Ironicamente, uma de suas únicas fugas é o próprio ato de comprar e então eles ficam obcecados, experimentam impulsos irresistíveis de comprar e perdem o controle sobre os gastos. Em geral, muito cedo na vida, os compradores compulsivos percebem que o ritual das compras oferece uma fuga temporária, seja de seu passado traumático, da depressão, da insatisfação com seus relacionamentos ou com sua vida, ou do sentimento de vazio. Para preencher o vazio emocional, fazer compras torna-se como uma droga, assim como o trabalho para os *workaholics*. Quando os compradores compulsivos pensam e antecipam o prazer que sentirão ao comprarem algo, a dopamina, a substância do "bem-estar" inunda o cérebro – e desaparece logo em seguida, fazendo com que desejem outra solução. As compras podem oferecer tamanha emoção, que eles literalmente têm a sensação de estar dopados. Pouco depois, entretanto, sentem o inevitável baque emocional, que na maioria das vezes se apresenta na forma de baixa autoestima e remorso do comprador. Sem tratamento, as compras compulsivas podem levar a dívidas exageradas, tensão financeira, falência, problemas de relacionamento, divórcio, problemas de concentração no trabalho e, em alguns casos, complicações legais.

Infelizmente, em nossa cultura centrada no consumo, as compras compulsivas são um problema relativamente comum. Ela aflige uma a cada vinte pessoas nos Estados Unidos (quase o mesmo índice de depressão clínica) e mais de 75% dos compradores compulsivos são mulheres. A prevalência das compras compulsivas parece estar crescendo, especialmente entre adolescentes; um estudo recente entre alunos do colegial descobriu que 44% se encaixavam em alguns critérios dos compradores compulsivos.

Precisamos observar aqui que, em alguns casos, o distúrbio do comprador compulsivo apresenta um surpreendente desvio: O comprador raramente compra alguma coisa de fato. O problema aqui não é o gasto, mas a quantidade excessiva de tempo e energia gastos no processo da compra (à custa do emprego, dos relacionamentos e de outras atividades produtivas), seja a caminho de lojas, olhando catálogos, assistindo os canais de TV voltados à venda de produtos, navegando na internet, ou a combinação de algumas dessas coisas.

O distúrbio do comprador compulsivo, assim como muitos outros distúrbios compulsivos, tem sido tratado com sucesso com uma variedade de abordagens que incluem psicoterapia, medicação psicotrópica e grupos de apoio como os Devedores Anônimos.

Se você tem dificuldade de controlar seus gastos, insira algum espaço entre seu impulso de comprar e seu comportamento nas compras. Digamos que ao comprar algo você perceba que está tentando preencher uma necessidade emocional. O que fazer? Tente pensar em várias maneiras saudáveis de atingir seu objetivo, como conversar com um amigo, escrever no diário sobre seus pensamentos e sentimentos ou chorar de fato. Quando você for às compras, deixe o cartão de crédito em casa e leve dinheiro vivo. As pesquisas mostram que gastamos cerca de 30% menos quando pagamos em dinheiro ao invés de cartões de crédito ou vale-presentes.

CAPÍTULO 8
DISTÚRBIOS FINANCEIROS RELACIONAIS

Os distúrbios nesta categoria – infidelidade, incesto, facilitação, e dependência financeiros – têm muitas vítimas. Em outras palavras, as pessoas que sofrem desses distúrbios em geral causam devastação na vida emocional e financeira de outras pessoas, além da própria vida, por meio de seu comportamento perturbado. Esses distúrbios também estão muito atrelados aos relacionamentos com outros e às emoções conectadas a esses relacionamentos. As pessoas que possuem esses distúrbios na maioria das vezes guardam segredo e são desonestos sobre o dinheiro, mesmo com pessoas queridas.

Mantendo a equivalência com o tema dos contos de fadas, esses são o que consideramos "preceitos da sala trancada", do velho conto de fadas francês O Barba Azul. Na história, o Barba Azul é um rico e cruel nobre com uma aterrorizante barba azul. Ele levou seis esposas para o seu castelo, mas cada uma delas, uma após a outra, desaparece sem deixar rastro. Finalmente ele se casa com uma moça da cidade e dá aos pais dela um saco de ouro. Ela precisa cuidar do castelo, exceto uma sala, trancada atrás de uma pesada porta. O Barba Azul a proíbe de sequer entrar nela ou mesmo de fazer perguntas sobre ela; obviamente, ela é tomada pela curiosidade. Logo, o Barba Azul sai em viagem, deixando com sua jovem esposa as chaves do castelo. Ele a avisa para não destrancar a porta do quarto secreto. Ela tenta resistir, porém logo a destranca e encontra os corpos ensanguentados de suas seis predecessoras. O Barba Azul a surpreende e tenta matá-la também, mas seus irmãos a escutam gritar e vêm em sua defesa, matando violentamente o Barba Azul. Histórias como essa (o mito da caixa de Pandora é outra) reforçam a noção de que todos têm seus segredos perigosos ou vergonhosos, coisas que é melhor que as pessoas à nossa volta não saibam.

Dois distúrbios financeiros relacionais – a facilitação e a dependência – também incorporam elementos dos contos de fadas do "Príncipe Encantado" ao atribuir ao dinheiro o poder transformador de controlar ou resgatar a si mesmo ou aos outros. Entretanto, eles também compartilham o tema da "caixa trancada" com o poderoso, e até assustador, segredo que cerca o dinheiro. Os facilitadores promovem e os dependentes absorvem uma percepção do dinheiro como algo misterioso e de influência impregnante, e ambos estão propensos a esconder a extensão do que dão ou recebem de outros devido a um sentimento de vergonha e culpa.

Para muitas pessoas, o dinheiro é fonte de profunda vergonha e sigilo, tanto que falar sobre isso é um dos últimos tabus de nossa sociedade. Você talvez conheça pessoas que se sentem à vontade em falar com mínimos detalhes sobre sua vida sexual ou seus problemas digestivos, e, no entanto, se você lhe perguntar quanto ganham eles dizem: "Não é da sua conta!".

Muitas vezes, os segredos persistem mesmo dentro da família. Trabalhamos com muitas pessoas que, mesmo adultas, não têm ideia de quanto seus pais ganham ou ganhavam. Embora os pais não devam sobrecarregar os filhos pequenos com detalhes e dificuldades das finanças da família, é igualmente prejudicial tratar o dinheiro como um segredo tão vergonhoso que nem deva ser mencionado. Os preceitos financeiros resultantes são os mais comuns, e podem exercer grande influência não apenas sobre nós, mas sobre aqueles que estão próximos, a um alto preço. Considere as histórias a seguir.

CAROLE: Eu achava que, definitivamente, o dinheiro era um segredo. Presenciei minha irmã ser disciplinada com severidade; na realidade, a vi levar um tapa no rosto e ser colocada de castigo após ter voltado de sua aula de economia no colegial e perguntar: "Quanto o papai ganha?". Eu nunca havia visto minha mãe tão brava.

Certa vez, quando eu tinha 23 anos, tive que assinar um documento legal referente ao seguro para um fundo que meu pai havia contratado. Eu estava tentando aprender sobre finanças e queria informações. Estava curiosa e lhe perguntei o significado de algo. Ele ficou furioso e disse: "Significa: assine isto ou vai sentir o peso da minha mão". Mais tarde fiquei sabendo pela da minha irmã, que tinha descoberto por meio de seu marido, que eu tinha a opção de não assinar o documento e então poderia sacar certa quantia, pois eu tinha mais de 21 anos. E meu pai estava supondo em sua ira que isso era o que eu queria fazer.

A lição que aprendi de tudo isso foi: "Não fale sobre dinheiro. É segredo". E, então, "Se você fizer perguntas sobre o dinheiro será vista com uma pessoa gananciosa". Como resultado, deixei de fazer qualquer pergunta sobre dinheiro.

Apesar de suas tentativas de aprender sobre os assuntos financeiros, Carole nunca se sentiu confortável lidando, discutindo ou mesmo pensando em dinheiro. Quando foi morar sozinha, gastou boa parte de sua herança e em um determinado momento acabou declarando falência. Aimee também se deparou com um muro de silêncio quando tentou obter informações sobre as finanças da família.

AIMEE: Meus pais nunca me contaram quanto dinheiro tínhamos. A resposta a essa pergunta era sempre: "O suficiente". Quando eu tinha dezesseis anos, e decidi solicitar uma bolsa de estudos, pedi ao meu pai para me ajudar a preencher os formulários e ele disse: "Não se incomode com isso; eu ganho bem demais".

"Quanto é bem demais, pai?"

"Apenas... bem demais."

Então, o que aprendi é que devia guardar segredo sobre o dinheiro, mesmo em família.

Se uma criança cresce com a ideia de que dinheiro é algo sobre o que não se deve falar, seria estranho que como adulto ele ou ela seja sigiloso ou desonesto sobre o assunto, mesmo com pessoas queridas? Isso faz parte do dano real que resulta de cercar o dinheiro em silêncio e vergonha, mesmo entre a família.

Os distúrbios financeiros relacionais também podem surgir quando o dinheiro é usado como uma forma de controlar os outros. Isso acontece com mais frequência nas famílias; infelizmente, pais que tentam controlar os filhos lhes dando ou negando dinheiro é um fenômeno bastante comum.

Por ser uma influência tão poderosa na sociedade moderna, o dinheiro pode facilmente ser instrumento de abuso. Uma mulher chamada Rita nos contou uma história de partir o coração. Sua mãe sofria de uma doença mental grave e incurável. A mãe dela era paranoica e manipuladora e, com frequência, usava o dinheiro para controlar sua única filha.

RITA: Quando eu era criança, sabia que minha mãe não era como as outras mães. Ela nunca abraçou ou disse "Eu te amo" a alguém, e às vezes passava dias sem dirigir a palavra a mim ou a meu pai. Ela era paranoica sobre tudo – alguém sempre estava tentando lhe roubar algo, ou tirar vantagem dela. Era incrivelmente controladora e exigia saber todo o tempo onde eu estava e com quem eu estava, embora eu fosse uma garota comportada e ficasse quase sempre sozinha, na biblioteca ou em qualquer outro lugar aonde pudesse ir para sair de casa.

Na minha infância, nos anos 1960 em Israel, não tínhamos muito dinheiro – como todas as pessoas na época –, mas tínhamos o suficiente para sobreviver. É claro que minha mãe fazia questão de cuidar das finanças da família, e guardava todos os centavos como se fosse o Fort Knox. Ela sabia que se eu não tivesse nenhum dinheiro não poderia ir ao cinema ou à lanchonete com meus amigos, e ela poderia controlar o tempo todo onde eu estava e o que fazia. A primeira vez que me lembro de ter recebido dinheiro dela foi quando meu pai estava com câncer no cérebro em fase terminal, e ela me deu dinheiro para eu visitá-lo no hospital. Eu nunca havia recebido algum dinheiro para os meus gastos, e não conseguia pensar em desperdiçá-lo apenas tomando o ônibus. Então eu andava até o hospital e gastava o dinheiro com coisas para mim – como livros de segunda mão ou um doce. Que rara delícia! Ainda posso sentir o sabor. O único problema era que o hospital ficava a cerca de seis quilômetros e eu levava quase uma hora para caminhar até lá, o que significava que sobrava pouco tempo para ficar com meu pai. Olhando para trás, percebo quanto tempo de seus últimos minutos preciosos eu passei indo e voltando apenas para ter alguns trocados para mim, e não consigo me perdoar por isso. Eu tinha treze ou catorze anos na época.

Preceitos Comuns do Distúrbio Financeiro Relacional

- Cuide de seus filhos agora e eles cuidarão de você mais tarde.
- Você pode saber quanto uma pessoa o ama pelo quanto ela gasta com você.
- Se você considera uma pessoa financeiramente responsável, ela o rejeitará.
- Gastar com os outros dá sentido à minha vida.
- Uma das maneiras de ter amigos e familiares por perto é lhes dar presentes e emprestar dinheiro a eles.
- Sempre haverá alguém a quem procurar se precisar de dinheiro.
- Não sou o suficiente competente para cuidar de mim mesmo financeiramente.
- Não preciso aprender a lidar com o dinheiro.
- É meu dever cuidar dos membros da família que são menos afortunados.

Infidelidade financeira

Considerando nosso complexo relacionamento com o dinheiro, não nos surpreende que as pessoas mantenham sigilo sobre ele. Na realidade, muitos casais evitam conversar sobre o dinheiro *porque* é um tema com grande carga emocional. Quando o sigilo ou a desonestidade a respeito do dinheiro persistem em um relacionamento, eles podem se transformar num distúrbio que chamamos de infidelidade financeira: manter segredo de seu cônjuge a respeito dos gastos ou das finanças de forma deliberada e dissimulada. Quando falamos sobre infidelidade financeira, nos referimos a segredos financeiros importantes, como fazer compras fora do orçamento combinado ou mentir sobre o valor de um item caro. Algumas pessoas chegam a contrair uma segunda hipoteca, sacar um plano de aposentadoria, ou fazer investimentos de risco sem o conhecimento e a aprovação de seu cônjuge. Todos esses são casos de infidelidade financeira.

Quando a infidelidade financeira é descoberta, ela abala as bases do relacionamento, minando qualquer resquício de confiança. Quando as mentiras de uma pessoa sobre comportamentos financeiros secretos vêm à tona, o cônjuge inevitavelmente perguntará ao outro ou a si mesmo, consciente ou inconscientemente: "Se meu cônjuge está mentindo sobre esse comportamento, sobre o que mais pode estar mentindo?". E, mesmo que a infidelidade financeira não seja descoberta, não é saudável ter uma vida cheia de segredos e engano.

Com frequência, a infidelidade financeira origina-se do fato de que a confiança já não está presente no relacionamento, por razões que nada têm a ver com o dinheiro. Conhecemos uma mulher, por exemplo, que suspeitava que seu marido a estava traindo, embora ela não tivesse como provar. Preocupada sobre quais seriam as consequências financeiras se ele a deixasse ou se divorciasse dela, ela abriu em segredo uma conta bancária em seu nome apenas. Durante anos, guardou nessa conta todo o dinheiro extra que lhe caia nas mãos – incluindo uma herança considerável que havia recebido de uma tia e sobre a qual ela não informou ao marido. Ela nunca gastou o dinheiro, e seu marido talvez nunca tivesse descoberto sobre a conta se o imposto de renda não viesse à sua procura. O problema é que ela não havia pagado os impostos sobre os juros ou sobre o dinheiro herdado, e quando a situação da família foi examinada, ela foi forçada a revelar. O marido ficou compreensivelmente furioso com o que ele considerou uma imensa traição da confiança, e a ferida levou anos para cicatrizar.

Ironicamente, o fato de que o dinheiro seja a área número um de conflito em relacionamentos é uma das razões pelas quais a infidelidade financeira é assustadoramente comum. Em nosso trabalho, temos visto muitos exemplos de infidelidade financeira. Uma mulher, deliberadamente, arranhou as solas de seus sapatos novos para que quando o marido lhe perguntasse "São novos?" ela pudesse lhe mostrar a sola e dizer: "Eles parecem novos para você?". Ela racionalizou isso como "uma meia mentira" porque não negava de fato que os sapatos eram novos. Uma outra mulher escondia o valor de suas compras pagando parcialmente em dinheiro; seu marido via os cheques das quantias falsas, quantias menores e era levado a pensar que ela comprava apenas artigos em liquidação. Um homem forjou a assinatura de sua mulher para restituição fraudulenta de impostos, e outro mentiu à sua noiva sobre sua condição financeira desastrosa até que estivessem casados. Outro, ainda secretamente, obteve cartões de crédito e fez com que os extratos fossem enviados ao endereço de um cúmplice.

Essas pessoas demonstraram padrões de gênero clássicos em seus atos de infidelidade financeira. Em uma pesquisa com 1.001 pessoas, solicitada pela revista *Money*, 40% dos pesquisados, tanto homens quanto mulheres, admitiram que disseram ao cônjuge ter pagado menos por uma compra do que realmente pagaram, e 16% confessaram comprar algo que não queriam o cônjuge soubesse. Mas, embora tanto homens quanto mulheres admitam sua desonestidade financeira, seus métodos eram diferentes. As mulheres tinham a tendência de dizer aos maridos que pagaram menos do que de fato pagaram por roupas e presentes, enquanto os homens mentiam sobre os gastos com carros, diversão e eventos esportivos. Quase o dobro dos homens admitiu ter gastado mais de mil dólares sem o conhecimento da esposa, enquanto as mulheres em geral afirmaram que o máximo que haviam gastado sem contar aos maridos foi 100 dólares.

Se, como já vimos, mentir ou enganar sobre o dinheiro traz tantos problemas, por que tantas pessoas continuam a fazê-lo? Para muitos, o comportamento nasce de problemas de confiança enraizados na infância. Esse foi o caso da mulher com a conta bancária secreta; quando criança, sua mãe era sigilosa e pouco confiável, e, como resultado, ela tinha profunda dificuldade de confiar nas pessoas próximas a ela. Em outros casos, o comportamento é resultado da falta de habilidade de comunicação, uma história de traição na vida adulta ou o desejo de evitar conflito. Quarenta e cinco por cento daqueles que admitiram ser desonestos sobre os gastos afirmaram que fizeram isso para evitar a ira, a desaprovação ou o sermão do parceiro.

A decepção financeira não acontece apenas entre cônjuges ou parceiros. Sabemos de um jovem na faculdade que pagava as próprias despesas. Quando ele entrou com um pedido de bolsa, aos 25 anos, descobriu que não se qualificava para recebê-la porque seu pai ainda o colocava como dependente, e a renda de seu pai era muito alta. E, claro, ele ficou profundamente ferido e o incidente provocou um grande abismo entre os dois.

A infidelidade financeira é um tema tão comum em nosso trabalho com casais que desenvolvemos um processo de quatro passos para tratá-lo. Ele usa a sigla **SAFE**.[7]

> **F: Fale a sua verdade.** Discutimos os tabus e a vergonha que em geral incendeiam qualquer conversa sobre dinheiro. Tudo isso faz com que seja ainda mais importante que você resista à tentação de evitar discutir temas financeiros. O primeiro passo para garantir a segurança financeira no relacionamento é sentar-se com o parceiro e conversar abertamente sobre dinheiro – o que ele significa para você, suas experiências anteriores com o dinheiro, sua maneira preferida de gastar e economizar, e seus alvos financeiros.
>
> **A: Aceite o plano.** Muitos atos de infidelidade financeira ocorrem entre casais que não possuem estratégias de gastos e de poupança previamente discutidas. Um plano de despesas é um componente essencial para um relacionamento financeiro saudável. É benéfico que os casais concordem na quantia que cada um pode gastar em uma única compra ou uma compra repetitiva (compras no supermercado) sem precisar consultar o outro. Quando uma compra potencial vai além da quantia definida, o casal deve concordar em consultar um ao outro antes de concluí-la.

---

7   Seguro em inglês.

S: Siga o acordo. Parece óbvio, mas essa é a parte mais difícil. Um acordo só é valido se o casal tem realmente o compromisso de honrá-lo. É saudável determinar um período inicial de experiência de trinta a sessenta dias. Após o período combinado, o casal deve se reunir e responder a estas três perguntas: O plano está funcionando para mim? Está funcionando para você? Está funcionando para nosso relacionamento? Se algum dos dois responder não a qualquer uma destas perguntas, eles precisam renegociar seu plano, e criar outro alternativo que possam cumprir.

E: Estabelecer um plano de emergência. Se os casais percebem que não conseguem falar sobre dinheiro sem brigar, se não conseguem chegar a um acordo, ou se não conseguem *manter* o acordo sobre o dinheiro, eles podem estar em dificuldade – e não apenas financeira. Se esse for o caso, é importante que tenham um plano de emergência para quando surgirem dificuldades como essa. Esse plano deveria determinar, com antecedência, o que o casal fará se ambos chegarem a um impasse ou se não chegarem a um plano ou não conseguirem segui-lo. Por exemplo, um plano de reação pode incluir um acordo para buscar a ajuda de um psicólogo, pastor, assistente social, conselheiro, terapeuta familiar ou de casais.

Com o dinheiro como a causa número um de conflito conjugal e a causa número um de divórcio nos primeiros anos do casamento, os casais simplesmente não têm condições financeiras de ser financeiramente infiéis. Mesmo que você não tenha esse tipo de problemas com seu cônjuge hoje, não vai fazer nenhum mal usar o processo FASE para estabelecer um acordo a respeito do dinheiro e garantir que mantenham fidelidade em seu relacionamento.

Se você é o parceiro de alguém que tem se envolvido em atos de infidelidade financeira, é importante também olhar para seu próprio comportamento. Muitas vezes, os traidores financeiros sentem necessidade de mentir ou esconder despesas perfeitamente razoáveis porque são casados com um intimidador financeiro – alguém que usa o dinheiro para controlar e intimidar seu parceiro ou sua parceira. Embora o traidor financeiro deva assumir responsabilidade por sua falta de integridade, o intimidador financeiro também deve assumir a sua por ajudar a criar um ambiente que estimule isso. Não há nenhuma vantagem em fazer o papel de vítima, e pode ser mais benéfico se você olhar com atenção para o relacionamento. Avalie se você pode ter feito algo que tenha contribuído ou exacerbado a corrosão da confiança. Esteja atento aos seus próprios atos e perceba se pode estar encorajando a desonestidade no relacionamento de forma não intencional. Em nossa experiência, é extremamente raro que toda culpa recaia em um dos lados.

Incesto financeiro

Sim, o termo é chocante – e as consequências também são. O *incesto financeiro* é uma expressão que cunhamos para descrever o que temos visto em um número significativo de clientes: o uso do dinheiro para controlar ou manipular uma criança para satisfazer alguma necessidade de um adulto. A palavra *incesto*, é claro, tem uma conotação de abuso sexual e embora o incesto financeiro não seja nem sexual nem físico, ele é psicologicamente abusivo, e pode ser muito prejudicial e deixar marcas profundas em uma criança. Considere o seguinte exemplo:

> **KRISTEN:** Minha mãe nunca me perdoou por isso. Ela comprou um cavalo para mim, contra a vontade de meu pai e sem sua permissão e me fez jurar que eu não contaria a ele. Eu amava aquele cavalo. Costumava sair da fazenda até o lugar onde ele ficava e montava e brincava com meus amigos que também possuíam cavalos.
>
> Um dia eu estava sentada à mesa do jantar, pois agora eu já tinha idade para jantar com meus pais. Quando éramos pequenos, nunca comíamos com nossos pais, mas quando completamos doze ou treze, às vezes jantávamos com eles. Certa noite, lembrei que precisava alimentar meu cavalo. E disse: "Posso sair da mesa? Tenho que alimentar meu cavalo". Naquele momento, eu havia esquecido que não deveria contar. Meu pai disse: "Que cavalo?". Minha mãe e eu enfrentamos sérias dificuldades. Meu pai ficou realmente irado e criou dificuldades para minha mãe durante vários meses. Mais tarde ele cedeu, mas eu estava entre eles

naquele assunto. Talvez eu achasse que poderia proteger minha mãe da ira de meu pai. Até hoje, cinquenta anos depois, minha mãe não me perdoou por contar a ele sobre o cavalo. Ela ainda fala no assunto, embora meu pai tenha falecido há cinco anos.

Nesse caso, a mãe de Kristen somou a infidelidade financeira – fazer uma compra que ela sabia que seu marido não aprovaria – com incesto financeiro – envolver sua filha em uma conspiração para manter a compra em segredo. De maneira inapropriada, ela envolveu Kristen em assuntos emocionais e financeiros que deveriam ter sido discutidos entre dois adultos. Outro exemplo de incesto financeiro é quando os pais usam os filhos como escudo humano quando os cobradores ligam ou batem à porta, pedindo a eles para atender ao telefone ou à porta com mentiras sobre seu paradeiro. Outro exemplo muito comum é quando os pais usam uma criança como mensageira para negociar situações financeiras. Essa é uma experiência frequente em famílias que passam por divórcios conflituosos. Veja a história de Colin:

COLIN: Desisti de pedir por qualquer coisa quando era criança porque quando queria fazer algo, ter aulas de skate, por exemplo, pedia à minha mãe. Ela dizia: "Peça ao seu pai; a pensão que ele dá não é suficiente para pagar atividades extras como essas". Eu pedia e ele dizia: "Diga à sua mãe que ela teria dinheiro para pagar as aulas se não gastasse com roupas novas para si mesma". Eu tinha oito anos de idade.

O incesto financeiro surge quando um dos pais não consegue distinguir adequadamente entre suas necessidades e as necessidades da criança. A mãe de Kristen sentia-se negligenciada e ressentia as restrições de gastos impostas pelo marido; em vez de discutir a situação com ele, ela buscou apoio emocional em sua filha. Em vez de responder a Colin "Sua mãe e eu vamos conversar sobre isso mais tarde" seus pais foram incapazes de resistir o impulso de expressar a ira que sentiam um pelo outro, e ele, como inocente espectador, foi quem mais se feriu.

Então por que um pai ou mãe usa uma criança dessa maneira? Nem sempre é consciente; o incesto financeiro é, muitas vezes, desencadeado quando um adulto tem seus próprios assuntos não resolvidos, talvez graças aos limites não muito definidos no relacionamento entre pais e filhos durante a infância. O incesto também pode ocorrer quando um dos pais não sente que tem uma conexão adulta satisfatória com seu parceiro, e procura compensar fazendo do filho seu confidente.

Como outras formas de abuso emocional, ser forçado quando criança a assumir o papel de um adulto em relação às finanças pode ter dolorosos efeitos a curto prazo. Lembre-se que a criança desenvolve suposições e conceitos errados ou prejudiciais sobre dinheiro em sua luta para compreender o assustador e confuso mundo dos adultos; dessa forma, quanto mais confusas forem as experiências dos adultos ou as responsabilidades que uma criança é forçada a confrontar, mais preceitos nocivos ela tem probabilidade de desenvolver. Um efeito comum é a dificuldade de reconhecer ou satisfazer as próprias necessidades; o papel do provedor vem muito mais naturalmente. Não é raro que a criança que tem algum "sucesso" no papel de provedor desenvolva um senso de extraordinária responsabilidade financeira por sua família pelo resto de sua vida. Outro efeito é o profundo sentimento de inadequação, a sensação de nunca ser capaz de fazer o suficiente, o que significa que você nunca *será* suficiente. E, como outras formas de abuso, os adultos que experimentam o incesto financeiro têm mais probabilidade de repeti-lo com os próprios filhos. Se você escorregou no incesto financeiro com um de seus filhos, não é tarde demais para consertar as coisas. Esse é um sinal típico de que você está sobrecarregado e não possui um sistema de apoio adequado. Leve suas preocupações, ansiedades, frustrações e estresse financeiro a um terapeuta ou conselheiro, e evite envolver os filhos em assuntos que você mesmo não tenha resolvido. Se seu filho já tem idade suficiente, é apropriado dizer algo como: "Sabe, eu te envolvi em meu assunto financeiro de uma maneira que não está certa, e sinto muito por isso. Se perceber que estou fazendo isso novamente, por favor, me avise". Diga a um amigo de confiança, a um membro da família, ou conselheiro que você está tentando mudar esse comportamento e considere-os parceiros de responsabilidade.

Facilitação financeira

A facilitação financeira envolve também uma necessidade irracional de dar dinheiro aos outros, quer você tenha condições financeiras de fazê-lo ou não, e mesmo quando, a longo prazo, não seja o melhor interesse do outro. A facilitação financeira envolve também ter dificuldades ou considerar impossível dizer não a solicitações de dinheiro; e/ou talvez até sacrificar seu próprio bem-estar financeiro pelo bem dos outros. O exemplo clássico é quando os pais, geralmente em detrimento tanto dos pais quanto dos filhos, cuidam das finanças do filho adulto, o qual deveria ser capaz de se sustentar. Esse tema parece estar ganhando importância, em parte porque os *baby boomers* (pessoas nascidas entre 1945 e 1964) têm mais dinheiro disponível do que as gerações anteriores, e em parte porque vivemos em uma sociedade onde uma adolescência prolongada está se tornando mais e mais comum.

A facilitação financeira em geral resulta de preceitos que igualam dinheiro ao amor. Os facilitadores financeiros usam o dinheiro numa tentativa de amenizar a culpa dos seus erros e deslizes, para se sentirem mais próximos a outros e para que continuem a se sentir importantes e úteis. Usam o dinheiro para manter as pessoas queridas próximas, às vezes para mantê-las em dívida para que eles mesmos continuem no controle. Na maioria das vezes, suas intenções são boas, mas os resultados não. Assim como alguém que compra uma bebida a um amigo alcoólatra para que sua mão pare de tremer, o facilitador financeiro, ao resolver um problema imediato, pode acabar piorando outro problema subjacente ainda mais grave. Essa tentativa de ajuda serve apenas para aumentar o sofrimento daquele que estão tentando ajudar – o dependente financeiro – e tornar ainda maior a catástrofe inevitável. Quanto mais tempo um filho adulto for protegido ou sustentado financeiramente por seus pais, mais difícil será para ele desenvolver sua própria estratégia de enfrentamento – podendo continuar infantil tanto financeira quanto emocionalmente.

Alguns facilitadores financeiros cresceram na pobreza e prometeram a si mesmos que não deixarão os filhos passar pelo mesmo. Outros facilitadores financeiros foram filhos mimados. Por terem aprendido com os pais que dinheiro é igual a amor, não sabem expressar amor aos próprios filhos se não for comprando-os. Geralmente, seus pais o protegeram de todos os problemas financeiros e fizeram com que sentissem que sempre haveria alguém que cuidaria deles.

Lewis, que conhecemos há pouco, cresceu em um ambiente privilegiado, mas sentiu falta de que lhe ensinassem sobre dinheiro; na realidade, sentia que seus pais, deliberadamente, o tinham protegido de aprender qualquer coisa sobre dinheiro, seus usos, e como lidar com ele. Ele estava determinado a corrigir isso com seus filhos. Mas, apesar de suas melhores intenções, ele caiu nos mesmos velhos e conhecidos padrões.

LEWIS: Com o passar do tempo, percebi que havia desenvolvido um relacionamento monetário com meus filhos, muito parecido com o que eu tinha na infância. Achava que precisava sustentar e subsidiar seus estilos de vida e eles ficavam felizes em permitir que eu fizesse isso. Fiz o mesmo com os quatro filhos.

Então, quando me aposentei e minha esposa e eu tínhamos uma renda fixa, acabamos gastando as economias para sustentar nossos filhos. Fazíamos pagamentos da hipoteca de dois deles. Pagávamos a escola particular de nossos netos. Até ajudávamos a pagar as contas e os gastos com alimentação. Todos estavam desempregados porque não conseguiam encontrar um emprego que "servisse". Quando eu tentava dizer não, minha esposa lhes dava dinheiro escondido e eu fazia o mesmo quando ela recusava. Pagávamos dezenas de milhares de dólares por mês, todos os meses. Sabíamos que se não tomássemos uma atitude, extinguiríamos nossas economias da aposentadoria.

Eles haviam aprendido que, em momentos de crise, sempre poderiam vir ao Banco Mamãe e Papai e receber empréstimos sem juros que nunca precisariam pagar. Percebi que estava repetindo exatamente a mesma atitude que meus pais tiveram comigo e com minha irmã, com resultados desastrosos.

A origem do problema desse casal? Lewis e sua esposa carregavam muita culpa e vergonha por não terem sido pais melhores. E, como tantos outros facilitadores financeiros, usavam o dinheiro numa tentativa bem-intencionada, embora malsucedida, de "comprar" perdão daqueles a quem eles acreditavam ter negligenciado ou prejudicado.

Os facilitadores financeiros nem sempre são os pais; temos visto muitos casos de pessoas que, com frequência, são facilitadores com seus parceiros, cônjuges, amigos e até conhecidos. Eles acreditam, conscientemente ou não, que gastar de maneira extravagante com outras pessoas dará sentido à sua vida, e lhes trará respeito e amor.

CAROLE: Quando me formei na faculdade, tinha excelente crédito porque meu pai havia pagado todas as contas, e as pagava em dia. Tive várias ofertas de cartões de crédito e o silêncio a respeito do dinheiro no qual havia crescido me levou a aceitar um cartão com um limite muito alto. Sentia-me cheia de poder ao comprar todos os tipos de suprimento para meu estúdio de arte. E comprava para outros artistas também. Eu me considerava uma pessoa importante em suas vidas. Eles me tratavam assim. Olhando para trás, percebo que eu agia como um banqueiro pessoal. Quando podiam, me pagavam em dinheiro, que eu guardava e usava para pequenos gastos em vez de usar para pagamento da fatura do cartão. Comecei a pagar apenas o mínimo e a acumular a dívida. Nunca pensei em quando ou como quitaria a dívida. Eu não falava sobre o assunto.

Aos 25 anos, devia 6 mil dólares. Percebi que precisava assumir a responsabilidade pela dívida e comecei a trabalhar com uma empresa que administrava dívidas. Passei a morar com um namorado, e juntos quase perdemos totalmente o controle das finanças. Mais tarde descobri que ele era viciado em cocaína. Depois de dois anos eu devia 17 mil dólares no cartão de crédito. Estava apavorada. Aceitei o conselho de uma mulher que dizia ter poder de cura, declarei falência e me mudei para meu carro.

É uma busca universal: Qual é o sentido da minha vida? Qual é o meu lugar no mundo? Como posso fazer com que as pessoas gostem de mim e me respeitem? As respostas mais saudáveis, aquelas com maior probabilidade de nos fazer felizes, têm a ver com relacionamentos e serviço a outros. Mas para os facilitadores financeiros, os relacionamentos estão tão vinculados ao dinheiro, que eles confundem o investimento emocional com a moeda em si. Como muitas pessoas com um passado de fortuna, Carol desfrutava do poder e do senso de importância que obtinha ao desempenhar o papel de banqueiro em seu círculo de amigos. Mas como os facilitadores financeiros tendem a fazer, o tiro saiu pela culatra, e ela acabou perdendo os amigos, o namorado e o dinheiro.

A facilitação financeira pode estar relacionada à infidelidade financeira, pois os facilitadores em geral mentem ou enganam seus parceiros sobre a quantia que secretamente dão aos seus amigos ou filhos adultos. Lembra-se da mulher com a conta secreta que seu marido descobriu quando a família passou pela malha fina? Ela também dava ao seu filho adulto uma "mesada" com o dinheiro da conta secreta para que seu marido não descobrisse.

Em tempos difíceis, a facilitação financeira torna-se mais e mais comum. Na realidade, na recente crise econômica, tem crescido o número de adultos com vinte e até trinta anos que voltam para a casa dos pais. Mas isso traz sérias consequências tanto para o facilitador quanto para o dependente, e pode ser muito danoso ao relacionamento entre pais e filhos. Um planejador financeiro com quem trabalhamos explica por quê.

RUSSELL: Estamos tentando transmitir aos nossos clientes a mensagem de que, se há pessoas amarradas ao seu bote salva-vidas financeiro, elas estão vivendo sob risco considerável e também o estão colocando em risco. São como âncoras muito pesadas amarradas ao seu barco. Se a âncora estiver amarrada ao seu pequeno bote salva-vidas, quando ou se ela for jogada ao mar, ele será virado. Por exemplo, tivemos dois clientes cujos filhos adultos perderam a casa na execução da hipoteca, e um filho adulto mudou-se para a dos pais. É aí que investigamos, tentando encontrar os fatores de riscos de nossos clientes que não têm nenhuma relação com investimentos. Esses são os fatores de risco da família, dos amigos próximos e suas causas. Precisamos ajudá-los a descobrir como abordar, de maneira apropriada, os temas de sustentabilidade para os seus entes queridos que estão presos a eles.

Admitimos que é difícil dizer não quando alguém que você estima, e de quem costuma cuidar, lhe pede dinheiro, sobretudo em momentos difíceis. Conheci uma mulher de, mais ou menos, quarenta anos que perdeu metade das economias com a quebra do mercado. Tragicamente, havia sido diagnosticado um câncer em seu marido há pouco tempo, e tudo que ela desejava neste mundo era que ele pudesse viver o resto de seus dias em casa. Entretanto, para isso ser possível ele precisaria de cuidado profissional em domicílio, que custava cerca de 20 mil dólares por mês. A mulher não possuía mais aquela quantia, então buscou ajuda com seu tio rico. Durante meses, ele sofreu para tomar a decisão. Por um lado, era a coisa certa a fazer. Por outro lado, se desse o dinheiro uma vez, quando isto terminaria? Além disso, embora fosse verdade que tinha o dinheiro, ele também estava prestes a se aposentar, e havia trabalhado muito e economizado cuidadosamente a vida inteira para poder aposentar-se com luxo. No fim, ele lhe deu um único presente – uma considerável quantia –, mas sempre temia que ela voltasse quando o dinheiro acabasse.

Se você percebe que é um facilitador financeiro, a primeira coisa a fazer é reconhecer que seu comportamento está lhe fazendo mais mal do que bem. Se seus presentes em dinheiro fossem suficientes para estimular alguém ao crescimento, à inspiração e à independência, isto talvez já tivesse acontecido. Obviamente, nunca é fácil dizer não a um amigo ou a uma pessoa querida quando procuram ajuda – sobretudo em uma situação trágica como a relatada acima. Mas fica mais fácil quando você lembrar a si mesmo que dizer não, de maneira gentil, é o único jeito de quebrar o ciclo de dependência e facilitação. Lembre-se de que não está sendo sovina ou insensível. Está simplesmente fazendo o que é melhor para eles e para si mesmo. E isso vai aliviá-lo do sentimento de impotência diante da situação. Como diz Lewis: "A coisa mais importante que aprendi foi que tinha mais controle da situação do que pensava ter. Meus filhos tinham sua parcela de culpa, mas, se algo precisava ser mudado, eu iria assumir a responsabilidade pela mudança".

Dependência financeira

O príncipe procurou por todo o reino até que encontrou Cinderela e a levou para uma maravilhosa nova vida. Os preceitos do "Príncipe Encantado", apresentados quando falamos sobre a função do gênero na formação de nossos preceitos financeiros, estão enraizados na crença de que um "poder mais elevado", seja um cavaleiro em sua armadura reluzente, o governo, a loteria ou um universo benevolente, surgirá e nos salvará. Mas deixar nosso bem-estar financeiro nas mãos de outra pessoa, entidade, ou do destino pode ser desastroso. Mesmo assim, muitas pessoas escolhem permanecer financeiramente dependentes de outras porque estas as impedem de ter que assumir a própria educação, preparo e planejamento financeiro.

O dependente financeiro é o companheiro de dança do facilitador financeiro. Embora o facilitador possa, subconscientemente, estar tentando fortalecer o relacionamento, na realidade, a dependência financeira está associada a um maior conflito entre pais e filhos. Pode acontecer independente da situação financeira de alguém; temos visto famílias que estão em sua segunda ou terceira geração como dependentes do governo, ou como beneficiários de um fundo consignado. Em todos os casos, a dependência financeira exaure a ambição e o senso de autonomia das pessoas e pode fazer com que se sintam sem esperança e perdidos no mundo. O caso de Mollie é clássico:

MOLLIE: No verão anterior ao meu último ano do colegial decidi arrumar um emprego. Muitos amigos meus estavam trabalhando e parecia divertido. Meu pai me disse que nenhuma mulher em sua casa trabalharia em troca de pagamento. Mas não parecia se opor a que eu fizesse trabalho voluntário com o programa Head Start (programa de desenvolvimento escolar). Meu pai veio e tirou fotos minhas com as crianças e deu a cada uma delas uma cópia, o que foi algo muito além de qualquer coisa vivida por elas.

No ano seguinte, liguei da faculdade para meu pai e estava bastante frustrada porque não conseguia fazer o balanço da minha conta. Era uma experiência nova para mim. Ele tentou me ajudar por alguns minutos e depois disse: "Você tem dinheiro suficiente em sua conta?". Eu respondi que sim e ele disse: "Então não tem com que se preocupar". Nunca mais me esforcei para fazer o balanço das contas. "Próximo" estava suficientemente bom.

Aprendi que as mulheres devem ser respeitadas e parte do significado disso é que elas estarão sob os cuidados dos homens. Um conceito que não traria consequências se meu pai não tivesse falecido aos 41 anos de idade, sem seguro ou planejamento para o futuro. Os efeitos surgiram na vida adulta quando impus ao meu marido um padrão que sugeria que seu amor era medido por quanto ele poderia prover para mim financeiramente. Ele nunca conseguiu ganhar o suficiente para eu sentir seu amor, e nós brigávamos o tempo todo a respeito de dinheiro.

A experiência de Mollie é muito comum, e uma boa ilustração da natureza contextual dos preceitos financeiros. Quando as circunstâncias estão estáveis, o preceito financeiro não é necessariamente prejudicial; se o pai de Mollie tivesse vivido para sempre, e continuasse a cuidar dela, talvez ela nunca precisasse de uma razão para aprender a fazer o balanço de suas contas. Entretanto, quando as circunstancias mudam – e elas sempre mudam – então, automaticamente, o rígido apego ao preceito financeiro pode trazer imenso dano. Quando o papel do provedor, o conhecimento das finanças da família, e o poder financeiro estão todos nas mãos de apenas um membro da família ou da parceria, a saúde financeira de todos está em risco. Não se trata de *se* a crise financeira surgir, mas de *quando*.

Infelizmente, devido à diferença entre o papel do homem e da mulher que, até certo ponto, ainda prevalece em nossa sociedade, a maioria dos casos de dependência financeira está entre as mulheres. Pior ainda é o fato de que o apego ao conto do Príncipe Encantado coloca as mulheres em grande risco de outras dificuldades, como a discriminação no trabalho, o abuso doméstico, a autossabotagem na carreira e a incapacidade de prover a si mesmo e para seus filhos. Na realidade, a dependência financeira também é a maior razão pela qual as mulheres decidem permanecer em um relacionamento abusivo. Em um estudo, quase metade das vítimas de violência relatou a falta de dinheiro como uma razão significativa para retornarem ao abusador.

Também há evidências que relacionam a dificuldade e a instabilidade financeira com a violência doméstica. Um estudo recente, que utilizou dados de uma pesquisa nacional, revelou que, nos casais em que o homem sempre esteve empregado, o índice de violência doméstica era de 4,7%. Quando o homem passava por um episódio de desemprego, o índice se elevava a 7,5%; com dois ou mais períodos de desemprego, o índice subia para 12,3%. E um estudo com duração de três anos em Illinois mostrou que as mulheres que experimentavam a violência doméstica tinham um histórico irregular de empregos e trabalhavam menos fora de casa comparadas às mulheres em situação semelhante exceto pela violência.

E, com frequência, um ciclo de resposta terrível é estabelecido. Com a instabilidade econômica há um estreitamento de escolhas; mulheres em relacionamentos abusivos podem achar que o sustento financeiro do parceiro, embora inconstante, pesa mais que o risco de violência. Recentemente vimos casos extremos de violência doméstica relacionada ao dinheiro, nos quais os homens "resolveram" os problemas do desemprego e da dívida assassinando a família e se suicidando em seguida.

As pessoas que sofrem de dependência financeira vivem em um mundo infantil onde as regras normais sobre finanças são irrelevantes. Elas não entendem bem como o dinheiro funciona no mundo real, e não acham que precisam saber. Quando precisam, as pessoas de quem são dependentes lhes dão o dinheiro. Se gastam demais, há cobertura do Banco da Mamãe e do Papai, Banco do Marido, ou o Banco do Fundo Consignado. Aqueles que são financeiramente dependentes em geral igualam amor a dinheiro, assim como o facilitador. Ao mesmo tempo, eles podem se ressentir, até certo ponto, do preço que têm de pagar para conseguir seu salário; na maioria das vezes, os "presentes" do facilitador vêm com condições: "Você pode ter esse dinheiro somente se for para a faculdade de direito" ou "Se levar esse dinheiro, eu posso determinar quando você virá me visitar". Os facilitadores geralmente agem como se tivessem o direito e o dever de se envolver em outras áreas da vida do dependente financeiro.

Ser impedido pelos pais de se preocupar ou pensar em dinheiro pode levar a problemas tanto psicológicos como financeiros em relacionamentos futuros. Veja o caso de Martha, que desenvolveu problemas com excesso de gastos e infidelidade financeira.

MARTHA: Fui criada por pais que eram um exemplo de comportamento saudável no que refere a dinheiro. Trabalhavam juntos como sócios planejando orçamentos e gastos. Eles poupavam. Usavam cartões de crédito da forma como deve ser usado: compravam com o cartão apenas se pudessem pagar o total da fatura a cada mês. Começaram planos de previdência e planejaram a aposentadoria. Cuidavam muito bem de mim. Todas as coisas que as pessoas financeiramente saudáveis fazem.

O único problema foi que nunca se sentaram comigo e me ensinaram como fazer essas coisas ou por que eram coisas importantes. Meus pais nunca discutiram a situação financeira de nossa família quando eu estava por perto, e até hoje não sei dizer quanto eles ganhavam. Quando eu era adolescente, lembro-me de perguntar se éramos "classe média" ou "classe alta" e fui ensinada que era inapropriado sequer fazer tal pergunta.

Portanto, cresci sem me preocupar, sem nem mesmo pensar em dinheiro. Fui para a faculdade, paga por meus pais, que também me davam uma mesada para as despesas. No primeiro ano, eu conheci meu primeiro marido, sete anos mais velho do que eu. Nos casamos quando eu tinha vinte anos e de boa vontade permiti que ele lidasse com todas as nossas finanças. Eu gostava que cuidassem de mim e me sentia grata por não ter de me preocupar com dinheiro sob nenhum aspecto. Eu gostava da boa vida: viajar, comer fora, fazer compras, dar festas. Contraímos uma grande dívida no cartão de crédito. Dez anos depois, eu estava divorciada e declarando falência.

Meu segundo marido e eu começamos o casamento com toneladas de dívidas e obrigações de nossos casamentos anteriores. Lutamos desde o início. Deixei que ele cuidasse de nossas finanças, mas logo me ressenti dessa situação. Eu sentia estar sendo tratada como criança. Ele criava regras sobre gastos e orçamentos, porém ele mesmo quebrava essas regras. Me culpava pelos problemas financeiros, mas não assumia responsabilidade por seu comportamento. Tornei-me passivo-agressiva no que diz respeito aos meus gastos. Escondia compras ou usava nossos filhos como uma desculpa para gastar porque eles "realmente precisavam" de algo. Eu justificava meu excesso de gastos porque estava comprando para as crianças. De alguma forma, por não estar fazendo compras para mim, não havia problemas em gastar de maneira excessiva. Adquiri cartões de crédito em meu nome sem o conhecimento dele, mentia sobre meus gastos, e era desonesta de todas as formas possíveis. Eu o traía com o dinheiro, assim como se eu tivesse um caso amoroso com alguém. Meus comportamentos eram exatamente os mesmos: sigilosos, desonestos e nocivos.

A experiência de Martha é um exemplo pungente de como pais bem-intencionados podem predispor uma criança a dificuldades financeiras futuras. Ironicamente, foi a eficiência financeira de seus pais que, em parte, levaram-na a acreditar que não precisava se preocupar com dinheiro. Mas, embora eles tenham oferecido um modelo de comportamento financeiro saudável e uma distribuição equilibrada entre conhecimento e responsabilidade financeiros, não conseguiram transmitir informações financeiras críticas para a filha. E, como seus pais nunca lhe ensinaram as habilidades que demonstravam, ela concluiu que não era importante as conhecer. Tornou-se natural para ela acreditar que sempre cuidariam dela. Como é comum entre as pessoas que crescem em dependência financeira, Martha atraiu à sua vida parceiros que compartilhavam dos mesmos conceitos – que o homem deve ser responsável pelas finanças. Algo que para ela parecia confortável e muito correto. Entretanto, o desejo de colocar sua saúde financeira exclusivamente nas mãos de outra pessoa acabou em desastre, duas vezes.

Esse é o preço do "grande tabu" que cerca a conversa sobre dinheiro; mesmo hábitos positivos não são herdados. Mas quando os pais não sabem como conversar sobre dinheiro, ou reconhecer que é importante fazê-lo, como os filhos aprenderão a se comunicar sobre o assunto de uma maneira saudável? No último capítulo vamos falar sobre como envolver os filhos nas finanças domésticas de maneiras saudáveis e apropriadas à idade.

Mas uma coisa é certa: mimar os filhos *não é* uma boa maneira de lhes ensinar sobre o valor e o significado do dinheiro. Phyllis e Catherine são bons exemplos.

PHYLLIS: Fui a primeira neta tanto dos meus avós maternos quanto dos meus avós paternos. Minha mãe sofreu quatro abortos antes de eu nascer e ficou de repouso durante cinco meses da gravidez. Portanto, como você pode imaginar, eu fui mimada.

Quando comecei a comer comida sólida, o que eu mais gostava era bacon. Era tudo o que eu queria comer. Isso aconteceu durante a Segunda Guerra Mundial, e a carne era racionada. Todos recebiam um número muito limitado de cupons por mês para comprar certa quantidade de carne. Eu ouvi histórias sobre como meus avós e meus amigos da vizinhança ficavam na fila do açougue durante horas e usavam todos os seus cupons de carne para comprar bacon para mim, a Pequena Phyllis. Os tempos eram difíceis para a maioria das pessoas, mas para mim havia abundância. Eu adorava.

Meus avós maternos moravam no andar acima do nosso apartamento. Minha avó materna foi um anjo em minha vida de muitas, muitas maneiras. Ela me dava tudo o que eu queria ou precisava, ou o que ela pensava que eu precisava. Cresci sabendo que era especial e que nunca me faltaria nada.

O resultado foi que a indulgência monetária era um dos poucos sinais de amor na tumultuada infância de Phyllis. Ela se lançou no mundo muito jovem, esperando ser cuidada por alguém. Embora tenha aprendido, num nível lógico, que gastar com alguém não era a única medida de amor, ela ainda estava apegada àquele preceito financeiro e agia de acordo, e isso trouxe devastação às suas finanças. Por ter associado o dinheiro (e a comida e outras "delícias") ao amor e ao fato de se sentir especial, ela não conseguia se conter e enchia de presentes e dinheiro o marido, os filhos, os netos, amigos, colegas – mesmo quando não tinha condições de arcar com os gastos. Ela tinha dificuldade de acreditar que eles quisessem sua presença sem os presentes que a acompanhavam.

CATHERINE: Meu pai sempre se preocupou com dinheiro. Certo ano ele se deu muito bem. Eu lhe disse: "Puxa vida, você deve estar se sentindo muito bem agora". Ele disse: "Bem, sim, mas agora vou ter de pagar impostos". Então o que aprendi foi que não há maneira de se estar feliz com o que se tem. Havia sempre uma ênfase no aspecto negativo. Você nunca fica tranquilo quando se trata de dinheiro.

Na minha infância nunca fui de fato responsável por lidar com dinheiro ou pagar pelo que queria. Quando eu fazia algo que envolvia dinheiro, um grande drama se desenrolava. Certa vez mandei meu carro para o posto de gasolina. Eles vinham buscar o carro para ser lavado e o óleo trocado. Quando meu pai descobriu, ficou maluco pelo fato de eu ter gastado aquele dinheiro tão frivolamente. Aprendi que havia consequências na espontaneidade de qualquer coisa que envolvesse dinheiro. Ele sempre chamava minha mãe de esbanjadora, criticando-a com frequência por isso. Eu tentava fazer tudo o que podia para garantir que ele não me colocasse na mesma categoria, e neste caso, eu sabia que havia chegado ao mesmo ponto.

Ao mesmo tempo, minha avó tinha muito dinheiro e sempre podíamos procurá-la. Toda a nossa família dependia dela financeiramente. Portanto, em vez de lidar com meu pai, eu procurava minha avó.

Eu vivia, então, com os extremos de relacionamento com o dinheiro. O que aprendi dessa experiência é que eu tinha sempre que depender de alguém que cuidasse de mim e que provesse para mim, que fosse o suprimento infinito de dinheiro.

A crença de que os outros cuidarão de você financeiramente tem um preço alto; ela em geral caminha de mãos dadas com um senso de total incapacidade de cuidar de si mesmo. Catherine não apenas herdou o medo e a ansiedade de seu pai a respeito de dinheiro – em tempos bons ou ruins –, ela também aprendeu que era incapaz de mudar a situação. No caso de Catherine, isso lhe custou caro; ela acabou presa em um ciclo de abuso doméstico.

A força motriz por trás da dependência financeira e dos problemas relacionados a ela é, com frequência, um senso de incapacidade, que torna ainda mais difícil quebrar o ciclo de dependência. "Não tenho condições de cuidar de mim mesmo, então por que tentar?" "Preciso encontrar alguém que possa." Mas, como vimos, o Príncipe Encantado não está a caminho. Mesmo que o príncipe (ou princesa) demonstre ser um provedor esforçado, confiar por completo nele ou nela não é uma decisão sábia. Isso é particularmente verdadeiro para as mulheres. Como já mencionamos, considerando a alta taxa de divórcios de hoje e o fato de que os homens morrem quase uma década mais cedo do que as mulheres, *todas* as mulheres precisam estar preparadas para cuidar de si mesmas financeiramente.

Próximos passos

Como você pode ver, ganhamos um tremendo poder ao nos tornar estudiosos dos eventos da vida que criaram nossos *flashpoints* financeiros, os preceitos financeiros habituais que automaticamente sucedem, e as emoções negligenciadas que os mantém fixos em seus lugares. Ao nos tornarmos mais e mais capacitados a colocar em ação nosso cientista interior, especialmente em meio a emoções intensas como medo, ira ou excitação, podemos aprender a nos beneficiar dos dons instintivos do crocodilo e da sabedoria emocional e social do macaco. É possível fazer escolhas conscientes sobre nosso dinheiro, aprender com os erros, e ingressar em um mundo expandido de possibilidades. É possível também desenvolver um relacionamento com o dinheiro que se adapte aos nossos valores e objetivos. É verdade que muitos desses preceitos financeiros sempre estarão conosco e continuarão a surgir em nossas mentes tanto em momentos de estresse quanto de tranquilidade. Entretanto, podemos aprender a reconhecê-los pelo que são: meias verdades originadas em nosso passado e que podem ou não ser úteis hoje. Em seguida podemos fazer as mudanças de raciocínio necessárias para corrigi-las e mudá-las. *Como* fazer isto é o foco da próxima parte.

Mas, primeiro, pense nas experiências e comportamentos sobre os quais você acabou de ler. Quais deles fazem soar conhecidos ou são mais familiares a você? Pense no que tornou essas experiências tão fortes emocionalmente. Olhando para trás hoje, o que você vê de maneira diferente? O que aprendeu? Agora que compreendeu melhor por que você age da maneira como age, e a razão pela qual precisa parar de se punir por isso, o que você se compromete a fazer diferente?

parte 3

VENCENDO SEUS DISTÚRBIOS FINANCEIROS

CAPÍTULO 9
TRATANDO AQUELE
ASSUNTO NÃO RESOLVIDO

Todas as pessoas sobre as quais você leu nos capítulos anteriores têm o que chamamos de *assuntos não resolvidos* relacionados aos seus *flashpoints* financeiros. Essas são palavras que os terapeutas usam para descrever as emoções e as lembranças que cercam as experiências passadas e que foram evitadas, reprimidas ou mal solucionadas. Quando os sentimentos relacionados a um acontecimento não são processados por completo ou resolvidos no momento em que ocorrem, o que em geral acontece porque são opressivos ou traumáticos demais, eles persistem no fundo do coração e da mente. O resíduo desses eventos nos mantém presos ao passado, incapazes de abraçar completamente o presente e limitados em nossa habilidade de criar um futuro ideal. Quando não expressados de maneira apropriada, a tristeza, o luto, o medo, a ira, a ansiedade, a desconfiança ou o terror associados a esses acontecimentos são trazidos ao presente e acabam por interferir na capacidade de manter as emoções sob controle.

Uma questão emocional mal resolvida e as adaptações de comportamento que ela produz podem ser extraordinariamente resistentes à mudança, a menos que essa questão seja tratada, como demonstra a história a seguir. As dolorosas lembranças de Carol, dos momentos em que pedia dinheiro ao pai, ainda hoje impactam a sua vida, e continuarão a fazê-lo, até que ela se reconcilie com elas.

CAROLE: Quando eu estava na faculdade e alguns anos após tê-la concluído, costumava ir para casa a cada dois meses. Durante toda a semana anterior a viagem, eu ficava ansiosa. Sentia um nó no estômago que piorava ainda mais durante a visita. Na noite de domingo, meu pai sempre me levava ao escritório, e discursava sobre nunca ter gastado com automóveis caros ou luxos extravagantes para si mesmo, e em seguida preenchia um cheque para mim. Com este, ele pagava a mensalidade, minha acomodação, alimentação e minhas contas, sem se importar onde eu morava ou quanto tudo isso custava. Não tenho lembrança alguma do preço pago por todas essas coisas durante a faculdade porque o fato de ir àquela sala para ouvir o discurso e receber o cheque era tão opressivo e desconfortável que eu, simplesmente, me fechava. Não conseguia me concentrar nos aspectos básicos de um orçamento mensal. Recentemente, alguém me perguntou quanto era a contribuição para a comunidade de alunas e eu não fazia ideia, porque essa conta, assim como todas as despesas, iam diretamente para papai.

Sentia-me como se fosse um peso para ele. Me sentia como o maior e mais caro problema que uma pessoa poderia ter. Até hoje, tenho dificuldades em pedir pelo dinheiro que preciso, ou por qualquer outra coisa, a menos que tenha a ver com a minha arte. Entretanto, no mês passado fiquei esperando muito tempo por pagamentos que deveriam ser feitos a mim. Isso acontece com frequência – tenho alguma resistência ao fato de receber o pagamento após um acordo, e, para mim, é difícil cobrar o que me devem.

Pense em como seu corpo reage ao estresse: seus músculos se contraem, seu estômago revira, os punhos ficam cerrados. Esse punho cerrado é muito semelhante ao que acontece com seu cérebro, ao prender-se às questões não resolvidas. Ambos estão em posição de defesa; ambos estão fechados e indisponíveis para atividades mais produtivas.

Os assuntos não solucionados limitam a capacidade de interação consigo mesmo e com os outros. As pesquisas comprovam que os assuntos não resolvidos estão associados à ansiedade, à depressão e aos problemas interpessoais.

Os distúrbios financeiros surgem a partir de assuntos não resolvidos associados a acontecimentos e relacionamentos dolorosos do passado, direta ou indiretamente conectados ao dinheiro. Se você está sofrendo com um distúrbio financeiro, uma mudança permanente deve incluir a solução destes assuntos relacionados a um ou mais eventos traumáticos vividos. Essa decisão não apenas permitirá que você utilize bem os bons conselhos e o planejamento financeiro responsável, como também o ajudará a reescrever os preceitos de seu passado a fim de que você viva de forma mais plena no presente. Mais adiante neste livro, vamos detalhar algumas das estratégias para alcançar esse objetivo.

Como é possível que os eventos do passado tenham influência tão poderosa em nosso presente? Esse é um dos aspectos do paradoxo do tempo.

O passado torna-se o futuro

No livro *The Time Paradox: The New Psychology of Time That Will Change Your Life*,[8] o psicólogo comportamental Dr. Philip Zimbardo (com o Dr. John Boyd como colaborador e coautor) analisa o relacionamento singular do tempo com nosso raciocínio e comportamento. O "paradoxo" mencionado no título é, na realidade, formado de vários paradoxos interligados. Aqui estão três deles:

- O tempo desempenha papel fundamental em nossas vidas, mas estamos quase completamente inconscientes de seus efeitos.
- Embora o tempo seja uma experiência universal, não há maneira universal de experimentá-lo; pelo contrário, há vários padrões gerais, cada um deles com benefícios e desvantagens.
- O tempo é vivido individualmente, no entanto é também uma força que influencia o destino de culturas e nações.

---

[8] *O paradoxo do Tempo*. (N.T.)

Durante décadas de pesquisa, o Dr. Zimbardo desenvolveu e aperfeiçoou o ZTPI (Zimbardo Time Perspective Inventory),[9] teste que mede as atitudes de uma pessoa em relação ao tempo. Ao analisar os resultados do teste ZTPI, Zimbardo e Boyd descobriram que há cinco quadros de tempo gerais que surgem com maior frequência: orientação futura, orientação hedonista presente, orientação fatalista presente, orientação positiva do passado e orientação negativa do passado. (Você mesmo pode fazer o teste ZTPI: http://www.thetimeparadox.com/surveys/. Leva apenas alguns minutos e você recebe o seu resultado imediatamente.) Cada um de nós tem grande probabilidade de ter alguns aspectos de todos os cinco tipos, com os comportamentos e conceitos que os acompanham.

É muito raro uma pessoa se encaixar com perfeição em um dos quadros e expressar exclusivamente os aspectos daquela categoria. Mesmo assim, nossas atitudes em relação ao tempo nos dizem muito sobre como vivenciamos assuntos não resolvidos e que tipo de comportamentos temos maior tendência de apresentar.

Pessoa presente-hedonista (Pr-H). Esse quadro indica um foco em experiências sensoriais e gratificação imediata. Não surpreende, portanto, que as pessoas Pr-H sejam cheias de vida e amem a diversão, e em geral sejam descritas como "a alma da festa" – embora um pouquinho voláteis e temperamentais. Apreciam as experiências e atividades intensas com recompensas no presente, como o esporte e o sexo. Uma pessoa Pr-H tem probabilidade de ser vulnerável a vícios de todos os tipos. Tudo isso significa que, para uma pessoa Pr-H, os assuntos não resolvidos relacionados a dinheiro, facilmente podem levá-la a distúrbios financeiros como gastos excessivos, risco exagerado e compulsão por jogo.

Pessoa presente-fatalista (Pr-F). Essas pessoas acreditam que têm tão pouco controle sobre suas vidas que não faz sentido planejar o futuro. As pessoas Pr-F costumam ter um desempenho ruim tanto na escola quanto no trabalho graças ao autocumprimento de suas profecias a respeito do próprio fracasso. Creem que os resultados não são

---

9   *Inventário Zimbardo de perspectiva do Tempo.* (N.T.)

determinados por seu comportamento, são também propensas ao risco excessivo; em outras palavras, são motivadas por preceitos do tipo: "Já que eu não posso controlar o resultado, vou sair em grande estilo!". Uma das maiores causas do quadro Pr-F parece ser as experiências negativas na primeira infância, que resultam em um tipo de desamparo aprendido, a crença de que não vale a pena tentar. Esse, conforme já discutimos, é um padrão de raciocínio que com frequência é associado aos preceitos da dependência financeira e do "Príncipe Encantado". E, claro, tratar tais perdas terapeuticamente pode ajudar tal pessoa a lidar com seus assuntos não resolvidos, e levar seu pensamento a um quadro mental mais saudável, menos pessimista e mais confiante.

Pessoa orientada pelo futuro (F-O). Diferente dos dois grupos anteriores, as pessoas deste grupo tomam decisões e organizam a vida pesando os resultados possíveis de várias ações. "Gratificação Tardia" é o seu sobrenome, e elas são boas na solução de problemas e no planejamento. Entretanto, levado ao extremo, alguém do grupo F-O pode tornar-se excessivamente centrado no futuro, e nunca se permitir desfrutar do presente. Em termos financeiros, isso pode causar uma enorme ansiedade a respeito das finanças no futuro e levar a um comportamento controlador exagerado (como agredir verbalmente o cônjuge a respeito de dinheiro), ao controle exagerado dos gastos e ao excesso de trabalho. As pessoas orientadas pelo futuro podem estar voltadas apenas ao futuro em uma tentativa subconsciente de evitar as lembranças e os sentimentos dolorosos do passado.

Pessoa passado-positiva (P-P). Indivíduos com essa característica tendem a ser caseiros, centrados na família e nos amigos próximos; valorizam as raízes e a continuidade. Ao tomar decisões, geralmente olham para o passado, "para o que já deu certo". Se levada ao extremo, essa condição pode trazer aversão ao risco, ao controle exagerado dos gastos e ao acúmulo de bens.

Pessoa passado-negativa (P-N). Quando o passado em questão é traumático, o quadro P-N pode levar as pessoas a se tornar, como coloca o Dr. Zimbardo, "Museus de trauma, fracasso e frustração, eternamente reciclando um passado impossível de ser alterado em detrimento dos bons tempos do presente". Qualquer assunto financeiro não resolvido pode, com facilidade, tornar-se uma ala daquele museu. Como os seus companheiros P-P, o passado pesa muito nas decisões do P-N; entretanto, para os P-Ns, o passado torna-se um modelo do que deve ser evitado.

Aqui, outra vez, suspeitamos que você tenha reconhecido algo de si mesmo em uma ou mais destas descrições. Seja qual for a categoria onde se encaixe, o ponto é que, quando temos assuntos não resolvidos, o passado invade o presente e afeta o futuro. Pense da seguinte forma. Você tem apenas dois pés. Digamos que o esquerdo esteja sobre uma calçada plana, sem buracos. Se o seu pé direito estiver atolado em areia movediça, você não conseguirá firmar-se na calçada, e certamente não poderá caminhar por ela. De modo semelhante, para preencher sua vida presente e caminhar de maneira eficaz para o futuro que deseja, você precisa sair da areia movediça; identificar os assuntos não resolvidos do passado e tratá-los.

Obviamente, nem toda experiência difícil resulta em um assunto não resolvido; se assim fosse, nossa psique nada teria além desses enormes fardos. Então por que algumas experiências dolorosas ou inquietantes ficam registradas e outras não? E, mais importante, como encerrar os assuntos não resolvidos e se libertar de suas garras? Tudo está baseado na natureza do trauma.

A origem dos assuntos não resolvidos

Trauma é energia – energia emocional. Assim como um circuito elétrico sobrecarregado pode entrar em curto se não for descarregado através de uma quebra do circuito, nossa energia traumática pode ser destrutiva se não for descarregada de maneira segura. Os animais têm um processo natural de liberação dessa energia – na realidade, eles podem fazer isso muitas vezes ao dia em seu ambiente natural. Imagine uma corça na campina. Com um movimento da cauda, abaixa a cabeça para mastigar algumas folhas, e a levanta enquanto mastiga, checando os arbustos. De repente, ela ouve um ruído entre a folhagem. Todo o seu corpo recua instantaneamente quando ela se prepara para correr.

Olha na direção do ruído e vê um esquilo. Percebe que ele não apresenta risco. Seu corpo então, se contrai por alguns segundos e ela volta a mastigar com tranquilidade.

Dois patos estão em uma lagoa. Um deles invade o território do outro e o primeiro pato ataca. Eles bicam e grasnam e chapinham; então se separam e, batendo as asas, seguem caminhos diferentes.

Em cada caso, a energia "lutar ou fugir" gerada foi liberada e dissipada sem deixar resquícios prejudiciais. Entretanto, quando a energia produzida não tem um escape natural, as reações de estresse pós-traumático têm mais probabilidade de acontecer, pois o trauma não resolvido trava o cérebro no modo sobrevivência. Liberando a energia relacionada a um evento traumático, seja através da válvula de escape física ou da emocional, conseguimos encontrar a solução e seguir adiante. Em outras palavras, precisamos de catarse mental ou emocional para reconhecer e liberar essa energia produzida, permitindo assim que nossos sistemas retornem ao normal.

As crianças sabem, instintivamente, como lidar com os sentimentos difíceis por meio do choro ou do grito. Entretanto, os pais e a sociedade em geral repreendem a criança triste por demonstrar medo, raiva e outras emoções intensas. Como resultado, a criança pode receber a mensagem de que *todas* as formas de liberação emocional são *sempre* inaceitáveis. Ou, se encorajada a "apenas deixar pra lá" o medo, a tristeza ou a raiva, ela pode vir a crer que as emoções fortes em si mesmas não são algo bom. Quando essa criança crescer, colocará de lado esses sentimentos ou evitará qualquer coisa que os desperte, simplesmente porque a perspectiva de experimentá-los sem ser capaz de expressá-los é muito assustadora.

Nossa cultura coloca um imenso tabu na expressão de nossas emoções intensas; basta pensar em como seus colegas de trabalho reagiriam se você se atirasse no chão e caísse em prantos por não ter conseguido uma promoção, ou se começasse a gritar de frustração no meio do aeroporto após ter sido informado de que o voo se atrasaria *mais* uma hora. Grande parte de nossa socialização envolve aprender a suprimir as emoções mais intensas. Como resultado, nos tornamos especialistas em encontrar maneiras de evitar sentimentos desconfortáveis ou em reduzir a sua intensidade. Há maneiras saudáveis de fazer isso, mas, com muita frequência, lançamos mão de atividades autodestrutivas como o abuso do álcool, o fumo, comer e gastar compulsivamente, trabalhar demais, e assim por diante, para manter de lado as emoções não exprimidas. Entretanto, essas técnicas de evasão somente ajudam a curto prazo e acabam por somar aos nossos problemas. Elas também limitam a capacidade de viver o momento presente, de ver a realidade de nossa situação e tomar decisões racionais e conscientes.

Lembra-se da experiência com cérebros divididos e do mecanismo explanatório superativo mencionado antes? Esse aspecto do cérebro entra em ação quando temos questões não resolvidas. Como já vimos, nossos conceitos e conclusões sobre um evento são, na maior parte das vezes, incompletos ou imprecisos, visto que o cérebro se esforça para que as coisas façam sentido na tentativa de chegar a uma conclusão "lógica". Quanto mais complicada a situação, mais suscetíveis estamos de chegar a conclusões falsas ou incompletas. E quanto mais emocionalmente intensa for a situação, maior probabilidade termos de reagir como se ela fosse uma ameaça à nossa própria sobrevivência, e mais relutantes seremos em renunciar os conceitos que até agora nos acompanharam. Como sempre, a chave é buscar recursos inatos e, conscientemente, nos exercitar a lidar com os temores de maneiras mais produtivas.

Há quarenta anos, a médica suíça Dra. Elisabeth Kübler-Ross desenvolveu uma nova forma de lidar com o luto daqueles que sofrem de enfermidades terminais. Num momento em que poucos estão dispostos a enfrentar direta e honestamente o que sentem em relação à morte, Kübler-Ross muda a própria maneira de se encarar o luto. Em seu primeiro livro, *Sobre a morte e o morrer*, ela delineou os cinco estágios que precisamos atravessar para encarar o luto e, em última análise, sermos curados do nosso luto. No trabalho, entendermos que seu modelo se aplica a qualquer evento perturbador ou traumático: divórcio, desemprego, contratempo financeiro, e assim por diante.

- *Negação*: Num esforço para escapar da inevitável perda, tentamos fingir que ela não está acontecendo de fato. "Deve haver algum engano." "Isto vai passar."

- *Ira:* Conforme percebemos a realidade da situação, nos flagelamos em fúria e ressentimento. "Não é justo!" "Por que eu?" "Eu não mereço isto!"
- *Barganha:* Assim que a ira se extingue, tentamos negociar um resultado diferente com um poder superior do vasto universo. "Conserte apenas mais essa e eu nunca mais farei isso." "Tudo o que peço são mais seis meses."
- *Depressão:* Quando enfim percebemos que não podemos evitar ou escapar das consequências e dos resultados negativos, perdemos todas as esperanças. "Não há sentido fazer coisa alguma." "Eu desisto." "De que adianta?"
- *Aceitação:* Finalmente, aceitamos a realidade de nossa situação e lidamos com ela de maneira realista e com alguma graça. "De maneira geral, tenho orgulho do que consegui." "Ainda há algumas coisas que posso fazer."

Atravessar esses cinco estágios pode nos trazer a liberação emocional necessária para a superação de temores, ansiedades ou tristezas e finalmente nos sentirmos em paz. É óbvio que nem todo mundo passa pelos estágios com a mesma intensidade, na mesma ordem, ou de forma linear, e é possível ficar preso em um deles em particular. Mas esses cinco estágios parecem mesmo ser universais e, ao enfrentar as emoções relacionadas aos seus assuntos não resolvidos – emoções há muito enterradas –, você pode perceber que está atravessando esse ciclo. Talvez seja doloroso, mas ajuda reconhecer que é uma reação normal e saudável ao trauma, e que seu sofrimento é temporário.

Mudando a sua mente

Mas quem deseja desenterrar o passado, sobretudo os momentos dolorosos? Afinal, você não vai conseguir mudar o passado, vai? Não deveríamos pensar que o que passou, passou? Isso seria ótimo se pudéssemos banir os acontecimentos dolorosos da memória. Mas não funciona assim. Ironicamente, embora tenhamos a tendência de evitar as lembranças dolorosas, os efeitos delas sobre a vida persistem até encararmos o assunto e lidarmos com qualquer sentimento que não tenha sido expressado.

Muitas pessoas pensam na memória como algo parecido com um DVD que pode ser assistido várias vezes, permanecendo as imagens e os acontecimentos iguais sempre. Mas é exatamente o contrário: Nossas lembranças mudam todo o tempo. A psicóloga Dra. Elizabeth Loftus tem feito um trabalho inovador que demonstra quão flexível – e falível – é a memória.

Loftus e outros pesquisadores provaram que nossas recordações de acontecimentos reais são em geral distorcidas pelas *informações obtidas todas as vezes que buscamos pela memória*. E mais ainda, um dos experimentos da Dra. Loftus demonstrou que é possível implantar memórias inteiramente novas de um evento que nunca aconteceu. Em certo experimento, membros mais idosos da família foram instruídos a contar sobre uma ocasião em que ficaram perdidos por várias horas em um shopping center, ou quando foram salvos de um ataque de tubarão. Nenhum dos incidentes havia acontecido de fato, mas, após terem sido descritos por uma fonte confiável, a pessoa não apenas se "lembrava" do fato como, mais tarde, acrescentava ao fato detalhes e floreios.

O significado de tudo isso no contexto da solução do trauma financeiro é que você *pode* mudar as lembranças de seus *flashpoints* financeiros – não apagá-las, mas alterar profundamente o significado e o impacto emocional delas sobre a sua vida. Pense em como se sente quando recorda um incidente desagradável. Primeiro você sente as emoções originais, quase com a mesma intensidade, certo? Mas, se conseguir passar por essa primeira onda de emoção e aplicar sua perspectiva e experiência como adulto, poderá criar uma interpretação mais realista e até mais útil desta lembrança. Talvez você reconheça que a experiência lhe deixou algumas lições valiosas e que pode até tê-lo poupado de problemas futuros.

Uma forma de fazer isso é por meio do papel reverso: Imagine o incidente a partir do ponto de vista da outra pessoa ou pessoas envolvidas. O que ela tinha em mente? Onde estava a sua motivação ou intenção? Sabendo o que sabe hoje sobre o passado daquela pessoa e o que ele ou ela enfrentava na época do acontecimento, será que compreende melhor o que pode ter provocado seu comportamento? Por exemplo, digamos que você tenha a lembrança de uma briga séria entre seus pais a respeito de dinheiro. Saber o que sabe hoje como adulto sobre o peso que as finanças podem ter em um relacionamento, pode fazer com que as ações deles pareçam mais compreensíveis?

> **CRESCIMENTO PÓS-TRAUMÁTICO**
>
> Nas últimas décadas, o campo da psicologia expandiu-se a ponto de incluir não apenas uma ênfase na restauração da saúde emocional após um evento traumático, mas também o estudo de como a crise e o sofrimento humano podem ser precursores do crescimento psicológico. Os psicólogos Richard Tedeschi e Lawrence Calhoun descobriram que essas mudanças podem incluir maior apreciação da vida, fortalecimento pessoal e crescimento espiritual, aprofundamento nos relacionamentos, e uma ênfase em novas possibilidades na vida.

A ideia aqui não é absolver ninguém de suas ações, tentar justificar ou perdoar o que foi feito ou transferir a culpa a alguém. O objetivo é simplesmente ajudá-lo, reduzindo a ansiedade produzida por essas memórias; e uma melhor compreensão da motivação de alguém pode ajudar. Isso faz com que você saia do papel de vítima indefesa e restaure um sentimento de vontade. Também o ajuda a perceber quais aspectos do acontecimento você não pode controlar; portanto, você pode parar de se culpar.

Outro método de cura envolve identificar o crescimento e o aprendizado benéfico que acompanharam um evento traumático. Pergunte a si mesmo o que a experiência pode ter lhe ensinado. Você pode fazer isso por meio da introspecção, da meditação ou da psicoterapia; os mais espiritualistas entre nós podem até achar útil "perguntar" ao seu ente superior. Seja qual for o seu método, se identificar um propósito, aprendizado ou benefício psicológico resultante do incidente original e uni-lo à lembrança e aos sentimentos associados a ela, essas lembranças perderão o controle que têm sobre você.

Os benefícios emocionais, intelectuais e espirituais de se ter sobrevivido a uma experiência traumática estão apenas começando a ser reconhecidos e estudados pelo novo campo do "crescimento pós-traumático". Essa é uma área da psicologia direcionada a ajudar as pessoas a alcançar crescimento emocional e espiritual após uma experiência traumática. Basta recordar a vida de Nelson Mandela, Mahatma Gandhi, Thich Nhat Hanh e outros para compreender que muitos de nossos grandes e inspiradores líderes espirituais transcenderam histórias de intenso sofrimento e privação. Isso não é uma coincidência. Assim como o fogo e o calor intenso – quando manuseados corretamente – podem queimar as impurezas do ferro e resultar em aço endurecido, assim também o fogo do trauma e da tribulação resulta em fortalecimento do caráter, do espírito e do potencial humano.

Buscar e reconhecer nossas lembranças e emoções associadas a elas – e aprender a senti-las sem sermos oprimidos por elas – nos ajuda a ser mais produtivos ao tratá-las e mais resilientes a longo prazo. Esse é um elemento fundamental no tratamento do trauma e da ansiedade, que está por trás de todos os métodos e princípios psicoterapêuticos. Ele explica por que formas tão diferentes de psicoterapia podem ser úteis: a terapia orientada ao insight (identificando e analisando as questões), a terapia comportamental (a prática na atividade temida), a terapia cognitiva (explorar, examinar e mudar pensamentos que produzem ansiedade), e a terapia empírica (reencenando aspectos do evento para buscar e expressar emoções desconfortáveis ou reprimidas).

Além da terapia, há muitos outros caminhos para abordar esses sentimentos. São eles: um diário, grupos de apoio, aconselhamento pastoral ou conversar com um amigo de confiança. Em todos esses contextos temos a permissão e somos encorajados a liberar a energia do trauma e a falar sobre a experiência, que é exatamente o que precisamos. Ao confrontarmos nossas realidades internas em um local seguro – seja com um conselheiro ou com um amigo de confiança, ou em sua cadeira favorita com uma xícara de chá – e experimentarmos uma vasta gama de emoções, permitimos que estas se esgotem até que atinjam um nível de intensidade manejável.

Quando acessamos essas lembranças antigas, conseguimos suplementá-las com informações e reflexões novas e, assim, mudar o poder que elas têm sobre nossas vidas. Concluir assuntos não resolvidos exige tanto estar em contato com nossas emoções como também envolver o cérebro racional para nos ajudar a trazer novas percepções e conclusões. E examinar as experiências a partir da perspectiva e da percepção de um adulto nos ajuda a liberar o poder do passado sobre nossa vida presente e futura. Esse é o início da cura profunda e da mudança duradoura no comportamento. Um de nossos clientes expressa da seguinte maneira:

STUART: Agora posso perceber quando alguns dos meus antigos preceitos financeiros surgem. Eu os conheço. Sei como são. Sei o que fazer com eles. Eu os acomodo, dou ouvidos a eles e, depois, os acompanho até a saída.

Concluindo assuntos não resolvidos: um exercício

Como já vimos, quando temos uma forte ligação emocional com um assunto financeiro não resolvido, ele exige energia e espaço psíquico e nos mantém presos ao passado. Concluir os assuntos não resolvidos resulta em liberação de energia, em alívio e na habilidade de estar mais presente no hoje. Para ver por si mesmo como funciona, tente esta experiência. Faça uma lista de duas ou três questões não resolvidas em sua vida. Comece com as mais simples – aquele e-mail da sua sogra que você não respondeu ou a ligação do diretor da escola de seu filho que você está evitando retornar. Ok, agora deixe este livro de lado e faça o que precisa fazer. Envie o e-mail. Faça a ligação. Não há melhor momento que o presente.

Como se sente ao riscar esses itens da sua lista? É como se um peso fosse tirado das costas, não é? Quando conseguimos tomar uma atitude para solucionar uma questão emocional enraizada e não resolvida, a energia liberada e o alívio são ainda mais profundos. Em um capítulo mais adiante, teremos mais exercícios intensivos para ajudá-lo a chegar lá.

Segredos a respeito de dinheiro entre os profissionais

Embora sejamos psicoterapeutas há anos, apenas recentemente, quando tivemos que lidar com nossos problemas com o dinheiro, é que percebemos quão arraigado é o tabu "dinheiro". Mesmo entre os profissionais da saúde, poucos terapeutas e conselheiros sentem-se à vontade tratando de assuntos financeiros com seus clientes, e um número ainda menor recebeu qualquer treinamento para fazê-lo. Isso acontece, apesar do dinheiro ser a fonte número um de estresse, e de certamente afetar relacionamentos com familiares e com outras pessoas. Por sua vez, os conselheiros financeiros não se sentem à vontade para falar sobre coisas melosas como "emoções" e não estão treinados para ajudar um cliente ansioso a detalhar, expor e lidar com um assunto não resolvido.

Essa é uma das razões pelas quais nos associamos a um conselheiro financeiro para criar um curso intensivo com o objetivo de curar questões financeiras. O curso ensina muitas das técnicas terapêuticas que descrevemos anteriormente, entre outras, e oferece aconselhamento e planejamento financeiro prático. Uma das coisas mais importantes que fazemos é ajudar pessoas a superar sua profunda vergonha a respeito de sua relação com o dinheiro. Nós as ajudamos a perceber que existe uma distinção entre seus comportamentos financeiros conturbados e seu verdadeiro eu. E elas também aprendem a dar esse primeiro passo na direção da reorganização da vida financeira – assim como você fará, após ter lido este livro.

Recentemente, conduzimos um estudo dos participantes do programa para avaliar a eficácia de nossos métodos na redução da ansiedade financeira e na promoção da saúde financeira. Ele foi publicado no *Psychological Services*, um jornal com revisão paritária da Associação Americana de Psicologia, e teve destaque no *The New York Times*. O que o estudo descobriu foi que, após a conclusão do programa, os participantes relataram progresso imediato em várias áreas relacionadas à sua saúde psicológica e financeira: menor quantidade de pensamentos importunos, menos sentimento de inadequação e inferioridade, maior senso de pertencimento e esperança, menor ansiedade acerca do dinheiro, menor número de episódios com sintomas relacionados ao estresse, como os ataques de pânico.

Mais empolgante ainda foi o fato de que essas mudanças continuavam estáveis três meses depois, quando os participantes relataram avanços contínuos em sua saúde financeira e em sua atitude em relação ao dinheiro. Especificamente, relataram redução na crença de que o dinheiro fosse um símbolo do sucesso, menor uso do dinheiro para impressionar ou influenciar os outros e um maior foco no presente ao lidar com ele. Acima de tudo, os participantes colocavam menor valor na importância da busca do status na aquisição, na competição e no reconhecimento. O fato mais encorajador foi o relato da redução significativa na ansiedade causada pelo dinheiro e menor preocupação quanto ao dinheiro e à situação financeira. Muitas das histórias que você leu neste livro resultam de entrevistas que conduzimos com os participantes do programa. A maioria dessas pessoas participou do programa há vários anos e continua a relatar progressos ainda hoje. Elas descreveram o efeito como algo transformador e duradouro, mesmo durante essa difícil crise econômica.

Stuart é um planejador financeiro que acredita ter começado a trabalhar conosco bem a tempo de salvar-se de perdas importantes, embora desconhecesse os riscos que enfrentava.

STUART: Como planejador financeiro, a ideia da psicologia e do comportamento em relação ao dinheiro me intrigava. Eu me inscrevi para o workshop por essa razão e porque tinha a intenção de ser um planejador financeiro mais bem preparado e mais bem-sucedido. Até onde sei, minha curiosidade salvou minha vida. Eu não fazia ideia de que meu raciocínio e meu comportamento estavam "doentes". Eu corria imprudentemente em minha ganância, que era o que controlava todas as minhas decisões financeiras. E fiquei chocado com essa revelação. Percebi que estava viciado em ganhar mais e mais, e que havia levado minha família ao poço financeiro – exatamente como minha esposa havia tentado me alertar. Creio que salvei meu casamento. Creio que estaria divorciado e falido hoje se não tivesse aprendido aquelas lições.

Meus antigos preceitos financeiros se transformaram em outros que funcionavam melhor. "Me deixe em paz; eu sei o que estou fazendo" transformou-se em "Minha esposa tem uma boa percepção da situação financeira. Antes de agir, preciso ouvir o que ela sente a respeito das decisões financeiras." Esse conceito também é novo – somos nós que agimos e não apenas eu.

"Minha renda define o meu valor" transformou-se em "Estou bem exatamente como estou." Aprendi que posso desfrutar a vida hoje, com o que tenho, sem a pressão de ganhar mais. "Mais é melhor" transformou-se em "Mais pode ser um fardo." Sinto-me mais em paz, vivendo o dia de hoje. Estou mais equilibrado.

Nosso trabalho com os clientes constitui a base deste livro. Portanto, agora gostaríamos de compartilhar com você alguns exercícios específicos que usamos em nosso programa, na esperança de que possamos ajudá-lo a obter alguns dos mesmos resultados que vimos entre nossos clientes.

Exercício: o átomo do dinheiro

O Átomo do Dinheiro é um exercício que adaptamos do campo do psicodrama – uma abordagem psicoterapêutica na qual os participantes exploram os conflitos internos encenando emoções não resolvidas e interações interpessoais. O Átomo do Dinheiro foi criado para ajudá-lo a ter uma melhor compreensão dos assuntos não resolvidos que impactam a sua vida financeira – crenças, questões e atitudes a respeito do dinheiro que se originam em sua infância. Como dissemos antes, talvez você sinta alguma resistência ao colocar em prática os exercícios, além de medo ou ansiedade. Não há problema nisso – na realidade, enfrentar a resistência e trabalhar através dela são passos importantes no sentido de alcançar a liberação emocional que deseja. Apenas observe os sentimentos desconfortáveis e lembre a si mesmo que eles não vão durar para sempre. Se surgir em sua mente algo que pareça ser especialmente significativo, tome nota e, mais tarde, reflita sobre o assunto com um terapeuta, um conselheiro ou um amigo de confiança.

1. Reflita sobre o sistema familiar em que cresceu. Além dos pais e irmãos, esse sistema pode incluir avós, vizinhos, primos, professores, religiosos – qualquer pessoa que tenha uma presença significativa em sua vida. Lembre-se das pessoas, de suas personalidades e relacionamentos com o máximo de detalhes que conseguir. Neste exercício, você criará uma tabela ou diagrama de como era a sua "família" quando você era criança.
2. Pegue uma folha de papel – a maior que encontrar, mas, pelo menos, nas dimensões da folha A4. O papel representará o escopo de seu sistema familiar, portanto desenhe um quadrado que represente onde você acha que se encaixava em sua família na sua infância. O tamanho e a posição do quadrado devem refletir sua percepção do status e/ou da posição que você ocupava no sistema.
3. Desenhe um triângulo para representar cada pessoa do sexo masculino que seja importante no seu sistema familiar: pai, responsável, irmão, tio, avô e assim por diante. Outra vez, o tamanho e a posição dos triângulos podem representar a influência e a posição que a pessoa ocupa no ambiente e em relação a você. Tente começar com a figura masculina mais importante e depois posicione os outros. Para não se confundir, coloque a inicial de cada um deles em "seu" triângulo respectivo.
4. Faça o mesmo com as figuras femininas significativas, desta vez usando o círculo para representar cada uma delas.
5. Pense nas experiências que influenciaram sua infância. Elas podem ser de qualquer tipo: a morte de um animal de estimação, a enfermidade grave de um membro da família, abuso físico, excesso de trabalho, alcoolismo, falência ou divórcio. Não se esqueça das influências sociais além do contexto da família: religião, guerra, machismo, racismo. O contexto no qual crescemos nos parece "normal", portanto tente imaginar sua infância como um observador externo o faria. Use retângulos para representar

cada um deles. Novamente, o tamanho dos retângulos e sua localização no papel em relação a você e aos outros representam o quanto eles o influenciaram.

6. Toda família é afetada por pessoas e acontecimentos que não estão mais presentes: um avô que morreu jovem e deixou a família na pobreza, uma doença crônica, uma perda trágica, ou os efeitos colaterais de um acontecimento social, como a guerra, os desastres naturais ou a Grande Depressão. Chamamos essas influências invisíveis de "fantasmas". Alguns desses fantasmas podem ter sido momentos de grande alegria ou de grande tristeza. Acrescente os fantasmas de sua família usando as mesmas formas que usou antes (triângulos para homens, círculos para mulheres, retângulos para fatores não humanos), mas desenhe-os com linhas pontilhadas.

7. Pense em cada uma das pessoas representadas em sua tabela e no relacionamento desta pessoa com o dinheiro. Para cada uma delas, desenhe um cifrão dentro do círculo ou triângulo para ilustrar aquele relacionamento. Use a imaginação para alterar cada cifrão de forma a simbolizar o relacionamento, por exemplo, um cifrão pequeno pode representar a fuga ou rejeição ao dinheiro, enquanto um grande cifrão talvez signifique atenção dada ao dinheiro; um cifrão com X pode representar sigilo a respeito do dinheiro, e talvez cifrões múltiplos representem muito dinheiro ou obsessão pelo dinheiro e assim por diante.

8. Desenhe setas para representar como o dinheiro circulava no contexto da família. Quem o trazia? Em quais direções ele fluía? Quem o gastava? Eles precisavam consultar outros membros da família? Não se preocupe em criar uma representação gráfica perfeita; o ponto aqui é levá-lo a refletir sobre a dinâmica da família com relação ao dinheiro.

9. Olhe para o que desenhou e pense nos relacionamentos subjacentes. A que tipo de preceitos financeiros essa família se apegaria? Pegue outra folha de papel e do lado direito faça quatro colunas. (Você irá nomeá-las e preenchê-las mais tarde.) Agora

escreva todos os preceitos que essa família talvez produzisse, deixando espaço suficiente após cada um deles.
10. Leia com cuidado cada preceito. Pense em quão profundamente você se apropriou de cada um deles, agindo de maneira inconsciente segundo eles. Desenhe várias estrelas ou asteriscos próximo àqueles que você internalizou fortemente, desenhe uma linha sobre os que já abandonou. Agora pense nos preceitos financeiros identificados na leitura da segunda parte do livro. Há preceitos que aparecem nas duas listas? Sublinhe-os e preste atenção a qualquer padrão que possa surgir. Preste atenção também aos preceitos marcados com várias estrelas.
11. Nomeie as quatro colunas da direita da seguinte forma: Emocional, Relacional, Ocupacional e Financeira. Sob cada preceito, desenhe duas linhas e nomeie-as Custo e Recompensa.
12. Reflita sobre os aspectos positivos que esses conceitos lhe trouxeram. Mesmo os conceitos mais destrutivos oferecem algum tipo de benefício – mesmo que, ao final, seja algo indesejável –, caso contrário não nos apegaríamos a eles. Em geral, as recompensas podem ser expressas na forma de algo que é evitado: ansiedade, isolação, risco. Anote-os nos campos apropriados.
13. Faça o mesmo com o custo. Permita-se pensar, de fato, em suas dolorosas experiências financeiras e tente relacioná-las aos preceitos financeiros que identificou aqui. Considere o quanto eles contribuíram para suas dificuldades financeiras na vida adulta.
14. Observe o balancete. Que preceitos financeiros lhe custaram mais do que lhe beneficiaram? Quais deles você gostaria de reescrever? Quais deles lhe servem bem?

Quando chegar ao passo 9, é provável que você sinta como se chegasse a uma parede. Não pense que está fazendo algo errado, ou que não vale a pena fazer o exercício. Anote os pensamentos que lhe ocorrerem e coloque-os de lado, juntamente com o seu diagrama. Mais tarde, mostre-os a um amigo de confiança, a um terapeuta ou conselheiro.

Exercício: o ovo do dinheiro

O Átomo do Dinheiro foi criado para facilitar a consciência e a percepção, e o Ovo do Dinheiro pode ajudar a liberar o componente emocional de nossas memórias e experiências com o dinheiro. Por estarmos tentando chegar a emoções enraizadas, neste momento você não deve deixar seu cérebro racional assumir o controle. Para evitar isso, faça rapidamente esse exercício, começando com a primeira coisa que lhe vier à mente. Não gaste mais de dez minutos nos primeiros três passos.

Primeiro, encontre um local que seja tranquilo e isolado para fazer o exercício: não tente encaixá-lo em um intervalo no trabalho. Por quê? Porque é possível que alguns sentimentos venham à tona durante o exercício. Não os reprima ou evite. Permita-se senti-los e expressá-los de maneira segura. Pode haver enorme poder de cura ao se permitir chorar (embora tenham lhe dito que somente os fracos choram).

1. Em uma folha de papel em branco desenhe uma figura no formato de um ovo.
2. Pense no momento mais remoto de sua vida que consiga recordar. Qual é a experiência com o dinheiro mais antiga, dolorosa, agradável ou digna de nota que você pode se lembrar? Segure a caneta ou lápis em sua mão não dominante (ou seja, se você é destro, use sua mão esquerda e vice-versa). Isso ajuda a suprimir seu cérebro racional e encoraja o input de seu cérebro animal. Pense em sua primeira experiência *flashpoint* e desenhe símbolos ou uma simples cena para representar esse acontecimento. Coloque-a entre linhas, transformando-a em um segmento dentro do ovo.
3. Como fez com a primeira, pense na experiência seguinte que consegue recordar. Ela deve estar relacionada ao dinheiro e pode ser agradável, dolorosa ou de alguma forma marcante, e desenhe como fez com a primeira. (Lembre-se de não usar sua mão dominante!) Ao continuar desenhando e segmentando os símbolos, seu ovo começará a ficar semelhante a uma colcha de retalhos. Finalmente, no topo do ovo, desenhe a lembrança mais recente que queira ilustrar. Ela pode, mas não precisa ser, algo

de sua vida no presente. Você deve, pelo menos, ir até o início de sua vida adulta.

4. Volte à base do ovo com a memória mais antiga e avalie cada seção. Recorde com o máximo de detalhes a situação e os acontecimentos. Usando sua mão dominante desta vez, escreva uma palavra ou frase que resuma suas emoções em resposta a cada uma delas. Se não sente nada em especial, imagine a cena com uma pessoa querida em seu lugar. Escreva os seus sentimentos ao observar o acontecimento com aquela pessoa.
5. Começando novamente na base do ovo, crie uma lista de "lições" que tenha aprendido sobre o dinheiro com base nessas experiências. É provável que você perceba alguns preceitos financeiros já identificados antes e, talvez, alguns totalmente novos.
6. Avaliando o quadro como um todo, complete rápido esta frase: "A moral da história sobre o dinheiro na vida desta pessoa é...".

Esses exercícios foram criados para ajudá-lo a identificar e a começar a lidar com seus preceitos financeiros limitantes e destrutivos. Nos capítulos 10 e 11, vamos falar sobre como você pode agir a partir dessas mudanças e levá-las adiante em seu futuro.

CAPÍTULO 10
TERAPIA FINANCEIRA

Em algum momento de um passado não tão distante, acreditava-se que o cérebro era um órgão estático, e como tudo estava fixo em seu lugar, ele não poderia ser mudado. Como acontece com um edifício de tijolos, quando a fiação elétrica e os encanamentos estivessem colocados, assim eles permaneceriam. Há pouco tempo, por meio de dispositivos e novas tecnologias de imagem, os cientistas descobriram que o cérebro é, na realidade, incrivelmente flexível – o que os neurocientistas chamam de plástica – e que ele é capaz de remodelar-se e reconstruir-se. Essa nova pesquisa derrubou mitos populares sobre o que é possível em termos de aprendizado, mudança e crescimento emocional durante a vida.

Por exemplo, você deve ter ouvido que os adultos possuem todas as células cerebrais que terão na vida. Uma pesquisa de ponta mostra que a realidade é um pouco mais complicada. Os pesquisadores do Instituto Picower de Aprendizado e Memória descobriram recentemente que as células cerebrais, ou neurônios, em uma pequena parte do que estamos chamando de cérebro racional, pode, de fato, regenerar-se, o que abre todo um mundo de possibilidades no que se refere à nossa cognição e percepção. Além de gerar novos neurônios, o cérebro também pode criar novas associações e conexões entre eles. Quando nos ocupamos com uma atividade repetitiva – tal como treinamento e meditação – o cérebro cria novas e resistentes vias entre os neurônios usados na atividade, enquanto outras conexões se enfraquecem. Essa capacidade demonstra enorme possibilidade de *desaprendermos* os comportamentos problemáticos e de substituí-los por padrões aperfeiçoados. (Vamos discutir isso em detalhes mais adiante neste capítulo.)

Mas, embora o cérebro seja capaz de alterar sua estrutura, não pode fazer isso por conta própria; ele precisa de alguma ajuda sua. Em nosso trabalho, descobrimos que a transformação sustentada – a substituição das conexões dos caminhos neurais – em geral começa com o exame de nosso passado, de nossa história pessoal e problemática; Sigmund Freud, o pai da psicanálise, comparou o processo à arqueologia. Este livro é, essencialmente, uma "escavação" nas ruínas e relíquias do seu próprio passado. A esta altura, se você completou alguns de nossos exercícios, já conseguiu identificar alguns de seus *flashpoints* financeiros e os preceitos financeiros que resultaram deles. Portanto, neste momento, é provável que você tenha uma boa percepção de como o seu passado o ajudou a moldar o presente e de como pode estar limitando o seu potencial. Agora, vamos compartilhar algumas ferramentas adicionais criadas para ajudá-lo a afiar as emoções e os conceitos que cercam esses eventos a fim de que você possa vencer esse distúrbio financeiro de uma vez por todas.

Lembre-se: Seus comportamentos autorrestritivos relacionados a dinheiro não surgiram no vácuo. E nós cremos que eles também não podem ser transformados em vácuo. Você não entrou nessa por conta própria, portanto não se surpreenda se não conseguir sair dela por si mesmo. Apoio social, encorajamento, avaliação, responsabilidade diante de outros, facilitação profissional e aconselhamento podem ser cruciais para a transformação de seus comportamentos financeiros. Por essa razão, grupos de apoio como os Devedores Anônimos podem ser muito úteis, mesmo que seu problema não esteja especificamente relacionado a uma dívida fora de controle. Outras ferramentas úteis são recomendação sensata de crédito, terapia financeira, educação/autoajuda financeira, coaching e aconselhamento financeiro por um profissional qualificado. Nós o encorajamos a utilizar esses recursos em sua jornada rumo à saúde financeira, e lhe daremos algumas dicas de como escolher conselheiros. Mas, primeiro, e sempre, a mudança começa em você.

Superar a vergonha é um aspecto importante da jornada rumo à saúde financeira. Para aprender a separar o seu valor próprio dos seus erros e a distinguir os sentimentos de vergonha dos sentimentos de culpa, considere os passos a seguir:

Passo 1: Aceite a responsabilidade por seu comportamento. Sem justificativas! Assumir nossos atos é parte do funcionamento emocional saudável.

Passo 2: Procure compreender. Sem justificar suas ações, pergunte a si mesmo: Eu tinha a intenção de causar dano? Fiz o melhor que podia com o conhecimento que possuía naquele tempo? O que eu faria de maneira diferente se estivesse em uma situação semelhante, mas sabendo o que sei hoje?

Passo 3: Faça uma confissão. Compartilhe com alguém de confiança todos os detalhes de suas ações. Explore o contexto que originou sua ação ou falta de ação. Permita-se expressar seus sentimentos de tristeza, arrependimento, frustração ou ira.

Passo 4: Faça um plano de reparação. O conselho de um mentor, psicólogo ou líder religioso pode ser útil. Tenha cuidado para não causar mais dano nesse processo de tentar corrigir as coisas.

Passo 5: Tome uma atitude reparadora. Peça desculpa com a intenção de fazer o outro se sentir melhor e não você. Não se desculpe esperando que suas desculpas sejam aceitas.

Passo 6: Não faça outra vez. Se cometer o mesmo erro, volte ao passo 1. Se perceber que está repetindo o comportamento e que não consegue parar, busque ajuda.

Enfrente seus temores

A negação é um poderoso obstáculo para o crescimento. Para corrigir o desvio de nossa trajetória financeira, precisamos primeiro ser realistas a respeito de nossa situação financeira e das consequências de nossos comportamentos financeiros. Isso pode ser especialmente desafiador no que se refere a dinheiro, algo que provoca em nós profunda vergonha. Embora seja adaptativa em tempos de estresse extremo, a negação nos isola dos sentimentos de vergonha e ansiedade e nos impede de nos sentirmos oprimidos e paralisados. Entretanto, se cronicamente evitamos ser honestos conosco mesmos e com os outros sobre nossa realidade financeira, estamos roubando de nós mesmos os aspectos adaptáveis e úteis do estresse. Como a dor física, a tristeza é um sinal de que algo está errado. Ignorar ou negar esses sinais nos impede de tomar as medidas necessárias para mudar esses comportamentos restritivos e destrutivos que, em primeiro lugar, causam estresse.

Ironicamente, o tratamento mais eficaz contra a ansiedade e o medo é a exposição controlada àquilo que temos. O ato de evitar apenas alimenta o medo e nos impede de crescer além de nossas limitações autoimpostas. O fato é que nunca transcenderemos o medo se não nos permitirmos enfrentar diretamente o estímulo temido. Assim que percebermos ter capacidade de lidar com qualquer coisa que esteja nos assombrando – e esse é, na maior parte das vezes, o passo mais difícil – compreendemos que os problemas não são imensuráveis e a ansiedade se dissipa.

TED: Falando sobre lidar com assuntos não resolvidos, lembro-me de como minha filha Brenda lidou com a primeira visita de sua filha ao dentista. Morgan estava demonstrando alguma ansiedade com a visita, então Brenda encontrou um livro sobre a ida ao dentista e alguns instrumentos dentários de brinquedo. Depois de o lerem juntas, Brenda perguntou: "Você quer brincar de dentista comigo?". Primeiro, Brenda fingiu ser a dentista, e depois Morgan pôde praticar usando os instrumentos na mamãe. A visita ao dentista foi muito tranquila. (E sem cáries!)

Ao lidar dessa forma com os temores de sua filha, Brenda fez o que podia para garantir que Morgan não tivesse uma questão não resolvida relacionada à visita ao dentista. Mas, ao usar o mesmo exercício de "encenar" suas ansiedades a respeito de uma questão não resolvida, você pode dar um grande passo no sentido de afastá-la para sempre.

Identifique seus gatilhos

Como você pode ver nas várias histórias deste livro, os hábitos financeiros mais destrutivos em geral seguem padrões previsíveis. Cada um de nós tem certos *gatilhos*, aquelas emoções, situações ou eventos que precedem e induzem nossos comportamentos nocivos. Os gatilhos comuns dos comportamentos financeiros nocivos seguem a sigla popular HALT (ALTO!) em ciclos de 12 etapas: *hungry, angry, lonely* ou *tired* (fome, ira, solidão e cansaço). A esses quatro acrescentaríamos "medo". O que isso significa é que quanto maior o grau em que experimentamos uma ou mais dessas condições, mais probabilidade há de nos envolvermos em comportamentos autodestrutivos. Você deve sempre estar alerta a esses gatilhos para poder impedi-los antes que eles ataquem. Os gatilhos também podem ser altamente idiossincráticos, relacionados aos detalhes de um incidente traumático específico e atrelados diretamente à sua própria história.

Muitos de nós não temos ciência de nossos gatilhos, até que façamos o esforço consciente de identificá-los. Mas, se estamos cientes deles ou não, eles estão ali. Identificar e cultivar uma consciência deles em tempo real é crítico, portanto podemos aprender a evitar os locais, situações e pessoas que possam provocar os comportamentos que estamos tentando eliminar. Se a exposição a um gatilho é inevitável, podemos nos preparar para reconhecer e neutralizar nossas reações automáticas, e aprender como transcendê-las. Aqui está um exemplo:

STEPHANIE: Recentemente, quando ouvi sobre pessoas que perderam suas casas como consequência da crise hipotecária, meus maiores temores foram despertados. Eu me senti prestes a ter um acesso de pânico, temendo perder minha casa e tudo que havia adquirido com muito esforço – embora não estivesse nem próxima daquela situação. Tive de continuar lembrando a mim mesma que o medo vinha de coisas antigas, e não do presente, e que eu poderia colocá-lo de lado.

Após nosso trabalho com a Stephanie, ela aprendeu quais eram seus gatilhos e exatamente onde se originavam, e pôde liberar algumas emoções atreladas a seus *flashpoints* financeiros antigos. Ela começou a usar a consciência adulta para entender seus diálogos e impulsos interiores em vez de ser vítima deles. Distância e perspectiva a permitiram observar seus gatilhos e neutralizá-los. Ela desenvolveu um botão "pause" que pode acionar quando sente que os gatilhos vão entrar em ação. Durante a pausa, ela usa ferramentas para reduzir a ansiedade a fim de que seu cérebro racional continue agindo.

Conhecer seus gatilhos também é essencial para *prevenção da recaída*, ou prevenir o reaparecimento de comportamentos indesejáveis após as mudanças bem-sucedidas. Quando estamos distraídos, em nossos momentos de fraqueza, nos tornamos vulneráveis aos nossos gatilhos. O exercício abaixo pode ajudá-lo a identificar que situações e questões lhe são particularmente problemáticas.

Identificando os seus gatilhos

1. Pegue uma folha de papel e desenhe um círculo de cinco centímetros no meio.
2. Desenhe um círculo de dez centímetros que cerque o primeiro círculo.
3. Desenhe um círculo de quinze centímetros que circunde os outros dois círculos. O que você desenhou deve parecer um alvo.
4. No círculo menor, relacione todos os seus comportamentos financeiros derrotistas e autodestrutivos. Por exemplo: "Eu não sigo um planejamento financeiro", "Faço compras por impulso", "Escondo do meu cônjuge o que comprei".
5. Dentro do círculo seguinte, relacione todas as pessoas, lugares, coisas, conceitos, atitudes, comportamentos, situações e sentimentos que você experimentou pouco antes de envolver-se nos comportamentos encontrados no círculo interior. Por exemplo: "Quando vou às compras com Mary", "Logo após fazer o pagamento da fatura do cartão", "Quando eu sei que serei desafiado no que desejo comprar", "Quando não tenho o reconhecimento

do meu cônjuge", "Quando me sinto só", "Quando penso em minha neta", "Quando estou cansado", "Quando brigo com meu cônjuge", "Quando me sinto desvalorizado", e assim por diante. Esses são seus gatilhos.
6. No círculo maior, relacione todas as pessoas, lugares, coisas, conceitos, atitudes, comportamentos, situações e sentimentos que o ajudam (ou poderiam ajudá-lo) a evitar os próprios gatilhos, ou se isso não for possível, aqueles que o ajudam a resistir aos impulsos despertados. Por exemplo: "Sair com Mary para outras atividades", "Ligar para Susan antes de ir às compras para lhe dizer o que pretendo comprar e ligar para ela quando voltar para lhe dizer o que comprei", "Pedir ao meu cônjuge que participe comigo de algum treinamento em comunicação".

Identifique suas emoções e volte para o seu corpo

"O quê?", você deve estar pensando. "Voltar para o meu corpo? Estou em meu corpo o tempo todo! E por que preciso 'identificar' meus sentimentos? Eu *sei* o que estou sentindo!" O fato é que talvez *pensemos* saber o que estamos sentindo, mas, em geral, não sabemos. O que entendemos como raiva pode, na realidade, ser medo, e o que parece ser depressão pode ser medo de fato. Lembre-se que o cérebro animal lida principalmente com emoções, enquanto o cérebro racional rotula e atribui lógica e "razões" a elas – interpretações que nem sempre são precisas. O cérebro racional tende a concentrar-se na linguagem, enquanto o cérebro animal comunica-se através das sensações corporais. É vital que você esteja atento ao seu corpo para poder "ler" o que o cérebro animal está tentando lhe dizer. As técnicas a seguir o ajudarão a focalizar no que está *realmente* acontecendo para que você possa lidar com as verdadeiras emoções, e não com as que são presumidas.

Respiração Abdominal: Graças aos sistemas de resposta entre o corpo e o cérebro, uma das maneiras mais rápidas de se acalmar é prestando atenção à respiração e corrigindo-a.

Quando estamos sob estresse, ansiosos ou com medo, a respiração torna-se superficial. Essa respiração superficial – chamada respiração torácica – não traz aos pulmões oxigênio adequado, e interfere na habilidade de pensar com clareza. A respiração abdominal, por outro lado, é como respiramos em nosso estado natural, livre de estresse. Se você já viu como os bebês respiram quando estão dormindo, deve ter observado que o tórax deles está relativamente imóvel enquanto o abdome faz a maior parte dos movimentos. É isso que queremos que você imite. Tente isto:

- Coloque uma mão sobre o tórax e a outra sobre o abdome. Inspire o mais profundamente que conseguir. Preste atenção qual mão move-se mais. Se for a que está no tórax, transfira suavemente a respiração para o abdome, sentindo como ele se expande quando você inspira e contrai quando expira. Às vezes, ajuda exagerar na inspiração e expiração para registrar como é respirar expandindo o abdome.
- Após inspirar, segure a respiração por um segundo ou dois.
- Expire, levando o mesmo tempo que usou para inspirar.
- Repita várias vezes.

Em momentos de estresse ou excitação, tente colocar cinco ou dez inspirações abdominais profundas entre uma ideia ou impulso e sua atitude ou resposta. Isso pode ser extremamente eficaz para trazer o cérebro racional de volta à ativa, e o ajudará a identificar suas emoções e a deixar de fazer algo de que, mais tarde, se arrependerá. Há evidências de que qualquer "impulso" que tenhamos diminui em 50% a sua intensidade no primeiro minuto. Teremos mais probabilidade de tomar decisões sábias se formos capazes de simplesmente segurar o impulso, respirar fundo e permitir que o impulso se dissipe.

Ouvir música. Em seu livro *Musicofilia: Histórias Sobre a Música e o Cérebro*, o neurologista Dr. Oliver Sacks descreve como a música pode libertar pessoas imobilizadas pelo mal de Parkinson, devolver a fala de vítimas de derrame e acalmar aqueles cujas lembranças se perderam devido a uma enfermidade ou acidente. Há muitas pesquisas que demonstram que a música em determinados tons, escalas e ritmos tem efeito calmante. Em nosso trabalho, usamos com frequência a música para ajudar os clientes a entrar em contato com emoções reprimidas e a expressá-las. A música parece passar por cima de nosso cérebro racional e ir diretamente aos nossos centros emocionais, por isso é tão comum cairmos em prantos ou ficarmos felizes quando a ouvimos. Se você sente que emoções ou estresse começam a se formar, tente fazer um intervalo de quinze minutos para ouvir músicas que considere calmantes e reconfortantes. A escolha depende de seu gosto particular, mas descobrimos que a música instrumental por artistas como Enya e Yanni, cantigas de ninar versão instrumental, ou gravações de sons da natureza podem ajudar a iniciar um processo de relaxamento.

Em 2004, o neurocientista Dr. Richard Davidson da Universidade de Wisconsin-Madison reuniu monges budistas em um estudo com o objetivo de examinar os efeitos da meditação na atividade cerebral. Cada um dos monges havia acumulado pelo menos dez mil horas de prática de meditação concentrando-se em compaixão, um sentimento generalizado de amor por todos os seres. O grupo de controle era formado por pessoas sem experiência anterior em meditação que aprenderam técnicas semelhantes e as praticaram por uma semana antes do experimento. Os resultados foram dramáticos. Durante a meditação, os monges demonstraram grande aumento em um certo tipo de atividade cerebral, denominada "ondas gama", que indicam que as várias partes do cérebro estão trabalhando em conjunto para coordenar uma atividade mental de ordem superior. O grupo de controle demonstrou pequenos aumentos na atividade de ondas gama, mas o nível dos monges era, até aquele momento, sem precedentes na pesquisa neurológica. Segundo Davidson, "Este padrão de atividade onda-gama é visto durante a atenção concentrada e em outros tipos de tarefas específicas de percepção. Entretanto, havia sido observada previamente somente por curtos períodos de tempo, menos de um segundo. Nesses praticantes, ela foi apresentada durante vários minutos". Desde então, Davidson continuou sua pesquisa e suas descobertas indicam que a

> meditação de compaixão altera a estrutura do cérebro para fortalecer as áreas relacionadas a emoções como o altruísmo e a empatia.
> Outro estudo de Davidson investigou a meditação de concentração, na qual o meditador focaliza algo atentamente, como sua respiração ou um nó na textura da madeira de uma cadeira. Quando meditadores novos e experientes foram testados em sua atenção e memória, todos eles demonstraram progresso na pós-meditação. Entretanto, as pessoas que meditavam há mais tempo e mais intensamente demonstraram maior progresso, e a leitura das imagens da ressonância magnética funcional
> mostrou que as estruturas de seus cérebros estavam trabalhando de maneira mais eficiente.
> O foco global de Davidson é a felicidade, que ele define como "um estado, um traço e uma habilidade". Ele está convencido de que a meditação pode remodelar o cérebro na direção da felicidade de uma maneira que a busca pelo dinheiro não conseguirá.

Meditação atenta. Em nosso trabalho de terapia financeira, encorajamos nossos clientes a desenvolver a prática da meditação atenta. Uma das maneiras mais eficazes de nos conectarmos com nosso corpo e saber o que estamos sentindo é por meio das técnicas de meditação, as quais têm o efeito de acalmar e aquietar a "mente-macaco", permitindo assim que nos separemos do eterno proseador interior. Quando o ouvimos com atenção, descobrimos que o proseador ao fundo, em geral, é formado por mensagens negativas do passado, que podem despertar sentimentos conturbados, os quais, por sua vez, nos levam a tomar decisões financeiras insensatas na tentativa de acalmar aqueles sentimentos. A meditação atenta é uma tentativa de desenvolver a consciência do corpo, o que reduz a ansiedade e produz um sentimento de conexão e de "completude". Quando as pessoas se sentem mais conectadas com seu corpo, mais cientes de sua presença no mundo, elas têm melhor percepção de suas emoções. Elas também apresentam sentimento de vazio com menor frequência e sentem-se menos tentadas a representar, financeiramente ou em outra área, numa tentativa de preencher aquele vazio. A maior parcela de nosso sofrimento, ansiedade e preocupação vem da aflição com o passado ou preocupação com o futuro. A meditação nos ensina a viver e a apreciar o presente.

Você não precisa de roupas ou equipamentos especiais para começar a prática da meditação, apenas algum tempo para si mesmo e um lugar confortável para se sentar. Para começar, experimente programar um alarme para cinco minutos. Feche os olhos e observe o que está se passando em sua mente. A princípio, é provável que seja uma confusão de pensamentos e preocupações. Não tente afastá-los ou evitá-los. Apenas aja como um observador calmo e objetivo. Diga: "Oh, lá está aquele pensamento", deixe passar e traga a sua atenção para a respiração. Conforme se torna mais e mais consciente dela, a respiração ficará diferente. Se estiver muito rápida, sua atenção fará com que diminua. Continue até o alarme soar.

Faça isso pelo menos uma vez por dia, se possível, e aos poucos aumente o tempo de meditação. Se quiser aprender mais sobre meditação atenta, recomendamos os livros de Thich Nat Han, Jack Kornfield e John Kabat-Zinn para ajudar a incorporar esse tipo de meditação à sua vida. Para outros, a oração contemplativa serve o mesmo propósito. Outros ainda descobriram que yoga, tai chi, auto-hipnose e outras disciplinas do tipo lhes proporcionam o mesmo efeito "calmante da mente".

Reúna mais informações

Quando os assuntos não resolvidos são solucionados, libera-se energia, que nos dá espaço mental e emocional para expandir o pensamento. Os acontecimentos podem ser velhas notícias, mas as memórias são transformadas para sempre quando lhes trazemos nova percepção e compreensão. Você pode usar essa oportunidade para ganhar clareza quanto ao estágio de sua vida emocional comparado a onde deseja chegar. Os exercícios abaixo foram criados para ajudá-lo a reunir mais informações sobre seus preceitos financeiros, para que você possa começar a reescrevê-los.

O exercício da macieira: sua árvore genealógica financeira

Assim como a árvore genealógica indica as suas origens, uma árvore genealógica financeira pode ajudá-lo a descobrir as origens de suas ideias a respeito do dinheiro.

1. Traga à mente uma imagem de sua mãe ou de qualquer pessoa que você considere uma figura materna significativa. Em uma folha de papel, relacione três ou mais adjetivos que descrevam o comportamento dessa pessoa em relação ao dinheiro: generosa, impulsiva, avarenta, por exemplo. A seguir, liste três ou mais coisas que você recorda que ela costumava dizer sobre dinheiro e sobre como ele funcionava: "Nada está bom para você", "É apenas dinheiro", "Importe-se com os centavos porque os reais cuidam de si mesmos". Com base na maneira como ela vivia, anote alguns dos conceitos sobre dinheiro que você sabe que ela possuía e que talvez não fossem condizentes com o que ela afirmava. Observando o que escreveu, e o que agora sabe sobre a origem e criação dessa pessoa, pense de maneira geral nos preceitos financeiros com os quais ela vivia, tanto em palavras como em ações; por exemplo: "Dinheiro pode ser usado para demonstrar amor e para exercer controle", "Dinheiro é menos importante do que se divertir e curtir a vida", "Dinheiro representa segurança e proteção e nada é mais importante do que isso".
2. Faça o mesmo com seu pai ou figuras paternas.
3. Imagine o que cada um deles diria ao outro sobre o dinheiro, se fossem completamente abertos e honestos. Anote. A seguir, com base em suas lembranças, escreva o que eles, de fato, disseram um ao outro.
4. Escreva o que se lembrar do que cada um deles costumava dizer a você ou a outros membros da família a respeito de dinheiro.
5. Faça o mesmo para qualquer outro adulto cuja presença e comportamento influenciaram a família quando você era criança; por exemplo, um dos avós, o irmão ou a irmã, o vizinho, o chefe ou um amigo próximo da família.

6. Retorne às listas e circule qualquer uma daquelas palavras ou frases que *você* acredita serem verdadeiras a seu respeito. Use um asterisco (*) para identificar qualquer uma daquelas palavras ou frases que foram usadas para descrevê-lo ou para serem transmitidas a outros.
7. Coloque um retângulo em qualquer uma daquelas palavras ou frases que tenham sido usadas por *outros* para descrever você. Se estiver preparado para uma avaliação honesta, peça a seu cônjuge ou amigo próximo que leia a lista e circule qual mensagem familiar a respeito de dinheiro *eles* acreditam que você tenha herdado.

Chamamos esse exercício de Macieira porque muitas pessoas descobrem que um número surpreendente de seus pensamentos e conceitos atuais representam "maçãs" financeiras que não caem longe da árvore familiar. Veja nossa família, por exemplo.

BRAD: Meu pai gosta de começar suas palestras dizendo: "Minha mensagem origina-se em minha própria confusão". Quando nos apresentamos juntos, eu afirmo em seguida: "Minha mensagem também se origina na confusão dele!".

Embora eu não possa culpar meu pai por meu comportamento em relação às finanças na vida adulta, a confusão dele, de fato, foi o degrau para a minha confusão. Isso se tornou claro para mim certa tarde, quando assistia um workshop sobre finanças e ouvi pela primeira vez meu pai falar honestamente sobre seu relacionamento com o trabalho. Em determinado momento do workshop, ele contou sua história como está registrada na página cem. Quando o ouvi afirmar "Sempre me senti preguiçoso quando me comparava a meu pai", meu queixo caiu. Minha mulher me cutucou e sussurrou: "Você diz a mesma coisa sobre si mesmo!". Minha eterna compulsão para estar ocupado e ser produtivo, meus eternos sentimentos de insegurança e meu eterno medo de que alguém me veria como um preguiçoso – naquele momento, entendi que nada daquilo era meu, de fato! Pelo contrário, eu estava encenando uma história familiar que se estendia por quatro gerações, pelo menos. Essa consciência me permitiu ter um relacionamento muito mais saudável com o trabalho. Hoje, quando começo a ouvir a voz "Você é preguiçoso", tenho a escolha de ouvi-la ou não. Sei de quem é essa voz e não é minha. É um daqueles "presentes" que atravessa gerações e que nunca deixa de ser dado. Eu o percebo e posso me livrar dele. Essa percepção sobre as origens da voz me permitiu substituí-la por uma conversa comigo mesmo que é mais precisa e mais compatível com meus verdadeiros objetivos e valores.

Exercício: compreendendo a sua história financeira

Enquanto você lê as histórias daqueles que compartilharam sua jornada financeira, talvez esteja pensando muito em sua própria história. Chegou o momento de reunir todos os elementos e colocá-los no papel. Este exercício é um pouco diferente dos anteriores, e foi criado para ajudá-lo a construir uma ideia mais sólida de sua história pessoal com o dinheiro. Cremos que quanto mais completa e coerente for sua compreensão de sua história, mais controle consciente você terá sobre sua vida financeira.

Para começar, escolha um momento em que você não seja interrompido por pelo menos vinte ou trinta minutos. Pegue uma caneta e um papel, encontre um lugar confortável com boa luz e comece.

1. No meio da folha, começando na extremidade esquerda, desenhe uma "linha da vida" que se estenda da esquerda para a direita cruzando o papel, de ponta a ponta. A extremidade esquerda irá representar seu nascimento e a extrema direita sua idade hoje. Começando pela esquerda, busque sua primeira lembrança a respeito de dinheiro, como ele era usado, quando você se tornou consciente de que dinheiro existia e o que ele significava. Se essa é uma lembrança positiva e alegre, desenhe acima da linha um símbolo simples que indique isto (uma face sorridente, talvez). Se for negativa ou dolorosa, coloque acima da linha um símbolo que registre esses sentimentos. Quanto maior a alegria

ou a dor, mais acima ou abaixo da linha da vida deve estar o símbolo. Se for uma experiência neutra, coloque o símbolo sobre a linha. Continue anotando suas maiores lembranças relacionadas a dinheiro (ou seja, seus *flashpoints* financeiros) – tantos quantos você conseguir recordar. Essas experiências com dinheiro não precisam ser as que um observador externo consideraria importantes. A única coisa que importa é como os eventos o afetaram naquele momento. Lembre-se que experiências de pobreza e riqueza são altamente relativas e subjetivas. Não evite um acontecimento que tenha causado forte impacto sobre você porque acha que não deveria ter tido importância. Se lhe trouxe dor ou felicidade, *tem* importância. O importante é identificar e registrar o maior número possível de eventos que lhe venham à mente.

2. Depois de ter chegado ao presente em sua linha da vida, volte a cada incidente e identifique algumas palavras que descrevam como você se sentiu naquele momento: com raiva, frustrado, triste, constrangido, feliz, empolgado, alegre, envergonhado, ferido, angustiado, confuso ou assustado, por exemplo. Se não conseguir se lembrar do que sentiu, imagine alguém da mesma idade passando por experiência semelhante, e adivinhe o que eles podem ter sentido naquele momento. Ou peça ajuda a um amigo de confiança ou conselheiro.

3. Analisando tudo o que colocou no papel, escreva uma ou duas frases que resumam as lições aprendidas sobre dinheiro durante a sua vida. Aqui, a cronologia é importante porque o ajudará a entender como você construiu pressupostos sobre pressupostos, e como seus preceitos foram sendo pouco a pouco formados. Tenha em mente que em geral o raciocínio de uma criança polariza ou dramatiza os acontecimentos.

4. Complete uma das frases a seguir: "A moral da minha história com o dinheiro é..." ou "De maneira geral, com base em minhas experiências, as lições que aprendi sobre dinheiro são...".

Se você se envolveu na realização deste exercício e obteve ajuda caso tenha se encontrado sem saída, terá agora um quadro mais claro de sua disposição mental acerca do dinheiro e como essa disposição mental foi construída. Quando olhamos para nossa história, nossos comportamentos financeiros e, especialmente, nossas dificuldades farão total sentido lógico. E saber a história pela qual estamos pautando nossas vidas é o primeiro passo para criar uma nova história.

Lide com a traição do passado

Muitos *flashpoints* financeiros envolvem sentimentos de traição, e por isso um dos preceitos financeiros mais comuns é: "Não se deve confiar nas pessoas quando se trata de dinheiro". Como todos os preceitos financeiros, essa crença fez sentido num determinado contexto, porque o ajudou a racionalizar e a explicar a traição que experimentou. Se quiser reescrever aquele preceito, é importante aprender primeiro a abandonar qualquer ressentimento ou arrependimento que ainda persista.

Lembre-se do momento em que se sentiu financeiramente traído. Talvez algo lhe tenha sido prometido e você não recebeu. Talvez alguém tenha mentido para você ou guardado segredos. É provável que a experiência o tenha feito sentir-se usado, envergonhado, irado, traído, ignorado ou injustiçado. Talvez o que tenha restado seja um forte sentimento de necessidade de vingança. Talvez você diga a si mesmo: "Nunca mais".

Escreva o que aconteceu. Observe como se sentiu. Então relacione as lições que aprendeu a partir dessa experiência. Essas lições podem tê-lo ajudado a enfrentar o momento, mas talvez não lhe sirvam mais. Se você consegue se lembrar de mais de uma experiência desse tipo, escreva separadamente sobre cada uma delas. Quando terminar, compare-as e procure padrões comuns. Essa é uma experiência que você percebeu se repetir várias vezes?

A seguir, examine sua vida hoje. Você está se colocando em situações semelhantes com pessoas semelhantes? Você agora está com pessoas seguras e confiáveis, mas ainda age baseando-se no medo e na desconfiança? Você está mais uma vez colocando-se em risco e ignorando os sinais de alerta? Ou sua desconfiança levou os outros a se sentirem traídos ou injustiçados por você? Se esse for o caso, que mudanças você se compromete a fazer?

Ao classificar, avaliar e fazer as pazes com suas traições financeiras, não se esqueça do poder da empatia e do perdão consigo mesmo e para com os outros. Assim como seus comportamentos financeiros fazem sentido no contexto da sua história, as ações de outros também farão sentido quando você levar a história deles em consideração.

CAROLE: Meu pai está hoje um tanto enfermo e muito mais vulnerável e aberto, e, assim, eu aprendi muito mais sobre ele e sua história. Aprendi que durante a minha infância ele sustentava minha avó e um de seus irmãos que tinha oito filhos. Pagou secretamente a festa de casamento de sua irmã e até hoje ela não sabe disso. Ele tinha seu próprio consultório médico e aceitava colchas e bonecas feitas à mão para mim, artesanato – todas as coisas que os pacientes necessitados e sem seguro médico davam em troca da assistência. Ele era o único empreendedor de sua família de imigrantes. Essas coisas eu desconhecia completamente quando era criança.

Desenvolvi muita compaixão por meu pai e por sua incapacidade de amar a si mesmo e colocar-se em primeiro lugar. Sei que o que aconteceu em minha infância está profundamente marcado em mim. Mas creio que o perdão abre o caminho para a realização e a para verdadeira prosperidade, e, portanto, me esforço nesse sentido.

Fique com o que é bom, jogue fora o que é ruim: reescrevendo seus preceitos financeiros

Paul, cuja história você conheceu neste livro, cresceu com preceitos financeiros muito rígidos, como o preto no branco. "Os ricos são pessoas más". Como resultado, seu cérebro animal certificou-se de que ele nunca acumulasse muito dinheiro, nunca se tornasse alguém que ele mesmo ou outra pessoa do seu círculo considerasse bem de vida.

Entretanto, com ajuda, ele foi capaz de abrandar esses preceitos financeiros, guardando o que era útil e descartando o restante.

PAUL: Percebi que posso encontrar um meio-termo, algo que faça mais sentido para mim, que me dê mais clareza a respeito do tema dinheiro como um todo. Vi que não precisava de extremos. Eu podia pensar no dinheiro, acumulá-lo, analisá-lo e entendê-lo sem trair alguns dos conceitos mais básicos que tenho sobre a condição humana e sobre a vida em geral. Isso foi muito útil. Ficou mais fácil para mim ouvir o conselho de um planejador financeiro sem me distrair. Descobri que não tenho mais que me armar contra o que ouço deles, como costumava fazer.

Isso tem sido testado diversas vezes, quando assisto o que está acontecendo em nosso mundo hoje. Não apenas no mercado imobiliário, mas também o que está acontecendo em Wall Street, ao ver os trapaceiros que roubaram bilhões. Isso me leva de volta a: "Bem, meu pai e eu tínhamos razão. Lá está o médico em seu T-bird outra vez". Mas gora é um pouco mais fácil ter a seguinte mensagem: "É claro que há pessoas ricas que são trapaceiras. Em grupos de todas as rendas, encontramos pessoas que tiram vantagem de outros, mas muitas pessoas ricas são compassivas e éticas, dedicadas a ajudar os outros".

Seus preceitos financeiros fizeram sentido quando você os criou. Eles o ajudaram a colocar alguma ordem numa situação confusa e a lidar com emoções dolorosas. Eles ainda podem ser bastante precisos e úteis em certas circunstâncias, ou podem estar atrelados aos seus valores mais profundos. Por isso, por mais problemáticos que sejam seus preceitos financeiros, vale a pena reescrevê-los em vez de tentar livrar-se deles completamente. Esse tipo de resposta tudo ou nada raramente é a melhor abordagem. É outro exemplo do raciocínio preto no branco do cérebro animal, quando o que precisamos de fato são tons de cinza.

Escreva todos os preceitos financeiros que identificou nos exercícios anteriores. Para ver qual desses preceitos – se é que existe algum – vale a pena manter, faça a si mesmo três perguntas sobre cada um deles.

1. Quando um preceito é exato? Seja tão específico quanto possível acerca dos horários, locais e formas pelas quais o preceito for útil. Por exemplo, digamos que um de seus preceitos seja "O dinheiro não é importante". Embora geralmente nocivo, esse preceito tem seu aspecto positivo, na maioria das vezes durante tempos economicamente difíceis; se você acredita que o dinheiro não é importante, tem mais probabilidade de encontrar outras fontes de felicidade que não girem em torno dele.
2. Quando o preceito não é exato? Outra vez, seja o mais específico possível. Preste atenção à sua respiração e emoções; você pode buscar lembranças difíceis nesta parte do exercício. Se precisar, faça um intervalo para alguns exercícios de respiração, meditação ou alguma outra atividade relaxante. Se nada lhe vier à mente neste passo e você não conseguir ir adiante, peça ajuda a um amigo ou conselheiro.
3. Como posso usar essas percepções para escrever um preceito financeiro mais abrangente? Esse novo preceito será exato e útil em uma grande variedade de experiências e situações.

Vamos continuar o exercício com o preceito financeiro "Dinheiro não é importante." Quando essa afirmação é verdadeira?

- Dinheiro é menos importante para mim do que dedicar tempo à minha família.
- Dinheiro não é importante para mim como uma medida de meu senso de valor.
- Dinheiro não é importante o suficiente para me fazer trair meus princípios.
- Quando essa afirmação *não* é verdadeira?
- Dinheiro é importante porque eu preciso cuidar de mim e da minha família.
- Qual é a versão ampliada deste preceito?

Escolhi outras coisas que são mais importantes para mim do que o dinheiro, tais como cuidar da minha família e dedicar tempo a ela, e posso usar o dinheiro para me ajudar a cumprir esses valores.

Fazer o exercício com vários de seus preceitos financeiros mais dominantes pode ser um passo importante no sentido de mudar seu futuro financeiro.

Viagem ao centro de si mesmo

Quando nossas ações não correspondem ao que cremos, cria-se uma grande quantidade de tensão emocional e estresse. É claro que sabemos que nosso comportamento deveria estar bem alinhado com nossos valores fundamentais, mas na corrida do dia a dia pequenas fissuras podem se abrir e aumentar sem que percebamos. E nossos valores mudam conforme o tempo; o que considerávamos importante aos 20 anos, talvez não seja significativo aos 35. Por isso, é uma boa ideia periodicamente checar consigo mesmo para ver quais são nossos valores hoje e se nossas ações sustentam tais valores.

Escreva seus valores mais bem guardados, as coisas que lhe são mais importantes. Alguns exemplos talvez incluam o seguinte:

- Criar filhos felizes e independentes.
- Viver uma vida de integridade e honestidade.
- Oferecer segurança financeira à minha família.
- Explorar meus talentos criativos.
- Passar adiante o que aprendi ensinando e aconselhando.

Esta é a parte difícil. Seja totalmente honesto e escreva tudo o que está fazendo que entre em conflito ou que não sustente aqueles valores.

- Tenho a tendência de me envolver demais nas atividades de meus filhos.
- Ás vezes eu tomo atalhos no trabalho e, injustamente, tiro proveito de meus colegas.
- Não tenho feito um orçamento que inclua economizar e investir.

- Boa parte do meu tempo livre é gasto assistindo TV ou navegando na internet, ao invés de me envolver com os outros ou de usar meus talentos.
- Para cada um dos comportamentos conflitantes que você identificou pense em algo específico que possa fazer para começar a realinhá-lo com seus valores.
- Vou deixar meu filho terminar sua tarefa sozinho essa noite, e se ele não fizer isso, terá de enfrentar as consequências na escola.
- Quando me sentir tentado a "trair", vou perguntar a mim mesmo como eu me sentiria se alguém me tratasse dessa forma.
- Neste fim de semana, meu cônjuge e eu vamos programar uma hora para sentar e conversar sobre nossas finanças.
- Em vez de ligar a TV assim que chegar em casa, vou trabalhar em algum de meus projetos ou encontrar oportunidade para o trabalho voluntário.

Agora observe seus antigos preceitos financeiros. Como eles o encorajam a agir de maneira conflitante com seus valores? Esses preceitos reformulados contribuem com seus esforços para mudar? Se isso não acontece, pense em como pode reescrevê-los mais uma vez para que eles o favoreçam.

Chega de botão soneca!

Quando o despertador toca pela manhã, quantas vezes você aperta o botão soneca para ficar mais um pouquinho na cama? Adiar o desagradável é muito tentador; é a razão pela qual na maioria das vezes nos pegamos adiando aquelas mudanças difíceis que sabemos que precisamos fazer. Nós as adiamos para "amanhã", um dia que nunca chega. Para este exercício, imagine que você não tem mais amanhãs.

Dê a si mesmo cinco minutos para anotar seus assuntos não resolvidos. Pense em tudo que se arrepende de não ter feito: lugares que gostaria de visitar, habilidades que gostaria de desenvolver, feridas que gostaria de curar. Continue escrevendo sem parar até completar cinco minutos. Não pare para censurar a si mesmo ou editar o que escreve. Não se preocupe se está escrevendo coisas sem sentido; apenas escreva.

Se não conseguir se lembrar de mais nada, apenas escreva "não consigo me lembrar de mais nada" até que alguma coisa lhe venha à mente.

Quando terminar, releia o que escreveu. Você provavelmente verá ali algumas surpresas sobre o que de fato é importante para você, percepções que podem orientá-lo sobre onde dedicar mais do seu tempo, de sua energia e dinheiro e assim viver uma vida mais autêntica. Incorpore essas ideias aos preceitos que reescreveu. Por exemplo, se viajar for uma das coisas das quais se arrepende de não ter feito mais, seu preceito "O dinheiro não é importante", ao ser reescrito, será: "É importante usar o dinheiro para coisas que ofereçam satisfação emocional e intelectual, que me façam estar aberto a novas experiências e ampliem minha visão de mundo".

Criando um novo mantra financeiro

E agora que você reescreveu seus preceitos financeiros autodestrutivos, como fazer para que os novos preceitos se fixem? É aqui que entram alguns dos métodos de treinamento sobre os quais falamos no capítulo 3. Nem sempre é fácil, mas você pode treinar seu cérebro a adotar esses novos conceitos e padrões de raciocínio: com prática suficiente, eles acabarão se tornando sua segunda natureza.

Um mantra, termo originado na tradição védica da Índia, é uma palavra ou frase considerada capaz de efetuar transformação. Os mantras são componentes comuns dos movimentos espirituais; pensa-se que ao repetir o mantra diversas vezes, é possível afastar a mente dos pensamentos nocivos e substituí-los por outros que tragam cura. No mundo secular, as pessoas pensam no mantra como um lema pessoal – palavras que orientam a vida. Nós sugerimos que você crie um mantra financeiro, um lema que afirme suas novas, reavaliadas e saudáveis ideias acerca do dinheiro. Em seguida, repita para si mesmo o seu mantra quando aqueles antigos pensamentos tentarem se infiltrar em seu cérebro. Ao fazer isso, você não apenas afastará os pensamentos antigos, mas fortalecerá os novos. Aqui está um exercício que vai ajudá-lo a criar seu mantra financeiro:

1. Identifique uma situação específica que esteja lhe causando problemas. Identifique o pensamento que lhe vem à mente naquela situação e a emoção que resulta dele. Por exemplo:
   Situação: Quando o Chris e eu saímos com nossos amigos Tracy e Pat, eles sempre querem ir a danceterias e restaurantes que são muito caros para nós.
   Preceito financeiro: A história que criei em minha mente é que Chris e eu somos fracassados por não ganharmos mais e por não termos mais bens, assim como nossos amigos.
   Sentimento: Isso me deixa constrangido e envergonhado.
2. Volte ao preceito financeiro que está por trás do sentimento e reescreva várias versões mais saudáveis e mais produtivas.
   a) O Chris e eu não precisamos medir nosso sucesso pelo dinheiro que ganhamos, temos confiança em nossas conquistas e realizações.
   b) O Chris e eu temos sonhos e objetivos que exigem que vivamos dentro de nosso orçamento.
   c) Um fracasso de fato para Chris e para mim não pode ser medido por quanto dinheiro temos ou não temos, mas se não conseguimos apoiar um ao outro em momentos de dificuldade.
3. Crie um preceito financeiro mais preciso com base em sua realidade, em seus valores e em seus objetivos hoje. É importante elaborar essa declaração de forma a torná-la positiva, e não uma simples negação do preceito financeiro original. Concentrar-se no negativo apenas lhe dá mais poder. O Chris e eu escolhemos carreiras que nos permitem dedicar tempo um ao outro e aos filhos que desejamos ter, o que é muito mais importante do que dinheiro.
4. Identifique os valores que estão por trás desse novo preceito financeiro. Amor e apoio mútuo, laços familiares fortalecidos e gastar com responsabilidade são mais importantes que acumular dinheiro ou bens. Esse é o seu mantra.

Assim que tiver criado seu mantra financeiro, tenha uma afirmação consciente para se opor ao seu preceito financeiro inconsciente.

Escreva-o em um cartão e leve-o com você. Quando os pensamentos, sentimentos ou situações colocarem esse preceito financeiro em ação, pegue o cartão e recite o seu mantra financeiro. Recitá-lo pode interromper a reação emocional e comportamental ao preceito. Pode ajudá-lo a identificar comportamentos novos e saudáveis baseados em seus valores, tais como "Em vez de deixar Pat e Tracy escolher aonde vamos, podemos convidá-los para jantar em nossa casa, ou sugerir lugares que caibam em nosso orçamento". Um mantra é um lembrete poderoso de que você tem outras escolhas mais saudáveis.

Casais e famílias financeiramente saudáveis

Temos tido o privilégio de presenciar muitas mudanças felizes entre as pessoas com as quais trabalhamos, e algumas das transformações mais marcantes aconteceram nos relacionamentos conjugais. Afastar o receio, o medo e a bagagem emocional que cerca o dinheiro elimina uma imensa fonte de tensão e conflito, liberando energia para lidar com outras questões.

MOLLIE: O que mais me surpreendeu nesse processo de conscientização de meu relacionamento com o dinheiro, é como o dinheiro é, na realidade, algo pouco emocional. Quando eliminamos as marcas dos traumas e reescrevemos os preceitos acabamos lidando apenas com as questões financeiras. Hoje me sinto mais confiante para conversar, tomar decisões, e, junto com meu marido, planejar nosso futuro financeiro. É como abrir a cortina do Mágico de Oz. Não há muito que assuste quando posso ver com clareza o que está por trás de meus medos.

Lembra-se de Leslie, que cresceu ouvindo os pais lhe dizer que não havia dinheiro suficiente para pagar pelo que ela precisava ou desejava? Seu *flashpoint* financeiro mais devastador aconteceu quando seu pai sacou todo o dinheiro que ela havia economizado, afirmando que na realidade pertencia a ele. Obviamente, isso trouxe efeitos ao relacionamento entre Leslie e seu marido, inclusive a desconfiança que causou a distância entre eles.

LESLIE: Hoje consigo confiar as questões financeiras ao meu marido. Neste momento temos uma dinâmica interessante. Seu salário está reduzido como consequência da economia e eu o ouço dizer: "Não temos dinheiro suficiente". Parece-se muito com as mensagens que ouvia na infância. Sei que confio nele, mas essas mensagens antigas ainda estão ali. A grande diferença é que não preciso agir segundo elas e não preciso escondê-las. Posso falar em voz alta sobre elas com meu marido, algo que nunca fiz antes. Sei que ele é responsável com o dinheiro e que tem no coração o nosso bem. Graças ao trabalho que estamos fazendo com nosso planejador financeiro, eu sei que vemos claramente nossa situação financeira. Sou grata por isso, e me sinto capaz de confiar em meu marido e em nossos conselheiros.

Às vezes temos a oportunidade de trabalhar com os dois envolvidos no relacionamento, mas, com frequência, apenas um cônjuge procura ajuda – em geral aquele que tem o "problema", aquele cujas questões em relação ao dinheiro são mais óbvias. Esse é um primeiro passo positivo, porém é apenas o primeiro passo. Quando o comportamento financeiro inapropriado está afetando o relacionamento, *ambos* os lados precisam agir. Uma das razões é que se o cônjuge "problema" *for* capaz de fazer mudanças, isso alterará dramaticamente a dinâmica do relacionamento. Vimos muitos casos em que o outro cônjuge demonstrou apoio a princípio, mas depois apresentou resistência quando o cônjuge "problema" começou a tentar mudar a forma como as questões financeiras sempre haviam sido tratadas no relacionamento. Isso tem muito a ver com nossa tendência de resistir à mudança. O casal estabeleceu um sistema, e quando um dos cônjuges quer fazer algo diferente, que "mude as regras", é provável que o outro cônjuge seja um obstáculo, mesmo que ele ou ela saiba que a mudança é para melhor. Isso é natural e previsível. No entanto, se o casal consegue atravessar esses problemas iniciais, as mudanças positivas resultantes na maioria das vezes induzem o outro parceiro a entrar em ação também.

MARTHA: Tentamos, de fato, mudar nosso comportamento em relação ao dinheiro, mas não conseguimos levá-lo adiante. Um de nós, ou os dois, retornava aos velhos hábitos. Então, meu marido foi ao programa. Quando ele voltou, eu realmente não aceitei algumas das mudanças. Mas, com o tempo, tornou-se óbvio que se desejávamos cura para os problemas financeiros, eu também precisava fazer a minha parte. Aprendi a agir como adulto nas questões financeiras. Pude ouvir informações financeiras boas e criteriosas e começar a estabelecer algumas prioridades e objetivos financeiros de longo prazo e a identificar o que eu desejava e precisava de meu cônjuge. Aprendi a ser uma parceira igual em nossas decisões e em nosso planejamento financeiro.

Esse tem sido o melhor presente, a habilidade de me sentar com meu marido e, como dois adultos, conversar, fazer planos e sonhar com nossos desejos e necessidades financeiras. Tornei-me uma participante ativa no planejamento de nosso orçamento mensal, e na responsabilidade pelo pagamento das contas. Quando estou disposta a agir como adulta, é fácil ser responsável e honesta, E é recompensador saber que podemos fazer isso juntos.

Portanto, se você acredita que seu cônjuge é o que apresenta dificuldades com questões financeiras, você também pode ter bons resultados ao realizar os exercícios descritos nesta parte. Tente alguns dos exercícios a seguir para conectar-se com seu cônjuge e falar a mesma língua no que se refere aos preceitos financeiros e às questões relacionadas ao dinheiro.

Exercício frente a frente e guia de negociação

Este exercício pode ajudá-lo a neutralizar as tensões quando você e seu cônjuge precisarem conversar sobre questões financeiras espinhosas. Na realidade, com a prática, esse processo pode ser útil em qualquer tipo de conflito. E esses passos não precisam, necessariamente, ser feitos com seu parceiro ou cônjuge; se suas questões financeiras estão atrapalhando qualquer outro relacionamento em sua vida, você também pode utilizá-los.

O objetivo é falar a sua verdade, ouvir, negociar e comprometer-se, estes são o cerne de qualquer relacionamento. Seguir esse processo pode abrir a porta às possibilidades e produzir soluções incrivelmente novas e criativas.

Na descrição a seguir, para que fique claro, vamos chamar o Cônjuge A de "Ele" e o Cônjuge B de "Ela".

1. O Cônjuge A identifica uma questão e pede ao Cônjuge B algum tempo para discuti-la. É mais produtivo concentrar-se em um tópico de cada vez, mas se você precisar discutir mais de um tópico, divida-os antes por prioridade. O casal marca um horário, negocia quanto tempo passarão discutindo e concorda em ignorar as interrupções (em outras palavras, desligam o telefone e afastam o BlackBerry). Planejando a discussão, ninguém sente estar caindo em uma cilada e cada cônjuge pode refletir sobre o tema e preparar-se com calma para a discussão, em vez de jogar farpas durante uma discussão acalorada. Marcar um horário é um passo difícil, porém crítico. Podemos afirmar sem sombra de dúvida que, para os homens, as três palavras mais assustadoras ditas por suas esposas são: "Nós precisamos conversar". Mas diga as palavras, mesmo assim.

2. O Cônjuge A e o Cônjuge B sentam-se frente a frente. Se não tomarmos cuidado, muitos de nossos argumentos passam despercebidos, pois jogamos comentários para lá e para cá enquanto estamos envolvidos em outras tarefas. Sentados frente a frente e encarando um ao outro ao conversar sobre os tópicos desafiadores fica mais fácil dedicar à conversa 100% de nossa atenção.

3. Cada cônjuge pergunta a si mesmo: "Numa escala de 1 a 10, quão intensos são meus sentimentos com relação a essa questão?". Se a intensidade for 6 ou mais para cada um, é provável que o cérebro animal domine a discussão. Faça um intervalo de trinta

minutos ou mais e reúna-se novamente. Durante o intervalo, concentre-se em afirmações tranquilizadoras e atividades calmantes. Lembre-se de que falar sobre as questões e tentar resolvê-las é algo positivo para o relacionamento.

4. Cônjuge A usa de três a cinco minutos para descrever sua perspectiva no assunto, usando frases que comecem com "Eu" ("Eu me sinto...", ou "eu acho..." em vez de "você faz..." ou "você sempre..."). Ele deve concentrar-se em duas coisas: o que precisa para resolver seus sentimentos a respeito da situação, e o que ele está disposto a oferecer ao seu cônjuge em troca.
5. Cônjuge A pergunta ao Cônjuge B "Algo que eu disse precisa ser esclarecido?". Ele não está perguntando se ela concorda com ele; o ponto aqui é descobrir se o Cônjuge B entendeu toda a perspectiva do Cônjuge A. Após qualquer esclarecimento solicitado, o Cônjuge B conta ao seu parceiro o que ela ouviu, usando a escuta reflexiva ("O que ouvi você dizer foi..."). Se o Cônjuge A sente que o Cônjuge B o compreendeu mal, ele tem a permissão de reformular o que pretendia transmitir. Esse passo é crítico para a comunicação eficaz. Muitas vezes, a mensagem que estamos enviando não é a que está sendo recebida, sobretudo quando a questão está associada a sentimentos intensos.
6. Assim que ambos os cônjuges entendam tudo o que o Cônjuge A disse, eles invertem os papéis e repetem os passos 4 e 5.
7. O Cônjuge A comunica algo que ele precisa do Cônjuge B e algo que ele esteja disposto a fazer para caminhar para a resolução.
8. Outra vez, usando a escuta reflexiva, o Cônjuge B ouve e esclarece até que os dois estejam em acordo sobre o que o Cônjuge A esteja pedindo e oferecendo.
9. O Cônjuge B tem três respostas possíveis: (a) concordar com a proposta do Cônjuge A, (b) concordar em parte com a proposta e fazer uma contraoferta ("O que preciso é..., e o que estou disposta a dar é..."), ou (c) rejeita a proposta e faz uma contraoferta. Uma contraoferta sempre deve seguir uma rejeição. "Eu não acho que vai funcionar para mim; entretanto, sugiro que nós..."

10. Os cônjuges esclarecem os pontos em que concordaram e os escrevem.
11. Os passos 7 a 10 são repetidos, com o Cônjuge B apresentando sua perspectiva e proposta.
12. Os cônjuges devem repetir os passos 7 a 10 até que tenham esclarecido questões pendentes ou decidam marcar outro horário para continuar a discussão. É uma boa ideia limitar a quinze minutos a discussão de qualquer tema. Se ela se estender demais, é fácil que as posições se firmem e que os ânimos se exaltem. Se os cônjuges não conseguem chegar a um acordo a respeito de qualquer parte da proposta, pare e marque um encontro para tentar novamente mais tarde, talvez com a ajuda de um facilitador.

Quando chegarem a um acordo, faça o seguinte:

1. Faça com que os compromissos sejam *comportamentais* – voltados à ação, e não aos sentimentos. Concentre-se na resposta às perguntas do tipo: "Como vamos saber se estamos mantendo o acordo?" e "Que comportamento veremos?".
2. Defina uma data para *avaliar* o acordo (geralmente em trinta, sessenta, ou noventa dias). Neste momento, os cônjuges avaliarão como o acordo está funcionando e decidirão se devem continuar, rever ou cancelar o acordo.
3. Desenvolva um *plano B* que entrará em vigor se um dos cônjuges ou ambos quebrarem o acordo. Recomendamos fortemente que os casais concordem em buscar ajuda de uma terceira pessoa de comum acordo, para o caso de dificuldades ou desacordos sem solução. Nós dois temos esse acordo com nossos cônjuges e já solicitamos a ajuda de terceiros ao longo do caminho. Em geral, a simples "ameaça" de ter de compartilhar com um terceiro nos motiva a ouvir e aceitar mesmo quando preferiríamos não fazê-lo.
4. Considerem recrutar um facilitador neutro que inspire confiança a ambos.

Aqui estão algumas dicas úteis:

- Analise os sentimentos sempre que necessário e classifique-os em uma escala de 1 (baixo) a 10 (alto). Pare ou faça um intervalo quando a intensidade dos sentimentos chegar a um nível 6 ou mais alto. É melhor fazer algo relaxante: caminhar, respirar fundo, tomar uma xícara de chá. Ao invés de se atormentar por não conseguir ir adiante, cada cônjuge deve refletir durante o intervalo no que podem fazer ou dizer para remover a barreira.
- Quando a discussão sai do rumo ou um dos cônjuges sente-se confuso, volte ao básico: "O que eu ouço você dizer é...", "O que preciso de você é..." ou "O que estou disposto a dar é...".
- É fácil ficar na defensiva e começar a culpar o outro cônjuge ou justificar suas próprias ações. Se isso acontecer, volte à escuta reflexiva ("Ok, diga novamente o que você precisa, e eu vou tentar esclarecer aquele ponto").
- Comemore seus acordos e sucessos.

Durante décadas, o psiquiatra e professor Dr. Eric Kandel estudou a forma como o cérebro aprende desde o nível celular. Ele foi o primeiro a descobrir que o verdadeiro contexto da aprendizagem não se dá nas células cerebrais em si, mas nas conexões entre elas, as sinapses. No início de sua pesquisa, Kandel descobriu algo com amplas implicações para o aprendizado e para as mudanças ao longo da vida. A memória de curto prazo depende do fortalecimento das sinapses existentes, enquanto a memória de longo prazo exige a criação de novas sinapses, formando novos caminhos no cérebro. Isso significa que a capacidade de aprendizado é muito mais extensa e duradoura do que permite a sabedoria convencional. Você pode, de fato, ensinar novos truques a um velho cão (ou de meia-idade).

É por isso que enfatizamos exercícios como reescrever conscientemente seus preceitos financeiros e transformá-los em mantras financeiros que você repete várias vezes. A repetição pode, de fato, *alterar a estrutura física do cérebro*. As informações novas criam novos caminhos, e a repetição firma esses caminhos, da mesma forma como o tráfego constante no campo ou gramado comprime a terra e marca uma trilha. Aos poucos, esses novos caminhos se tornarão mais fortes e dominantes, enquanto os anteriores definidos pelos seus *flashpoints* financeiros e o preceito financeiro original desapareçam. Isso permite que você mude seu raciocínio e comportamento automático e crie a vida que deseja.

Tenha em mente que, devido à lentidão dessas mudanças, é possível escorregar nos velhos hábitos durante o percurso. Isso é normal, portanto não encare como um sinal de fracasso ou uma desculpa para desistir; pelo contrário, identifique o que causou o deslize e imagine maneiras diferentes de reagir quando uma situação semelhante surgir no futuro.

Pense em Andy Dufresne, o personagem de Tim Robbins no filme *Um sonho de liberdade*. Primeiro, ele decidiu que realmente queria ser livre. Em seguida, deu alguns passos para chegar lá – passos pequenos e graduais que somaram grandes progressos. A saúde financeira é um processo, não apenas um destino.

HARRIS: Sinto como se estivesse dirigindo numa estrada com um mapa aberto, tentando encontrar o caminho, e de repente notei que estava segurando o mapa de ponta-cabeça. Perceber que durante toda a minha jornada a forma como lidava com o dinheiro era meio torta, me ajuda a navegar muito melhor. Hoje vejo muito com clareza quando uma ideia não soa muito lógica ou saudável. E me pego dizendo: "Vamos reavaliar o que acabei de dizer a mim mesmo sobre esse assunto." Essa mudança afetou muitas das atitudes no meu relacionamento com minha mulher. Começamos a ficar mais organizados e muito mais realistas acerca de onde estamos. Tem sido uma grande e profunda mudança interior, que começou quando dei a volta e mudei de direção. Não apenas para mim, claro, mas também para minha esposa e para meu filho.

A parte mais difícil de tudo isso é o constrangimento de perceber que estou em B quando pensava estar a caminho de A. Não estou caminhando no sentido que gostaria e percebo isso pela primeira vez. Mas, então penso: "Muito bem, estou em B, mas pelo menos não cheguei a D ou E. Graças a Deus, consegui mudar o rumo e ainda tenho tempo de chegar onde desejo".

Outro ponto que tem sido difícil para mim, e ainda estou trabalhando nele, é perceber que mesmo quando você endireitou o mapa a viagem de volta é longa. Saber para onde precisa ir não significa que de repente estará lá. Há toda uma jornada a enfrentar, muita estrada a percorrer. Há muito que aprender, e muito a ser mudado. Eu ainda me pego às vezes saindo do rumo e hoje tenho muito mais consciência disso do que costumava ter. Não há, de fato, possibilidade de voltar. Uma vez que você aprende e cresce, o fato de não fazer o que sabe que deve fazer torna-se doloroso e deprimente. A parte mais fácil tem sido a emoção. Há algo ao mesmo tempo doloroso e cheio de vida quando lidamos com a verdade.

Agora que conversamos sobre as ferramentas específicas para que você comece a reescrever seus preceitos financeiros e renove as conexões de seu cérebro, vamos discutir formas de encontrar apoio em sua jornada para uma vida financeira melhor.

CAPÍTULO 11
TRANSFORMANDO A SUA
VIDA FINANCEIRA

No capítulo anterior, nós oferecemos as ferramentas para ajudá-lo a identificar e reescrever seus preceitos financeiros problemáticos e a mudar gradualmente seus comportamentos financeiros desordenados. Parabéns! Agora você está na trilha certa para a saúde financeira duradoura. Mas a jornada não para por aqui. Vamos identificar agora vários princípios gerais que o ajudarão a manter e sustentar seus esforços diários.

Mantenha as coisas em perspectiva. Muitos de nós estamos apegados à ideia equivocada de que mais dinheiro nos faria mais felizes. Na realidade, as pessoas que se concentram nos ganhos materiais à custa dos relacionamentos pessoais são algumas das mais infelizes que existem.

Se suas finanças estão lhe trazendo estresse considerável, dê um passo atrás. É importante estar consciente da situação financeira à sua volta – prestar atenção a informações importantes como o mercado imobiliário em *sua* área, ou a taxa de desemprego em *sua* atividade, para lembrar a si mesmo que os problemas que está enfrentando não são apenas seus.

No entanto, não exagere na dose de notícias financeiras negativas. Fique ligado no que está acontecendo com o declínio do comércio varejista do país e quais investimentos bancários estão implodindo hoje, mas não fique obcecado pelo tema. Você não pode controlar a economia, ou as más notícias. Você *pode* controlar a maneira como reage a ela.

Invista em seus relacionamentos. Os seres humanos são criaturas sociais e a felicidade depende, em grande parte, da qualidade de nossos relacionamentos com familiares e amigos – muito mais do que do dinheiro. Por isso, é importante investir tempo e energia em nossos relacionamentos. Resista à tentação de isolar-se em momentos de estresse. Dedique algum tempo a si mesmo, mas não passe sozinho todo o seu tempo livre. O isolamento pode levar à solidão e à depressão. Passe tempo com pessoas queridas que o apoiam e se importam com você. Encontre um amigo para almoçar. Envolva-se em atividades da família e da comunidade.

Concentre-se no presente. Dê um tempo no ato de ruminar sobre seu passado e preocupar-se com o futuro. Faça um esforço e dedique seu tempo para viver o momento. Mergulhe-se de cabeça no que estiver fazendo. Faça isso agora. Respire fundo, segure e solte o ar. Quando você se envolve no fluxo da vida, acaba esquecendo-se de si mesmo e concentra sua atenção, energia e talentos na realização de seus objetivos. Somos muito mais felizes quando estamos ativamente imersos em nossas atividades no presente do que quando estamos nos corroendo pelo passado ou pelo futuro.

Movimente-se. Exercícios físicos regulares são a maneira mais rápida de melhorar seu humor, clarear a mente e lhe dar energia para enfrentar os problemas. E você não precisa tornar-se um maratonista. Os estudos comprovam que caminhar vinte ou trinta minutos por dia lhe traz muitos dos benefícios obtidos com exercício extenuante, incluindo o alívio da depressão. Tente fazer da caminhada parte de sua rotina regular. Vá com seu parceiro ou com um amigo; é mais fácil manter os bons hábitos quando os praticamos com outras pessoas.

Desligue a TV. Pessoas infelizes assistem mais TV do que as felizes. Elas têm mais tendência de desenvolver problemas físicos e emocionais. Em vez de assistir horas e horas de TV, recupere algum hobby antigo que costumava ter ou desenvolva outro. Estudos comprovam que atividades tais como *scrapbook*, trabalho em madeira e jogos de cartas podem melhorar o humor das pessoas; por outro lado, elas relatam se sentir piores após assistir TV por muito tempo.

Esforce-se para ajudar os necessitados. Atos de generosidade, tais como dedicar-se como voluntário a uma causa digna ou envolver-se no trabalho em comunidades terão efeito positivo em nosso humor e perspectivas. Isso o ajuda a apreciar o que tem, amplia a sua zona de conforto e tira proveito dos melhores aspectos do instinto de tropa. O Dr. Daniel G. Amen, fundador da Amen's Clinic, é médico psiquiatra infantil e adulto, especialista em neuroimagem e autor de sucessos literários. Sua pesquisa mostrou que realizar gestos de bondade provoca mudanças positivas no fluxo sanguíneo e na atividade do cérebro. Interessantemente, quando refletimos sobre coisas pelas quais somos gratos, as mesmas mudanças positivas acontecem. O que leva à nossa próxima sugestão.

Passe mais tempo contando suas bênçãos. As pessoas que passam tempo refletindo sobre aspectos positivos da vida relatam se sentirem mais felizes, enquanto aquelas que se concentram nos aspectos negativos relatam menor satisfação. Separe alguns minutos cada dia para identificar três coisas pelas quais você é grato, e permita-se *sentir* verdadeira gratidão e apreciação, e não apenas um sentimento hipócrita. A apreciação pode ser contagiosa; compartilhe a cada dia com seu parceiro pelo menos uma característica que aprecia nele ou nela.

Continue positivo. Por fim, o fator decisivo na maneira como o estresse impacta na saúde física e emocional é a nossa atitude. Aqueles que aceitam o que não podem mudar e se concentram em melhorar as condições que estão sob controle se saem muito melhor do que aqueles que acreditam que nada podem fazer para melhorar a situação e preveem que as coisas nunca vão mudar.

TED: Durante uma recente tempestade tropical havaiana, daquelas com arco-íris duplo, percebi uma coisa: sempre havia um arco-íris presente em chuvas de verão como essa, e ser ou não ser capaz de desfrutá-lo dependia totalmente de minha perspectiva. Eu uso essa metáfora para entender as possibilidades durante as tempestades em minha vida.

Abrace a oportunidade de crescimento pessoal. Nenhum de nós aprecia a dor, no entanto ela é um componente essencial do aprendizado. Assim como a dor física nos diz que o forno quente deve ser evitado ou que um dente precisa de cuidados, a dor emocional nos alerta para o fato de que algo está errado. Com paciência e reflexão, as experiências mais dolorosas podem se tornar as mais valiosas oportunidades de crescimento. Lamente suas perdas; identifique e perdoe a si mesmo pelos próprios erros; e aproveite a oportunidade para ampliar o conhecimento, investir em nos relacionamentos e alinhar seus valores com seus objetivos e atitudes.

Saiba quando procurar ajuda. Reconheça os sinais de que talvez você precise de ajuda profissional. Se estiver perdendo o interesse nas atividades que apreciava antes, se tem problemas para dormir ou se concentrar em suas tarefas, se está demonstrando crescente irritabilidade, ou sofrendo com sentimentos de desespero, de desvalorização ou fadiga, busque ajuda de um profissional da saúde mental.

Embora os comportamentos financeiros conturbados permeiem nossa cultura, o campo da psicologia ainda não acompanha essa realidade. Como resultado, pouco tem sido feito no sentido de identificar distúrbios financeiros como uma questão clínica importante. Uma exceção é nosso estudo publicado na *Psychological Services*, mencionado anteriormente. A outra exceção é o jogo patológico; há elementos que comprovam que a terapia do comportamento, as intervenções cognitivo-comportamentais, as abordagens de autoajuda e a medicação podem auxiliar os que apresentam esse distúrbio. Entretanto, estima-se que o jogo patológico afeta apenas de 2 a 5% da população em todo mundo. Levando-se em conta que 80% dos americanos mencionam o dinheiro como a causa número um do estresse, os jogadores patológicos representam apenas uma pequena porção daqueles que sofrem com os distúrbios do comportamento financeiro.

Ainda assim, o campo da psicologia tem as ferramentas que podem ser de grande eficiência para ajudar as pessoas a superar a ansiedade e outras emoções restritivas; e, devido à recente crise econômica, um número crescente de profissionais da saúde mental está recebendo treinamento para utilizar essas ferramentas no tratamento do estresse e do trauma financeiro. Por meio do nosso trabalho com terapeutas e planejadores financeiros, desenvolvemos um processo de certificação a fim de que os consumidores possam garantir que seus terapeutas estejam treinados para lidar com questões financeiras, e que seus conselheiros financeiros tenham algum treinamento para trabalhar com os aspectos emocionais do dinheiro. Além de ganhar acesso ao seu teste gratuito para identificar algum distúrbio financeiro, você pode ter mais informações sobre nosso trabalho no www.yourmentalwealth.com.

Áreas de intervenção

Há uma coisa que gostaríamos que você levasse da leitura deste livro: a compreensão de que não há distinção clara entre corpo e mente, corpo e emoções. Pensamentos, emoções e comportamentos partilham um complicado sistema de resposta. Não há dúvida de que cada um influencia os outros, mas nem sempre sabemos qual vem em primeiro lugar. Tudo o que fazemos é induzido por esse incrivelmente intrincado sistema, e nossas emoções, por sua vez, afetam o mesmo sistema.

O psiquiatra Dr. Aaron Beck e sua filha, a psicóloga Dra. Judith Beck desenvolveram um modelo de funcionamento que leva em consideração todos os quatro aspectos da interação humana com o nosso meio: pensamentos, emoções, comportamento e fisiologia. A abordagem do tratamento dos Drs. Beck é chamada de terapia cognitivo-comportamental (CBT, *cognitive-behavioral therapy*) e está menos voltada às questões do tipo ovo-e-a-galinha; por exemplo, se a neuroquímica falha causa pensamentos depressivos, ou se são os pensamentos depressivos que influenciam a neuroquímica, ou alguma combinação de ambos. Em vez disso, a terapia cognitivo-comportamental preocupa-se em intervir nas áreas do pensamento e do comportamento, com base na ideia de que as mudanças realizadas em uma área levarão a avanços em todas as outras.

Os pensamentos e comportamentos relacionados às finanças podem ser tratados em todos esses níveis também.

Pensamentos. Nossos principais conceitos a respeito de nós mesmos e do mundo impactam o humor, os comportamentos e a fisiologia. Conceitos ou pensamentos negativos levam a emoções como ira e medo, que resultam em respostas físicas, incluindo pressão alta e o comportamento lutar/fugir/congelar. Por outro lado, os pensamentos positivos criam uma sensação de bem-estar, nos inspirando a embarcar em um comportamento direcionado a um objetivo. Quando mudamos nosso diálogo interno, podemos mudar o humor e a fisiologia, que pode, por sua vez, levar a mudanças no comportamento.

O primeiro passo para controlar os pensamentos e o impacto deles em sua vida é identificar os pensamentos problemáticos. Ao completar os exercícios dos capítulos anteriores, você identificou alguns dos seus preceitos financeiros principais. Essa conscientização lhe permite observar quando eles surgem e assim decidir intencionalmente aceitar o preceito financeiro e agir segundo ele ou substituí-lo por um que esteja de acordo com seus valores e objetivos. Interromper um pensamento automático e substituí-lo por outro mais útil ou exato pode mudar de maneira radical e imediata o sentimento de uma pessoa e o comportamento resultante.

A conscientização é a chave. Quando somos capazes de fazer uma distinção entre nós mesmos e nossos pensamentos, conseguimos criar novos preceitos para a vida. As abordagens da terapia cognitivo-comportamental e da meditação têm ajudado pessoas a trocar seus pensamentos restritivos por narrativas mais positivas.

Emoções. As emoções, também, têm um link direto com os pensamentos, comportamentos e com a saúde física. Como já aprendemos, quando temos assuntos não resolvidos, levamos do passado emoções não expressadas que podem distorcer nossas experiências hoje. Esse assunto não resolvido obstrui a capacidade de distinguir entre um relacionamento ou acontecimento passado de grande carga emocional e um relacionamento ou situação que ocorre no presente. Isso diminui a habilidade de reconhecer e lidar com os problemas reais que enfrentamos.

Emoções reprimidas também podem se fazer conhecidas de outras formas, por exemplo, em comportamentos como gastos excessivos e acúmulo de objetos, ou problemas de saúde relacionados ao estresse. Várias formas de terapia ajudam a liberar sentimentos reprimidos, nos permitindo reconhecê-los e deixá-los para trás. Os conceitos e exercícios neste livro têm o objetivo de ajudá-lo a identificar e liberar as emoções difíceis associadas aos seus *flashpoints* financeiros e a mudar radicalmente seus pensamentos, seus comportamentos e sua fisiologia.

Nosso método para lidar com os distúrbios relacionados ao dinheiro pode ser mais bem descrito como uma abordagem experimental. A ideia é reencenar e recriar na vida do cliente contextos emocionais da família de origem, assim como outros eventos significativos e relacionamentos atuais. Quando bem-sucedido, esse método leva à descoberta interior, um elemento crucial do crescimento psicológico. Ao experimentar outra vez eventos e relacionamentos em um ambiente seguro, somos capazes de encará-los a partir de outra perspectiva, muito mais saudável. Isso ajuda a liberar as emoções que talvez tenham sido bloqueadas e reprimidas, abre a porta para novas percepções e para a conscientização e ajuda os clientes a desenvolver novas habilidades. O psicodrama, o *role-playing* e a música são apenas algumas das modalidades usadas em terapias experimentais, que focam na experiência direta como veículo para a mudança.

Outras maneiras úteis de acessar e afetar suas emoções são por meio da meditação e dos exercícios de consciência do corpo, conforme descrevemos no capítulo 10.

Comportamentos. Já reparou que quando você força um sorriso seu humor melhora, mesmo que não esteja sentindo muita vontade de sorrir? Assim como a mudança nos pensamentos e emoções pode afetar o seu comportamento, mudar o seu comportamento pode afetar a sua realidade interior. Tente agora mesmo. Coloque uma caneta ou lápis no sentido horizontal entre a mandíbula inferior e superior – o que irá forçar seu rosto a sorrir – e observe o que acontece com seus pensamentos. É bastante difícil acolher pensamentos negativos enquanto se está sorrindo. Agora tire o lápis ou caneta da boca e cerre a mandíbula. É muito provável que você encontre dificuldade de manter pensamentos positivos com os músculos tensos e os lábios comprimidos.

Uma das maneiras mais rápidas de mudar os sentimentos e os pensamentos é agir, fazer algo diferente e substituir por outros os pensamentos e comportamentos automáticos. No entanto, em geral não sabemos bem o que devemos fazer. Quando nos vemos assim, achamos muito eficaz criar primeiro uma declaração de quem você quer ser, por exemplo, "Sou uma pessoa livre de dívidas". Enquanto estiver nesse estado de espírito, pese todas as decisões e ações com base nessa declaração. A princípio, talvez você não faça ideia de *como* ser uma pessoa livre de dívidas, no entanto, é algo que vai aprender. Assim como foi com aquele sorriso, você finge até realizá-lo de fato, aprendendo assim, enquanto age. Se continuar se comportando com uma pessoa livre de dívidas, inevitavelmente se tornará uma delas.

Fisiologia. No nível mais fundamental, nossos pensamentos e comportamentos são reações químicas que acontecem no momento em que as células cerebrais recebem dopamina, serotonina e outros compostos e reagem a eles. Certas condições psicológicas tais como a depressão, a ansiedade, e o distúrbio obsessivo-compulsivo parecem ter um forte componente neuroquímico. Existem muitos medicamentos, e há ainda mais pesquisa a caminho, com o objetivo de administrar melhor o sistema de comunicação química entre os neurônios. A medicação pode ser eficaz para melhorar o humor, diminuir a ansiedade e reduzir os pensamentos obsessivos e os comportamentos compulsivos. Mas não se iluda pensando que pode curar comportamentos financeiros desordenados somente com a farmacologia. A medicação certa pode ajudar a eliminar sintomas debilitantes, isso permitirá que você lide de maneira mais eficaz com seus assuntos não resolvidos, porém ainda há trabalho a ser feito. Isto posto, se você acha que pode se beneficiar com a medicação contra ansiedade e depressão, deve discutir com um profissional da saúde mental.

Um novo e promissor tratamento que vale a pena ser mencionado aqui é o das *terapias de neurofeedback*. O neurofeedback, também conhecido como eletroencefalograma (EEG) *biofeedback*, é uma técnica que ensina a pessoa a alterar intencionalmente as ondas cerebrais. A terapia tem sido usada em vários tipos de condições e distúrbios nos quais o cérebro não trabalha tão bem quanto poderia, e tem apresentado resultados promissores no controle da ansiedade e da depressão, nos problemas comportamentais, na epilepsia e na disfunção cognitiva resultante do trauma de crânio, derrame ou envelhecimento. Ela também tem sido usada por pacientes que passam por tratamento de câncer, porque pode ajudar a diminuir o estresse, a dor e a náusea e aumentar a imunidade. Estamos hoje investigando a utilidade dessa abordagem no tratamento dos distúrbios financeiros, com resultados iniciais bastante promissores.

A pesquisa continua em outras áreas também. Um estudo demonstrou que é possível treinar o cérebro dos animais a resistir a reações de medo – "segurança adquirida", a contrapartida do desamparo adquirido. Os betabloqueadores, uma droga comumente prescrita para problemas cardíacos, parece eliminar as reações emocionais negativas de uma lembrança difícil sem afetar a memória em si. E outra droga controversa tem a capacidade de remover a própria lembrança – como acontece no filme *Brilho eterno de uma mente sem lembranças*.

Ambiente. Assim como o estado interior impacta nosso meio, nosso meio pode ter profundo impacto no estado interior. Afinal, a maior parte de nossos comportamentos financeiros desordenados tem uma origem externa, seja nos preceitos financeiros que aprendemos quando crianças com aqueles que estão à nossa volta, ou a partir de um *flashpoint* financeiro que não iniciamos ou criamos. E, por serem elementos cruciais do meio externo, as pessoas à nossa volta são também influência poderosa em nosso comportamento.

Se você hoje está preso a um padrão financeiro nocivo, é provável que receba o estímulo de alguém em sua vida para continuar nesse padrão. Esse estímulo pode assumir a forma de um parceiro ou cônjuge que ignora seu comportamento impróprio, um amigo ou membro da família que continua a lhe dar dinheiro para livrá-lo da dificuldade, uma companheira de compras que permite que sua fatura secreta do cartão de crédito seja enviada a casa dela para seu cônjuge não descobrir o quanto você está gastando. Mas você não quer pessoas em sua vida que o apoiem em seus comportamentos financeiros problemáticos; quer alguém que o estimule em seus esforços para superá-los. Em outras palavras, para criar uma nova vida financeira, talvez você precise mudar o apoio que encontra em seu meio. Grupos positivos de apoio podem ajudar. São organizações como os Devedores Anônimos (http://www.devedoresanonimos-sp.com.br/site/), Jogadores Anônimos (http://www.jogadoresanonimos.com/principal.html), entre outras. Hoje, parece ser possível encontrar um grupo de apoio para qualquer problema que exista. E, mesmo que você não consiga encontrar um grupo para seu problema em particular, é fácil começar um. Talvez descubra que há mais pessoas por aí com as mesmas dificuldades que as suas do que você imaginava.

Encontrando um terapeuta

Em algum momento, você pode chegar à conclusão de que você mesmo ou uma pessoa querida poderia se beneficiar do auxílio de um terapeuta. Você pode trabalhar com um psicólogo clínico, com um assistente social, um conselheiro, um terapeuta de casais e famílias, ou um psiquiatra. Todos têm treinamento especializado em saúde mental, com o grande diferencial de que os psiquiatras são os que prescrevem medicação. Pode, também, começar sua busca por um terapeuta perguntando a amigos e profissionais de confiança por referências ou procurando associações profissionais em sua região. Se você mora próximo a uma cidade que tenha uma grande universidade ou escola de medicina, investigue os programas de treinamento nos quais os alunos aconselham pacientes sob a supervisão de um experiente membro do corpo docente. Essa pode ser uma boa maneira de receber tratamento a preços reduzidos. Se o custo é um empecilho, procure clínicas e profissionais autônomos que praticam preços escalonados.

Em alguns estados nos Estados Unidos, qualquer pessoa pode pendurar uma placa na porta e se autodenominar conselheiro ou terapeuta. Você precisa se certificar de que aquele que vai cuidar de sua saúde mental é licenciado e membro de uma organização profissional respeitada.

Isso contribuirá para garantir que qualquer pessoa com quem você trabalhe tenha o treinamento básico e a experiência necessária para lhe oferecer terapia útil com o respaldo da pesquisa clínica.

As perguntas a seguir o ajudarão a determinar se o terapeuta com quem você cogita trabalhar é uma boa escolha.

1. "Com que tipo de clientes você geralmente trabalha? Você tem uma área especializada de atuação?"
2. "Por favor, descreva sua educação e treinamento e sua abordagem terapêutica"
3. "Você se sente confortável para falar sobre dinheiro? Como é o seu relacionamento com o dinheiro?" Se esta pergunta deixa o terapeuta pouco à vontade, é provável que ele ou ela não seja a pessoa certa para ajudá-lo em suas questões financeiras.
4. "Qual é sua tabela de honorários?"
5. "Como você irá determinar os objetivos para o meu tratamento, e como vamos avaliar o meu progresso?"

Sejam quais forem as suas perguntas, faça sua pesquisa e confie nos seus instintos. O mais importante é você se sentir à vontade com seu terapeuta. É natural sentir-se um pouco desconfortável nas primeiras sessões, mas se você ainda estiver inquieto após várias sessões, reflita sobre o que pode estar faltando e peça uma indicação de uma pessoa cuja abordagem ou personalidade esteja mais de acordo com você. Isso não é, de forma alguma, incomum e você não estará insultando o terapeuta. Se estiver trabalhando com alguém que goste e que tenha pouco treinamento em questões financeiras, mas pareça aberto a aprender sobre elas, ele ou ela pode achar úteis as ferramentas e técnicas encontradas em nosso livro para profissionais da área financeira: *Financial Health: Tools for Financial Planners, Coaches, and Therapists*.

Reunindo a sua equipe

Então digamos que você lidou com os assuntos não resolvidos relacionados às suas questões financeiras e que reescreveu seus preceitos financeiros autodestrutivos, mas ainda está enfrentando problemas para organizar as finanças. Neste momento, é provável que você queira contratar um planejador financeiro, alguém que possa usar sua expertise para ajudá-lo a criar um roteiro financeiro seguro. Assim que tiver enfrentado suas questões profundamente enraizadas a respeito de dinheiro e ter, com sucesso, mudado seu comportamento, suspeitamos que vá perceber que tal roteiro é agora, muito, muito mais fácil de ser seguido.

Qualquer um pode se autodenominar "planejador financeiro", portanto é uma boa ideia procurar alguém com certificação de especialista: um planejador financeiro licenciado, um contador pessoal credenciado, ou um consultor financeiro qualificado terão treinamento em planejamento financeiro e responderão a uma organização profissional que acompanha as reclamações contra seus membros.

Se você tiver amigos cuja situação financeira pareça estável e saudável, pergunte se eles trabalham com um planejador financeiro. Você também pode pedir uma indicação ao seu contador profissional. A seguir, estão algumas perguntas pertinentes que podem ser feitas a qualquer planejador com quem esteja considerando trabalhar.

1. "Qual é a sua experiência?" Certifique-se de que seu planejador financeiro tenha experiência no trabalho com indivíduos e não apenas com empresas. A menos que você tenha exigências específicas, costuma ser melhor trabalhar com alguém que possa lidar com uma variedade de necessidades: seguro, impostos, aposentadoria e planejamento imobiliário. Descubra como o planejador se mantém atualizado sobre as mudanças nessa área.
2. "Qual é sua proposta de planejamento financeiro?" Você quer um planejador cujo ponto de vista combine com o seu na escala "agressivo x conservador".
3. "Com quem mais você trabalha?" Ele ou ela será a única pessoa com quem você terá contato? Seu planejador executará suas recomendações ou indicará outras pessoas para executá-las? O planejador tem acordos financeiros com esses outros profissionais? Você precisa conhecer ou, pelo menos, ter os nomes das pessoas com quem talvez converse sobre suas finanças.

4. "Como pagarei por seu trabalho?" Muitas vezes, os planejadores são pagos por meio de comissões nos produtos ou serviços que lhe são recomendados, por um valor fechado ou por hora. Qualquer um desses métodos é legítimo e o que melhor lhe servirá, dependerá de suas circunstâncias. O importante é ser muito claro a respeito do acordo – e registrá-lo por escrito.

Saia de sua caixa

Aqui está um exercício final para ajudá-lo a dar o primeiro passo para a transformação que você está pronto para realizar.

Seus conceitos o levaram até onde está. Eles criam a sua versão da realidade, que constrange e limita o que você considera ser possível. É importante saber que a despeito de suas primeiras experiências, a sua versão da realidade – como o mundo funciona ou ao funciona, o que você pode ou não fazer, quem você é e quem não é – é invenção sua. É uma compreensão infantil de como o mundo é, desenvolvida para ajudá-lo a navegar e sobreviver em seu contexto inicial. Entretanto, vivemos em um universo de ilimitadas possibilidades. Nossas caixas mentais – as coisas sobre as quais temos absoluta certeza porque as aprendemos na escola da vida – podem atuar como uma prisão onde nem percebemos estar. Se você não está feliz com o lugar onde está, precisa sair de sua caixa. Mas, primeiro, tem de reconhecê-la e isso nem sempre é fácil.

Pense nas melhores encenações de Marcel Marceau. Somente através de seus movimentos, o famoso mímico criava as paredes de uma caixa que não existia. A plateia via que não havia caixa alguma, no entanto suas ações e seus gestos tornavam real o seu confinamento. Da mesma forma, nossas caixas mentais são tanto reais quanto imaginárias. Elas nos são reais porque são definidas por nossos conceitos, estes, por sua vez, moldados por medos, justificações, ações e falta de ação. Entretanto, perdemos de vista o aspecto imaginário de nossas caixas; esquecemos que elas são o resultado de construções mentais criadas por nós. É como se Marcel pulasse dentro de sua caixa invisível e se recusasse a sair, convencido de que as paredes eram reais e que ele não poderia escapar dali. Quando reconhecemos a caixa pelo que é, podemos nos libertar de suas paredes imaginárias e reconhecer as vastas possibilidades que nos aguardam, assim como todas as oportunidades à nossa volta.

Aqui está um exercício para ajudá-lo a libertar-se de sua caixa a fim de criar uma nova realidade. É um exercício aberto, contínuo, e você pode voltar a qualquer passo dele, sempre que precisar.

1. Visualize um objetivo inovador: algo que você acredita estar além de sua habilidade de alcançar. Talvez seja não ter mais dívidas, economizar para as férias no Havaí, começar um novo negócio ou se aposentar cedo. Anote o objetivo e descreva como você se sentiria se o tivesse atingido.
2. Identifique os conceitos que o mantêm preso onde está. Se os seus conceitos hoje pudessem lhe trazer algo mais, esse algo mais teria se manifestado em sua vida. Por que você não tem o que quer? O que torna a realização daquele objetivo algo difícil ou impossível? O que se coloca em seu caminho? O que o faz indigno ou incapaz daquele objetivo?
3. Entre no mundo do "E se...". E se você se comprometesse a remover essas barreiras, o que teria de fazer? O que precisaria saber? Como precisaria se definir? Identifique pessoas que tenham alcançado o mesmo objetivo que deseja e analise o que elas fizeram. Em que elas acreditam? Como elas se comportam? Que livros elas leem? Se você começar a se sentir sem esperança de atingir seu objetivo, imagine como elas se comportariam neste momento de sua jornada. Talvez você tenha visto a sigla WWJD em uma camiseta, em uma pulseira de borracha, ou em uma placa. Significa "What Would Jesus Do?" (O que Faria Jesus?). Para muitos cristãos, WWJD os lembra de mudar sua referência para aquilo que acreditam que Jesus faria, diria, ou seria numa situação semelhante. É uma dica para sair da caixa e criar uma nova realidade em seus relacionamentos e em seu mundo. Pergunte a si mesmo: "O que (insira o nome de uma pessoa cuja transformação financeira você admira) faria?".
4. Comprometa-se agora mesmo a criar uma nova realidade. Se não souber bem como fazê-lo, simplesmente finja até que consiga.

Essa pode ser uma estratégia muito útil. Finja que sabe o que está fazendo e comece a viver em sua nova realidade *agora mesmo*. Não espere. Assuma a posição e cresça nela, aprendendo pelo caminho. Velhos hábitos são difíceis de serem quebrados, portanto, quando se sentir desencorajado, use a técnica do "seu primeiro pensamento está errado". Ouça aquele velho conceito ou pensamento negativo restritivo e, às vezes, simplesmente ofensivo e diga: "Isto está errado". Então identifique um conceito mais útil baseado em seus valores.

POSFÁCIO

Quase todas as pessoas do planeta nos dias de hoje estão preocupadas com dinheiro. Mas ao lado positivo de tudo isso é que a crise financeira realmente nos forçou – como indivíduos e como culturas – a olharmos longa, dura e honestamente para o nosso relacionamento com o dinheiro. Por isso pensamos que seria interessante perguntar a alguns planejadores financeiros com quem trabalhamos se eles observaram algum efeito *positivo* que a crise financeira tenha provocado nas atitudes e comportamentos de seus clientes. E, por ser algo tão presente na mente de todos, muitos dos clientes com quem conversamos também ofereceram suas reflexões sobre o assunto. Reunimos aqui algumas das observações mais interessantes para você. Primeiro, os clientes:

LESLIE: Outra coisa que acho surpreendente é apenas observar a economia, o que está acontecendo no âmbito social e global – sabe, os conceitos a respeito do dinheiro, a forma como são usados, os conceitos que têm guiado os comportamentos financeiros disfuncionais de toda uma cultura, de um país, de uma geração ou talvez de todo o mundo.

Por exemplo, comprar acreditando ser possível obter uma hipoteca de 100% sem o pagamento de entrada e que isso seria interessante para todos, exceto para próprias pessoas que lucram com as hipotecas.

Muitas pessoas, assim como Leslie, estão reconhecendo a necessidade de uma mudança total. E Sally nos lembra de que a resiliência e o otimismo são sempre úteis.

SALLY: Tenho ouvido que todos estão estressados e preocupados com o futuro próximo. Entendo de onde isso vem e sei que também sentirei os efeitos disso. Quando os acontecimentos me atingem, a incerteza e o fato de as pessoas não acreditarem mais em investimento, me deixam tensa. Entretanto, otimista como sou, fico firme, certa de que mudanças vão acontecer, que mudanças estão acontecendo – e mudanças em geral trazem coisas boas. Eu realmente espero que coisas boas aconteçam. Continuo a rever meu comportamento em relação às finanças. Faço o que posso e depois confio que as coisas entrarão nos eixos e que a mudança trará coisas boas.

Ficamos ainda mais fascinados pela perspectiva da "visão de minhoca" que nosso planejador financeiro nos deu. Eles são capazes de descrever a situação econômica atual a partir de duas perspectivas complementares: a visão de espectador preocupado, assim como todos nós, e a de um participante experiente no mercado financeiro.

VANESSA: Durante esse difícil momento da economia, eu estou de certa forma grata pela oportunidade de falar com meus amigos, colegas e clientes sobre mudança de hábitos. Antes disso, muitas pessoas em meu mundo estavam presas a um feitiço gastador; hoje estão muito mais dispostas a examinar se seus gastos estão alinhados com seus valores. Essa é a oportunidade durante a crise.

Quanto aos meus clientes de planejamento financeiro e coaching, eu os estou apresentando à ideia de que há muitas maneiras de encarar as circunstâncias atuais. Gasto uma boa quantidade de tempo oferecendo perspectivas diferentes. Também sou bastante inflexível sobre o consumo cauteloso da mídia. Encorajo a todos que pensem no que assistem, leem ou ouvem nas notícias, nos programas de TV, nos blogs e a avaliarem o valor que o consumo lhes traz. Se a mídia aumenta sua ansiedade e não lhe oferece opções práticas, talvez esteja na hora de desistir. Se ela é informativa e resulta em algo prático, então faça bom proveito.

No que se refere à maneira como estou lidando com tudo isso no âmbito pessoal, estou me concentrando ainda mais em meu desenvolvimento pessoal: lendo livros que alimentam a minha alma, dedicando-me à prática da yoga, cercando-me de amigos que pensem da mesma forma. Desisti da TV há dois anos, não leio jornais e consumo as notícias pelo rádio em pequenas e saudáveis doses.

Olhando adiante, espero ser melhor do que sou hoje. Não consigo imaginar que pode ficar pior. Mas de fato não penso nesses termos. Penso mais segundo a linha do tempo dos objetivos profissionais – onde eu estarei em cinco, dez ou quinze anos. Faço o mesmo com meus clientes. Obviamente que planejo com base no histórico das taxas de retorno que se encaixam na alocação de ativos do cliente e os coloco em um portfólio bem diversificado. Então espero que não tenhamos acontecimentos de três desvios padrão nos próximos cinco ou vinte anos – mas não posso prever com certeza alguma se teremos ou não.

ISABEL: São tempos difíceis. Estou informando meus clientes que estão aposentados que ninguém entende melhor suas preocupações do que outra pessoa aposentada, mas que farei o possível. Tenho encorajado várias pessoas que me telefonem, apenas para que eu saiba como estão se sentindo. Se preferirem escrever, eu as encorajo a me enviar por e-mail seus sentimentos e pensamentos. Estou tentando demonstrar empatia com eles, entender seus sentimentos e, então, também compartilhar alguns dos aspectos positivos e como eles podem enfrentar essa fase, mostrar a eles soluções financeiras e reconhecer seus sentimentos. Estou tentando evitar "excluir" suas preocupações.

Estou administrando meus próprios sentimentos a respeito de tudo isso conversando com pessoas que considero mais bem informadas e experientes no mundo financeiro e ouvindo seus pontos de vista. Converso com meu terapeuta e com meu contador e cuido de mim mesma com meditação e descanso.

Em cinco anos, eu diria que a situação estará melhor e em ascensão.

Em dez anos, acho que ainda estaremos oscilando entre os altos e baixos dos mercados.

Em vinte anos, creio que podemos ter outro revés, e outras crises que ainda não imaginamos provavelmente virão à tona. Com base no que leio, no que acredito, e no que tenho visto nas estatísticas, passaremos por isso mais uma vez, mas a crise será diferente. Creio que o mercado não é muito diferente das vidas humanas... Passam por bons e maus momentos, tempo de saúde e de doença, tempo de aprendizado e de lazer.

RUSSEL: Todos dizem que querem mudar até que precisam mudar seus comportamentos, ações e atitudes. Essa é a parte pesada. O que as crises de crédito, financeiras e econômicas estão nos dizendo é que o que está acontecendo não é sustentável. Não é sustentável a partir do ponto de vista financeiro, econômico, a partir de uma perspectiva global, ambiental, do ponto de vista da energia, e também da perspectiva do capital humano. Todas essas coisas estavam completamente fora de equilíbrio, e operavam utilizando recursos não renováveis.

Tenho a tendência de avaliar todas as coisas por meio de um filtro chamado sustentabilidade. Se o conceito ou o produto é sustentável, há esperança. Se não é sustentável, não há muito esperança. Essa é a mensagem que tenho passado. Hoje, creio que essa mensagem tem uma grande quantidade de esperança e potencial porque se as pessoas, do ponto de vista individual, chegarem ao ponto de viver dentro de suas posses de uma maneira sustentável, estaremos em melhor situação.

Mas como ajudamos as pessoas durante a crise? Muitas vezes, as pessoas já têm dentro de si a resposta. Elas já tiveram que lidar com tempos de incerteza e medo e ansiedade e podem ser capazes de olhar para trás e usar as mesmas ferramentas para enfrentar a crise. E, nos workshops que fizemos, ouvimos sobre soluções criativas que outros apresentaram em tempos de adversidade financeira e de dificuldade financeira pessoal. E não foi tão ruim assim.

GWEN: Estou dando apoio aos meus clientes principalmente ouvindo quais são seus medos e ansiedades. Do ponto de vista da interação com um cliente, minha função principal é ouvir. Do ponto de vista técnico, minha função é rever e acompanhar os planos que fizemos à luz dessas diferentes circunstâncias. Portanto, eu basicamente vejo como uma função com dois lados.

Uma das oportunidades aqui é, talvez, aprender mais sobre o aspecto psicológico que o dinheiro envolve. Se decidíssemos fazer terapia fiscal ou educação fiscal como parte do currículo educacional básico, então eu creio que poderia haver uma grande mudança na maneira como a sociedade encara o dinheiro.

Eu acho que, para que aprendamos as lições que a vida nos está ensinando, deve haver uma mudança interna na sociedade. Temos que ser capazes de dizer: "Não há problema algum se meu vizinho, que tem um emprego semelhante ao meu, dirija um carro melhor que o meu, porque um carro melhor não é minha prioridade. Eu sei quem sou, tenho meus objetivos muito claros, e me sinto à vontade comigo mesmo. Não preciso de alguém de fora para me dizer o que faz de mim uma pessoa melhor, ou mais bem-sucedida. Eu já sei disso".

O trabalho exterior de nossas vidas financeiras é, na realidade, um trabalho interior. Aprumar a cabeça, aprumar o coração, esse é o verdadeiro trabalho. Se fizermos isso, então as coisas exteriores cuidarão de si mesmas. Compreender quais são meus verdadeiros objetivos, perceber quais comportamentos me farão caminhar para esses objetivos – isso é o principal.

A crise econômica atual, com todo o seu temor, incerteza, perda e dor, é um chamado de despertar para o mundo. Em nossa fome insaciável por mais dinheiro, carros maiores e casas que não podemos pagar, abandonamos a razão e hipotecamos nossos futuros em uma tentativa de conseguir algo que o dinheiro e os bens jamais trarão: um sentimento de conexão, de completude, de pertencer. Mas em meio à nossa crise global e pessoal encontra-se uma oportunidade. Se tivermos a coragem de sermos honestos a respeito de nossos comportamentos financeiros, de examinar nossos passados, e desafiar e mudar nossos preceitos financeiros, temos o poder de transformar a vida financeira. É nossa esperança que este livro o tenha ajudado a tirar o máximo proveito dessa oportunidade em sua própria vida, e aplaudimos sua disposição e coragem de examinar seu relacionamento com o dinheiro.

BIBLIOGRAFIA

Adams, Kenneth M. *Silently Seduced: When Parents Make Their Children Partners–Understanding Covert Incest*. Deerfield Beach (FL): Health Communications Inc., 1991.

Alberts, Mike, SPC. "Medics getting job done in Kirkuk," *Hindustan Times*, U.S. Fed News, 7 November 2006. http://iworks.factiva.com/archive/ default.aspx?an=IN DFED0020061108e2b7002v4&fid=0.

All Things Considered, National Public Radio, "Client learns Madoff returns worthless," 13 December 2009. http://www.npr.org/templates/story/story. php?storyId=98229849o.

American Psychological Association. *Stress in America*, 07 October 2008. Executive summary available at http://www.apa.org/releases/ women-stress1008.html.

Aquilino, W., and A. Supple. "Long-term effects of parenting practices during adolescence on well-being outcomes in young adulthood," *Journal of Family Issues*, vol. 22, 289-308 (2001).

Aubrey, Alison. "Happiness: It really is contagious," National Public Radio *Morning Edition*, 5 December 2008.

Aversa, Jeannine. "Debt-related stress leads to increasing number of health problems," Associated Press, *USA Today*. 09 June 2008. http://www.usatoday.com/news/ health/2008-06-09-debt-stress_N.htm.

Aziz, S., and M.J. Zicklar. "A cluster analysis investigation of workaholism as a syndrome," *Journal of Occupational Health Psychology*, vol. 11, nº 1, 52-62 (2006).

Barber, Brad M., and Terrance Odean. "Boys will be boys: gender, overconfidence, and common stock investment," *The Quarterly Journal of Economics*, February 2001, p. 261-292.

Baruch, Bernard M. *Baruch: The Public Years*. New York: Holt, Rinehart and Winston, 1960.

Bautista, Justo. "Woman saves boy from drowning–revives 4-year-old at crowded lake," *The Record* (Bergen County, NJ). 29 July 1998. Retrieved January 04, 2009 from HighBeam Research: http://www.highbeam.com/doc/1G1-158312576.html.

Begley, Sharon. "Economists and psychologists–and the rest of us–have long wondered if more money would make us happier. Here's the answer," Newsweek.com. 15 October 2007. http://www.newsweek.com/id/43884.

_____. "Scans of monks' brains show meditation alters structure, functioning," *Wall Street Journal*, 5 November 2004.

Benson, M. L., and G. L. Fox. "Concentrated disadvantage, economic distress, and violence against women in intimate relationships," in *Violence Against Women and Family Violence: Developments in Research, Practice, and Policy*, Bonnie Fisher (ed.) NCJ 193433.

Berton, Justin. "PTSD leaves physical footprints on the brain," *San Francisco Chronicle*, 27 July 2008. http://sfgate.com/cgi-bin/article.cgi?f=/c/a/2008/07/27/MNH611UUP5.DTL.

Bird, Caroline. *The Invisible Scar*. New York: D. McKay Co., 1966.

Blodget, Henry. "Why Wall Street always blows it," *Atlantic Monthly*. December 2008. http://www.theatlantic.com/doc/print/200812/blodget-wall-street.

Bonebright, C.A., D.L. Clay, and R.D. Ankenmann. "The relationship of workaholism with work-life conflict, life satisfaction, and purpose in life," *Journal of Counseling Psychology*, vol. 47, nº 44, 469-477 (2000).

Bost, James. "Recession triggers memory of Great Depression," National Public Radio *Morning Edition*. 30 January 2009. http://www.npr.org/templates/story/story.php?storyId=100011598.

Brenner, Marie. "Madoff in Manhattan," *Vanity Fair*, 27 January 2009. http://www.vanityfair.com/politics/features/2009/01/madoff200901?printable=true&currentPage=all.

Buffett, Warren. "What Worries Warren: Avoiding a 'mega-catastrophe,'" *Fortune Magazine*. 3 March 2003. http://www.fortune.com/fortune/investing/articles/0,15114,427751,00.html.

Caginalp, Gunduz, David Porter, and Vernon Smith. "Financial Bubbles: excess cash, momentum, and incomplete information," *The Journal of Psychology and Financial Markets*, vol. 2, nº 2, 80-99, (2001).

Carey, Benedict. "Brain researchers open door to editing memory," *New York Times*, 5 April 2009. http://www.nytimes.com/2009/04/06/health/research/06brain.html.

Caudron, Shari. "The healing power of hobbies," Reader's Digest Online. http://www.rd.com/living-healthy/the-healing-power-of-hobbies-and-pastimes/article29248.htm.

Center for Alternative Medicine at the National Institutes of Health. "Of meditation, monks, and music: Dr. Davidson speaks on systematic mind-body training," *Focus on Complementary and Alternative Medicine*, vol. XV, nº 3, October 2008. http://nccam.nih.gov/news/newsletter/2008_october/mindbodytrain.htm.

Conrad, Cecelia, and James Stewart. *African Americans in the U.S. Economy*. Rowman & Littlefield: Lanham (MD), 2005.

Csikszentmihalyi, Mihaly. "If we are so rich, why aren't we happy?" *American Psychologist*, vol. 54, nº 10, 821-827 (October 1999).

Davis, M. and P.J. Whalen. "The amygdala: vigilance and emotion," *Molecular Psychiatry*, 6, 13-34, (2001).

Deutschman, Alan. "Change or die," *Fast Company*, May 2005. http://www.fastcompany.com/magazine/94/open_change-or-die.html.

Diener, Ed, and Martin E.P. Seligman. "Beyond money: toward an economy of well-being," *Psychological Science in the Public Interest*, vol. 5, issue 1, p. 1-31.

Dingfelder, Sadie F. "An insidious enemy: New research pinpoints the ways stress undermines our immune systems at the cellular level," *Monitor* on *Psychology*, vol. 39, nº 9, October 2008. http://www.apa.org/monitor/2008/10/stress-immune.html.

Dittmar, H. "Compulsive buying–A growing concern? An examination of gender, age, and endorsement of materialistic values as predictors," *British Journal of Psychology*, 96, 467-491 (2005).

Dobbs, David. "Eric Kandel: from mind to brain and back again," *Scientific American Mind*, October/November 2007, p. 32-37.

Dunn, Donald H. Ponzi: *The incredible true story of the king of financial cons*. New York: Random House, 2004.

Fishman, Steve. "The Monster Mensch," *New York Magazine*, 22 February 2009. http://nymag.com/news/businessfinance/54703/.

Gazzaniga, Michael S. "The split brain revisited," *Scientific American: The Hidden Mind*, vol. 12, nº 1, 26-31 (2002).

Grable, John E., and So-Hyun Joo. "Student racial differences in credit card debt and financial behaviors and stress," *College Student Journal*, vol. 40, nº 2, 400-408 (2006).

Halber, Deborah. "Picower researcher finds neuron growth in adult brain," Massachusetts Institute of Technology News Office, 27 December 2005. http://web.mit.edu/newsoffice/2005/neurons.html.

Hanley, A., and M.S. Wilhelm. "Compulsive buying: An exploration into self-esteem and money attitudes," *Journal of Economic Psychology*, vol. 13, 5-18 (1992).

Hartocollis, Anemona. "Peaceful clinic flooded with patients with their own fiscal crises," *New York Times*, 31 January 2009.

Haughney, Christine. "In tough times, even the billionaires worry," *New York Times*, 10 December 2008.

Hull, Alastair. "Neuroimaging findings in post-traumatic stress disorder: systematic review," *British Journal of Psychiatry*, vol. 181, 192-110 (2002).

Joo, So-Hyun, and John Grable. "An exploratory framework of the determinants of financial satisfaction," *Journal of Family and Economic Issues*, vol. 25, nº 1, 25-50 (2004).

Juarez, Leticia. "Heroic Ponderosa firefighter recalls saving three people from burning SUV," Channel 11 News, Houston. 29 December 2008. http://www.txcn.com/sharedcontent/dws/txcn/houston/stories/khou 081229_tnt_ponderosa-firefighter-hero.1a6ebb20.html.

Kahler, R., T. Klontz, and B. Klontz. "Helping clients change: 21st century tools from a 19th century fable," Journal of Financial Planning, vol. 20, nº 4, 62-67 (2007).

Kausch, Otto; Rugle, Loreen; Rowland, Douglas. "Lifetime histories of trauma among pathological gamblers," The American Journal on Addictions, vol. 15, 35-43 (2006).

Keynes, John Maynard. General Theory of Employment, Interest, and Money. New York: Atlantic Publishers and Distributors, 2007.

Kindt, Merel, Marieke Soeter, and Bram Vevliet. "Beyond extinction: erasing human fear responses and preventing the return of fear," Nature Neuroscience, vol. 12, 256-258 (2009). Published online 15 February 2009.

Klontz, B., R. Kahler, and T. Klontz. Facilitating Financial Health: Tools for Financial Planners, Coaches, and Therapists. Cincinnati, OH: The National Underwriter Company, 2008.

Klontz, B., T. Klontz, and R. Kahler. Wired for Wealth: Change the money mindsets and unleash your wealth potential. Deerfield Beach, FL: Health Communications, Inc. 2008.

Klontz, B.T, E.M. Wolf, and A. Bivens. "The effectiveness of a multimodal brief group experiential therapy approach," The International Journal of Action Methods: Psychodrama, Skill Training, and Role Playing, vol. 53, nº 3-4, 199-135 (2001).

Klontz, B.T. "The ethical practice of group experiential psychotherapy," Psychotherapy: Theory, Research, Practice, Training, vol. 41, nº 2, 172-179 (2004).

Klontz, B.T., A. Bivens, D. Leinart, and P.T. Klontz. "The effectiveness of equine-assisted experiential therapy: Results of an open clinical trial," Society & Animals: Journal of Human-Animal Studies, vol. 15, 257-267 (2007).

Klontz, B.T., S. Garos, and P.T. Klontz. "The effectiveness of brief multimodal experiential therapy in the treatment of sexual addiction," Sexual Addiction

& Compulsivity: The Journal of Treatment and Prevention, vol. 12, nº 4, 275-294 (2005).

Klontz, B. T., A. Bivens, P. T. Klontz, J. Wada, and R. Kahler. "The treatment of disordered money behaviors: results of an open clinical trial," Psychological Services 5(3), 295-308 (2008).

Klontz, B. T., T. Dayton, and L. S. Anderson. "The use of psychodramatic techniques within solution-focused brief therapy: A theoretical and technical integration." The International Journal of Action Methods, vol. 52, 113-116 (Fall 1999).

Klontz, T., R. Kahler, and B. Klontz. The Financial Wisdom of Ebenezer Scrooge: 5 Principles to transforming your relationship with money. Deerfield Beach, FL: Health Communications, Inc., 2006-2008.

Klontz, B.T., and P.T. Klontz. "Providing financial therapy for clients with money disorders," Counselor: The Magazine for Addiction Professionals, vol. 20, nº 1 (2009).

Klontz, B.T., and P.T. Klontz. "Are you a credit junkie: Plain talk about money disorders," Recovery Living Magazine, 72-74, February 2009.

Koehler, Brian. "Psychological trauma and the brain," ISPS-US, the United States Chapter of the International Society for the Psychological Treatments of Schizophrenia and Other Psychoses, 20 December 2006. http://www.isps-us.org/koehler/trauma_brain.html.

Koran, L.M., R. J. Faber, E. Aboujaoude, M.D. Large, and R.T. Serpe. "Estimated prevalence of compulsive buying behavior in the United States," The American Journal of Psychiatry, 163, 1806-1812 (2006).

Landsbergis, Paul, Susan J. Schurman, Barba A. Israel, Peter L. Schnall, Margrit K. Hugentobler, Janet Cahill, and Dean Baker. "Job stress and heart disease: evidence and strategies for prevention," New Solutions: A Journal of Environmental and Occupational Health Policy, vol. 3, nº 3, 42-58 (1993).

Ledgerwood, David, and Nancy Petry. "Posttraumatic stress disorder symptoms in treatment-seeking pathological gamblers," Journal of Traumatic Stress, vol. 19, nº 3, 411-416 (2006).

LeDoux, Joseph. The Emotional Brain: The Mysterious Underpinnings of Emotional Life. New York: Simon and Schuster, 1996.

Lee, Wei-Chung Allen, Jerry Chen, Hayden Huang, Jennifer Leslie, Yael Amitai, Peter So, and Elly Nedivi. "A dynamic zone defines interneuron remodeling in the adult neocortex," *Proceedings of the National Academy of Sciences*, vol. 105, nº 50, 19968-19973 (2008).

Leonhardt, David. "Economics behaving badly," *New York Times*. 3 December 2008. http://www.nytimes.com/2008/12/03/business/economy/03leonhardt.html.

Levine, Rebekah, and P. Lindsay Chase-Lansdale. "Welfare recipient, financial strain, and African-American adolescent functioning," *Social Service Review* (September 2000).

Lidz, Franz. *Ghosty Men: The Strange but True Story of the Collyer Brothers, New York's Greatest Hoarders: An Urban Historical*. New York: Holtzbrinck Publishers, 2003.

Lipton, Joshua. "Credit cards: choking on credit card debt," *Forbes*, 12 September 2008. http://www.forbes.com/personalfinance/2008/09/12/credit-card-debt-pf-ii-in_jl_0911creditcards_inl.html.

Lite, Jordan. "Could a blood pressure drug dim bad memories?" *60-Second Science*, Scientific American website. 16 February 2009. http://www.sciam.com/blog/60-second-science/post.cfm?id=could-a-blood-pressure-drug-dim-bad-2009-02-16.

Loewenstein, George. "Preferences, behavior and welfare: emotions in economic theory and economic behavior," AEA *Papers and Proceedings*, vol. 90, nº 2, 426-432 (2000).

Loftus, Elizabeth. "Creating false memories," *Scientific American*, vol. 277, nº 3, 70-75 (1997).

Lohrenz, Terry, Kevin McCabe, Colin F. Camerer, and P. Read Montague. "Neural signal of fictive learning signals in a sequential investment task," *Proceedings of the National Academy of Sciences*, vol. 104, nº 22, 9493-9498 (2007).

Mackay, Charles. *Extraordinary Popular Delusions and the Madness of Crowds*. Boston: L.C. Page & Company, 1932.

Mallia, Joseph, and Matthew Chayes. "Walmart worker dies in Black Friday stampede," *Newsday*, 29 November 2008. newsday.com/news/local/nassau/ny-limart1129,0,167903.story.

McDaniel, Deangelo. "Risking life to save another: Hartselle officer says he's no hero after ending a hostage situation," *Decatur Daily*, 25 January 2007. Accessed via HighBeam Research: http://www.highbeam.com/doc/1G1-158312576.html.

Medintz, Scott. "Secrets, lies and money," *Money*, 1 April 2005. http://money.cnn.com/magazines/moneymag/moneymag_archive/2005/04/01/8254979/index.htm.

Miller, William R., and Stephen Rollnick. *Motivational Interviewing: Preparing people for change*. New York: Guilford Press, 2002.

Moyers, Bill, Betty Flowers, and David Grubin. *Healing and the Mind*. New York: Random House, 1995.

Neuner, M., R. Raab, and L.A. Reisch. "Compulsive buying in maturing consumer societies: An empirical re-inquiry," *Journal of Economic Psychology*, vol. 26, 509-522 (2005).

Noah, Timothy. "Fun with Bailout Numbers: The financial pages discover the word quadrillion," *Slate Magazine*, 09 Oct. 2008. http://www.slate.com/id/2201961.

Norvilitis, Jill M., Bernard Szablicki, and Sandy D. Wilson. "Factors influencing levels of credit-card debt in college students," *Journal of Applied Social Psychology*, vol. 22, issue 5, 935-947.

O'Hanlon, Larry. "Study: A lack of control causes people to see patterns that don't exist," *Discovery Channel*, MSNBC.com. 2 October 2008. http://www.msnbc.msn.com/id/26996326/.

Petry, Nancy M. *Pathological Gambling: Etiology, Comorbidity, and Treatment*. Washington, D.C.: American Psychological Association, 2005.

Picower Institute for Learning and Memory at MIT. "Researchers identify cell type that remodels brain circuitry," *Neuroscience News*, vol. 3, nº 3 (2009).

Pollak, Daniela, Francisco Monje, Lee Zuckerman, Christine Denny, Michael Drew, Eric Kandel. "An animal model of a behavioral intervention for depression," *Neuron*, vol. 60, nº 1, 149-161 (2008).

Postrel, Virginia. "Why asset bubbles are part of the human condition regulation can't cure," *Atlantic Monthly*. December 2008. http://www.theatlantic.com/doc/200812/financial-bubbles.

Price, Russ Alan, and Lewis Schiff. *The Middle-Class Millionaire: The rise of the new rich and how they are changing America*. New York: Random House, 2008.

Raghubir, Priya, and Joydeep Shrivastava. "Monopoly money: the effect of payment coupling and form on spending behavior," *Journal of Experimental Psychology: Applied*, vol. 14, nº 3. http://www.apa.org/journals/releases/xap143213.pdf.

Riger, S., and S. Staggs. The Impact of Intimate Partner Violence on Women's Labor Force Participation, submitted to the National Institutes of Justice, 2004. NCJ 207143. http://new.vawnet.org/category/Documents.php?docid=315&category_id=188.

Robinson, B.E. "The workaholic family: A clinical perspective," *The American Journal of Family Therapy*, vol. 26, 65-75 (1998).

Robinson, B.E., and L. Kelley. "Adult children of workaholics: Selfconcept, anxiety, depression, and locus of control," *The American Journal of Family Therapy*, vol. 26, 223-238 (1998).

Robinson, B.E., J.J. Carroll, and C. Flowers. "Marital estrangement, positive affect, and locus of control among spouses of workaholics and spouses of nonworkaholics: A national study," *The American Journal of Family Therapy*, vol. 29, 397-410 (2001).

Robinson, John P., and Steve Martin. "What do happy people do?" *Social Indicators Research*, vol. 89, nº 2, 115-139 (2008).

Rodriguez-Villarino, R., M. Gonzalez-Lorenzo, A. Fernandez-Gonzalez, M. Lameiras-Fernandez, and M.L. Foltz. "Individual factors associated with buying addiction: An empirical study," *Addiction Research and Theory*, vol. 14, nº 5, 511-525 (2006).

Roosevelt, Franklin Delano. "More important than gold: FDR's first fireside chat," History Matters. Created by the American Social History Project / Center for Media and Learning (Graduate Center, CUNY) and the

Center for History and New Media (George Mason University). http://historymatters.gmu.edu/d/5199.

Salkin, Allen. "You try to live on 500K in this town," *New York Times*. 8 February 2009. http://www.nytimes.com/2009/02/08/fashion/08halfmill.html?ref=nyregion&pagewanted=print.

Salomon, A, E. Bassuk, A. Browne, S. S. Bassuk, R. Dawson, and N. Huntington. *Secondary Data Analysis on the Etiology, Course and Consequences of Intimate Partner Violence Against Extremely Poor Women*. Submitted to the National Institute of Justice, 2004. NCJ 199714.

Sapolsky, Robert M. "Depression, antidepressants, and the shrinking hippocampus," *Proceedings of the National Academy of Sciences*, October 23, 2001, vol. 98, nº 22, 12320-12322.

Schneider, J. "The increasing financial dependency of young people on their parents," *Journal of Youth Studies*, vol. 3, nº 1, 5-20 (2000).

Seal, Mark. "Madoff's World," *Vanity Fair*, April 2009. http://www.vanityfair.com/politics/features/2009/04/madoff200904?printable=true&currentPage=all.

Shapiro, Thomas. *The Hidden Cost of Being African American: How Wealth Perpetuates Inequality*. Oxford University Press US, 2005.

Shefrin, H., and M. Statman. "The disposition to sell winners too early and ride losers too long: Theory and evidenc," *The Journal of Finance*, vol. 40, nº 3, 777-790 (1985).

Shiv, Baba, and Alexander Fedorikhin. "Heart and mind in conflict: The interplay of affect and cognition in consumer decision making," *The Journal of Consumer Research*, vol. 26, nº 3, 278-292 (1999).

Smeesters, Dirk, and Naomi Mandel. "The sweet escape: Effects of mortality salience on consumption quantities for high – and lowself – esteem consumers," *Journal of Consumer Research*, vol. 35, nº 2, 309-323 (2008).

Spence, J.T., and A.S. Robbins. "Workaholism: Definition, measurement, and preliminary results," *Journal of Personality Assessment*, vol. 58, nº 1, 160-178 (1992).

St. George, Donna. "Unhappy people watch more TV than happy people, U-Md. researcher finds," *Washington Post*, 23 November 2008. http://

www.washingtonpost.com/wp-dyn/content/article/2008/11/22/AR2008112201985.html.

Steketee, G., R.O. Frost, and M. Kyrios. "Cognitive aspects of compulsive hoarding," *Cognitive Therapy and Research*, vol. 27, nº 4, 463-479 (2003).

Sullivan, Cris, and Maureen Rumptz. "Adjustment and needs of African-American women who utilized a domestic violence shelter," *Violence and Victims*, vol. 9, nº 3, 275-286 (1994).

Tatzel, M. "Money worlds and well-being: An integration of money dispositions, materialism and price-related behavior," *Journal of Economic Psychology*, vol. 23, nº 1, 103-126 (2002).

Tedeschi, Richard, and Lawrence Calhoun. "Posttraumatic growth: A new perspective on psychotraumatology," *Psychiatric Times*, vol. 21, nº 4 (2004).

Thaler, Richard H. "From Homo economicus to Homo sapiens," *Journal of Economic Perspectives*, vol. 14, nº 1, 133-141 (2000).

Tolin, D., R. Frost, and G. Steketee. *Buried in Treasures: Help for Compulsive Acquiring, Saving, and Hoarding*. Oxford, England: Oxford University Press (2007).

Torre, Pablo S. "How (and why) athletes go broke," *Sports Illustrated*, 23 March 2009. http://vault.sportsillustrated.cnn.com/vault/article/magazine/MAG1153364/index.htm.

Trachtman, R. "The money taboo: Its effects in everyday life and in the practice of psychotherapy," *Clinical Social Work Journal*, vol. 27, nº 3, 275-288 (1999).

Usborne, David. "$5m payout wrecked my life, says 9/11 widow," *The Independent*, 15 June 2005. http://www.independent.co.uk/news/world/americas/5m-payout-wrecked-my-life-says-911-widow-494169.html.

Van der Kolk, B.A., and A.C. McFarlane. "The black hole of trauma," *Traumatic Stress: The Effects of Overwhelming Experience on Mind, Body, and Society*. Bessel A. van der Kolk, Alexander C. McFarlane, and Lars Weisaeth (Eds.). New York: Guilford Press, 1996.

Verghese, Joe, Richard B. Lipton, Mindy J. Katz, Charles B. Hall, Carol A. Derby, Gail Kuslansky, Anne F. Ambrose, Martin Sliwinski, and Martin Buschke. "Leisure activities and the risk of dementia in the elderly," *New England Journal of Medicine*, vol. 348, 2508-16 (2003).

Weber, Deborah, and Cecil Reynolds. "Clinical perspectives on neurobiological effects of psychological trauma," *Neuropsychology Review*, vol. 14, nº 2, 114-129 (2004).

Whitson, Jennifer, and Adam D. Galinsky. "Lacking control increases illusory pattern perception," *Science*, vol. 322, nº 5898, 115-117, (2008).

Wilson, Michael. "Old habits bedevil plane crash survivors who vow to change," *New York Times*. 8 February 2009. http://www.nytimes.com/2009/02/08/nyregion/08crashes.html?ref=nyregion.

Zeller, Tom Jr. "The Lede: Savings Rate at Depression-Era Lows... Does it Matter?," *New York Times*, 1 February 2001. http://thelede.blogs.nytimes.com/2007/02/01/savings-rate-at-depression-era-lows-does-it-matter/?scp=1&sq=%22negative%20savings%20rate%22&st=cse.

Zimbardo, Philip, and John Boyd. O *Paradoxo do Tempo*. Rio de Janeiro Ed. Fontanar, 2009.

Compartilhando propósitos e conectando pessoas
Visite nosso site e fique por dentro dos nossos lançamentos:
www.gruponovoseculo.com.br

figurati

facebook/novoseculoeditora
@novoseculoeditora
@NovoSeculo
novo século editora

fonte: Lora

gruponovoseculo.com.br